I giorni

Renato Brunetta

I venti mesi che hanno cambiato l'Italia

Il mio diario di governo

prefazione di
Francesco Giavazzi

Marsilio

Prima edizione: 2022
www.marsilioeditori.it
Realizzazione editoriale: Rosalba Canale

INDICE

IL PNRR, LE RIFORME, L'EUROPA

LA RIPRESA DOPO LA PANDEMIA

A Titti

PREFAZIONE
di Francesco Giavazzi

A febbraio 2021 ricevetti una telefonata da Renato Brunetta. Voleva raccontarmi di un lungo incontro che aveva avuto con i principali leader sindacali: una sera passata a discutere di politica e di lavoro, mangiando pane e salsiccia, come lui stesso ricorda nell'introduzione di questo libro. Con l'euforia, lo slancio e l'ottimismo che lo contraddistinguono, mi parlò dell'importanza di buoni rapporti sindacali per l'azione del governo e per il futuro dell'Italia.

Questo aneddoto illustra un aspetto fondamentale dell'impegno di Brunetta come ministro per la Pubblica amministrazione. Rappresenta, inoltre, uno dei punti cardine del metodo seguito dall'esecutivo di Mario Draghi. Dalle chiusure e restrizioni dell'emergenza Covid alle riforme, dagli aiuti per i lavoratori colpiti dai rincari agli interventi del Piano nazionale di ripresa e resilienza, abbiamo sempre cercato il dialogo con le parti sociali, spesso con buoni risultati.

Già a marzo 2021, a poche settimane dal suo insediamento, il governo e i sindacati firmavano il Patto per l'innovazione del lavoro pubblico e la coesione sociale, alla presenza del presidente del Consiglio. Sono seguiti altri accordi come il Patto per la scuola, i protocolli contro il Covid-19 e sulle vaccinazioni in azienda, fino all'istituzione di un Tavolo permanente per il partenariato economico, sociale e territoriale che seguirà l'attuazione del Pnrr.

Dietro a questo metodo c'era innanzitutto la determinazione a rafforzare la coesione sociale nel Paese dopo una pandemia che ne aveva acuito le tensioni, allargato i divari. Al tempo stesso, eravamo consapevoli che quella collaborazione fosse essenziale per un programma ambizioso di investimenti e riforme come il Pnrr. Difficilmente un governo può riuscire in interventi dirompenti senza un rapporto costruttivo con i sindacati, senza una prospettiva economica condivisa.

Negli anni settanta la fine precoce del miracolo economico italiano anche per via di un deterioramento nelle relazioni industriali ne è una dimostrazione: ci ricorda quanto sia importante il dialogo sociale per garantire una crescita sostenibile nel lungo periodo. Lo compresero i governi guidati da Giuliano Amato e da Carlo Azeglio Ciampi che, agli inizi degli anni novanta, firmarono accordi fondamentali per fermare l'inflazione e centrare gli obiettivi stabiliti dal Trattato di Maastricht. Ciampi, soprattutto, riuscì a normalizzare le relazioni industriali, stabilendo per la prima volta nella storia della Repubblica regole chiare, con maggiori certezze per le imprese e migliori prospettive per i lavoratori.

Per essere davvero costruttivo, il confronto con le parti sociali deve avvenire nel rispetto dei ruoli e delle differenze. Brunetta ha avuto non solo il merito di capire sin da subito la necessità di coltivarlo, ma anche la caparbietà di non sacrificare la sua indipendenza e i suoi obiettivi nel nome di una collaborazione senza attriti ma anche senza benefici.

Questa ricca collezione di articoli, discorsi e interventi illustra molte delle qualità di Brunetta ministro, appassionato servitore dello Stato, pensatore vivace. Testimonia il suo spirito riformista, il suo profondo credo europeista, esprime appieno la sua vocazione di liberale attento alla giustizia sociale.

Infine, attesta il suo profondo attaccamento alla città di Venezia, a cui entrambi abbiamo dedicato una parte della nostra attività accademica e, più recentemente, di governo. Una città che richiede visione e pragmatismo, il cui futuro è intimamente legato alle sfide con cui ci siamo misurati in questi seicento giorni.

GUIDA ALLA LETTURA*

Altro che parentesi. L'esperienza del governo Draghi, da febbraio 2021 a ottobre 2022, è stata come un'opera di Frank Capra: un film della possibilità, un inno al pragmatismo visionario, un'apologia dell'animo nobile della politica, uno schiaffo alle miopie e agli egoismi. In altri termini, un sogno possibile diventato realtà. In venti mesi è stata scritta una nuova sceneggiatura per il Paese e per le prossime generazioni, uno spartito dal quale nessuno potrà prescindere per suonare le note del futuro. Perché l'esecutivo guidato dall'italiano più autorevole al mondo, Mario Draghi, ha rappresentato una «rifondazione»: di metodo e di merito. Nulla sarà più come prima.

Questo volume è la storia, tutta personale, ma anche collettiva, di questa «rifondazione». Una storia necessariamente parziale, raccontata giorno dopo giorno attraverso il mio sguardo, di politico, di economista e di ministro per la Pubblica amministrazione, con la costante attenzione alla convergenza con l'Europa, vera *game changer* di questo anno e mezzo. Ho saputo che ero diventato ministro in maniera del tutto inaspettata, un'ora prima della lettura al Quirinale della lista dei componenti del governo. Mi ha avvertito al telefono l'amico e collega, veneziano come me, Francesco Giavazzi, che sarebbe divenuto il consigliere economico di Draghi in questa avventura

* Gli articoli sono riprodotti integralmente e fedelmente nel libro, così come sono stati pubblicati.

straordinaria, a cui mi onoro di aver preso parte. Il tutto in un clima da «stato nascente», in cui ogni cosa sembrava fattibile. Al di là del «Governo dei migliori», espressione che tante ironie ha suscitato, devo riconoscere con onestà che mi sono ritrovato a lavorare in una squadra di persone di grande qualità, dai «politici politici» ai «politici tecnici» come me, ai tecnici puri. Un mix mirabile che non si sa come sia stato prodotto, visto il poco tempo a disposizione e le legittime pressioni contrapposte. Mai è venuta meno la sintonia tra noi. I conflitti erano fuori dal Consiglio dei ministri, quasi sempre enfatizzati per ragioni di bottega. Dentro, con la guida di Draghi, sempre hanno prevalso qualità, concretezza, buon senso. In definitiva, l'interesse del Paese.

Nella prima parte, *Verso un cambiamento di fase*, raccolgo i miei interventi pubblicati sulla stampa tra dicembre 2020 e l'inizio di febbraio 2021, quando si intravede la «felice congiuntura astrale» che si va delineando sotto il segno di Draghi per ricostruire il Paese dalle macerie della pandemia da Covid-19. Con quattro pianeti in allineamento: l'ampia coalizione post-ideologica formatasi per sostenere il governo, la riscrittura del Recovery Plan, un primo ministro senza paragoni in termini di credibilità e reputazione e la presidenza italiana del G20, vetrina unica per rinnovare l'immagine del Paese. Tutto questo nel quadro di una sospensione delle regole del Fiscal Compact e del vecchio impianto regolativo europeo, con un'Europa che finalmente decide di indebitarsi sui mercati per finanziare il Next Generation Eu e lanciare una strategia di investimenti e riforme dal valore pari a cinque volte il piano Marshall del secondo dopoguerra. Qualcuno chiama questo momento il «momento Hamilton» d'Europa, ricordando come oltreoceano Alexander Hamilton, alla fine del Settecento, riuscì a trasformare il debito accumulato dalle tredici colonie per raggiungere l'indipendenza dal Regno Unito in debito pubblico del nuovo Stato federale, ponendo le basi per la nascita degli Stati Uniti d'America. In Europa mi piace parlare di «momento Merkel», riconoscendo all'allora cancelliera tedesca il merito, da statista qual è, di aver cambiato idea sul debito comune, e di aver permesso di disegnare una risposta condivisa e solidale a una crisi simmetrica. Il risultato è il Next Generation Eu, un pacchetto da 750 miliardi di euro che ha l'obiettivo di accompagnare gli Stati fuori dall'emergenza Covid-19 e di porre le basi per un'Europa più verde, più digitale, più coesa e più inclusiva. Il «momento Draghi» si inserirà dentro il «momento Merkel». Quale occasione migliore per rovesciare il tavolo e ribaltare i luoghi comuni sul nostro Paese, con l'opportunità di trasformare quel tragico momento in bene, *ex malo bonum*, e di contribuire a un nuovo, grande rinascimento?

Nella seconda parte, *Il governo Draghi e la nuova Pubblica amministrazione*, illustro l'avverarsi del sogno: l'esecutivo giura il 13 febbraio 2021. Ho la sorpresa di essere seduto in prima fila nel Salone delle Feste al Quirinale, in qualità di ministro anziano. È il calarsi concreto della «congiuntura astrale» nel programma riformatore del Piano nazionale di ripresa e resilienza, un «contratto» con l'Europa che vale 191,5 miliardi di fondi europei in cambio delle riforme necessarie per compiere le transizioni amministrativa, digitale e ambientale. Mai successo nel nostro Paese: ricevere dall'Europa soldi in dono, o in prestito a tassi vantaggiosissimi, per fare le riforme. Solidarietà europea. Mai successo. All'indomani della presentazione delle mie linee programmatiche in Parlamento, avvenuta il 9 marzo 2021, firmiamo a Palazzo Chigi con i sindacati il Patto per l'innovazione del lavoro pubblico e la coesione sociale. Nel mio discorso è evidente la spinta propulsiva dell'esecutivo: porre le basi della costruzione di una nuova Italia, avviando un percorso centrato sulla valorizzazione dei «volti della Repubblica», come il presidente Mattarella ha definito i dipendenti pubblici, e basato sul confronto costante con le parti sociali e sul rinnovo dei contratti di lavoro, linfa per il cambiamento. La cerimonia è preceduta, dieci giorni prima, da una cena a casa mia con i segretari generali di Cgil, Cisl e Uil, Maurizio Landini, Luigi Sbarra e Pierpaolo Bombardieri. Menu, due belle pagnotte scavate con salsicce di vario tipo e verdure cotte. Il pranzo dei contadini quando andavano in campagna. Porta bene: non una sola ora di sciopero accompagnerà le mie riforme nel settore pubblico. Sin dall'inizio, la coesione sociale è posta a fondamento dello Stato che si rinnova, insieme al valore della persona e della partecipazione. La nuova stagione nella Pa si apre con la riforma dei concorsi, che vengono sbloccati, velocizzati e digitalizzati. Sperimento subito le prime contestazioni dei critici, per incomprensione, disinformazione o interesse. È la fase in cui occorre chiarire e spiegare con pazienza, abbandonando dualismi pericolosi (lavoratori pubblici *versus* privati e autonomi, Nord contro Sud) e rendendo evidente la visione della Pa contenuta nel Pnrr: non una Pubblica amministrazione che dà lavoro a tutti, malinteso ammortizzatore sociale, settore a bassa produttività e a basso reddito, ma una Pa che aiuta tutti a costruire il proprio percorso e la propria strada, privilegiando chi più si è impegnato nello studio e nel lavoro. Non una Pa specchio e simbolo dell'Italia assistenzialista e improduttiva, ma una Pa motore di crescita e di sviluppo. Non una Pa pigra e inefficiente, ma una Pa dinamica e proattiva: quella che gli italiani vedranno all'opera nell'efficienza e nella cortesia della campagna vaccinale organizzata dal generale Francesco Paolo Figliuolo. Una delle prime rilevanti decisioni di Mario Draghi.

Nella terza parte, *Il Pnrr, le riforme, l'Europa*, cerco di trarre dall'azione politica del governo Draghi lo spunto per una dottrina utile al post-Covid, rintracciabile in quella che rilancio come «nuova economia sociale di mercato», la dottrina teorizzata dalla Scuola di Friburgo agli inizi del secolo scorso e messa in pratica dall'economista Ludwig Erhard per la ricostruzione della Germania nel secondo dopoguerra. Uno dei suoi principali teorici fu Wilhelm Röpke, che unì la difesa del capitalismo liberale a un'aperta fedeltà ai valori della tradizione religiosa. Di quell'alleanza tra liberalismo e morale cristiana, che per lungo tempo segnò la cultura e la vita politica tedesca, furono ugualmente fautori in Italia figure come don Luigi Sturzo, Luigi Einaudi, Alcide De Gasperi e Benedetto Croce. Una terza via tra economia pianificata ed economia liberista, che sappia intrecciare in modo innovativo regole e investimenti pubblici con comportamenti e investimenti privati, mi sembra all'opera. Con un atteggiamento di «convergenza competitiva» in seno all'Unione europea, innescato dai Pnrr, potenziali catalizzatori di una rivoluzione sociale e culturale in grado di riscattare l'orgoglio individuale e comunitario. Sono i mesi da aprile ad agosto 2021, quelli della trasmissione del nostro Piano di ripresa e resilienza e della sua approvazione lusinghiera da parte della Commissione europea (con 10 A e una B, tra i migliori in Europa; ancora una volta, mai successo). Sono i mesi dei primi due decreti legge «abilitanti» convertiti dal Parlamento tra luglio e agosto: semplificazioni e governance, da un lato; riforma del reclutamento e del lavoro pubblico, dall'altro. Ricordo con gioia le telefonate notturne al presidente Draghi, all'esito delle votazioni definitive. La mia e la sua felicità, a dispetto dell'ora tarda. Le parole d'ordine per la Pa sono: selezione delle persone, percorsi di formazione e crescita professionale, mobilità orizzontale, maggiore osmosi con il settore privato. Il tentativo è quello di formare «élite competitive» anche nella Pubblica amministrazione, rompendo prassi e tradizioni che hanno troppo spesso prodotto oligarchie castali e sostituendo il merito alla cooptazione. Con un occhio di riguardo per il Sud: il 19 luglio 2021, in occasione del 29° anniversario della morte di Paolo Borsellino, rammento come la rivoluzione gentile della Pubblica amministrazione sia l'alleato più prezioso per non lasciare spazio a organizzazioni parallele sostitutive dello Stato e per costruire quei «beni relazionali» indispensabili al clima positivo della vita in comune. Sono i mesi del «momento magico» italiano, delle vittorie a Wembley e a Wimbledon, degli ori alle Olimpiadi e alle Paralimpiadi di Tokyo: lo sport accompagna il riscatto del Paese. Sono anche i mesi in cui matura la Fondazione Venezia capitale mondiale della sostenibilità: un'alleanza tra istituzioni, imprese, mondo accademico e culturale per ricostruire la base economica della città e trasformare il suo esempio millenario di sostenibilità integrata in un modello per il mondo. Venezia, la più antica città del futuro. Grande soddisfazione, grande impegno per la mia città. E per me, figlio del popolo, un grande ritorno alle origini, quasi un presagio di quella che sarà la mia nuova vita dopo il governo.

Nella quarta parte, *La ripresa dopo la pandemia*, si snodano le tappe del ritorno alla normalità. Dal 15 ottobre, grazie al green pass obbligatorio e alla chiave vincente di abbinare il massimo livello di sicurezza sanitaria con la massima apertura delle attività economiche e sociali, il lavoro torna in presenza. Nella Pubblica amministrazione si struttura il superamento dello smart working «emergenziale», sperimentato in massa durante le fasi più difficili dell'emergenza Covid, a favore di uno smart working regolato nei contratti, ancorato all'accordo individuale con il dipendente e al rispetto di poche condizioni ineliminabili, tra cui la disponibilità di una piattaforma informatica sicura e il diritto di cittadini e imprese a servizi di qualità. È un passaggio straordinario, accolto con grande senso di responsabilità dalla stragrande maggioranza degli italiani. Protestano soltanto minoranze estremiste, cui devo – non so se sorriderne o meno – minacce e insulti, destinati a durare nel tempo.

La questione del lavoro, la comprensione delle sue nuove forme e manifestazioni e la messa a punto di più effettive tutele in una fase di ripresa e ricostruzione, torna centrale nel dibattito pubblico e si manifesta l'urgenza di un patto sociale centrato sulle competenze, la formazione e la riqualificazione professionale. Il governo continua il suo deciso processo riformatore, intervenendo su fisco e catasto. Non mancano le fibrillazioni politiche in seno alla maggioranza, ma risulta chiaro il nesso tra crescita e riforme, due facce della stessa medaglia. Parimenti evidente risulta la portata rivoluzionaria del Next Generation Eu, che mi appare come l'attuazione di quanto auspicato da Draghi a Jackson Hole nel 2014: una sorta di spinta alla reflazione, alle riforme, agli investimenti, in maniera tale che le politiche monetarie non convenzionali delle banche centrali siano accompagnate da politiche di bilancio dei singoli Stati con risorse messe in gran parte a disposizione dall'Unione europea. L'Europa si salva, ancora una volta e paradossalmente, sospendendo le sue regole. Si forgia nelle crisi, come aveva profetizzato Jean Monnet. E rinasce nello spirito di Guido Carli rievocato da Mario Draghi ed Emmanuel Macron, che propongono insieme la revisione della governance economica europea e delle regole di bilancio per non imbrigliare il Ngeu.

Nella quinta parte, *Dalla rielezione di Mattarella alla guerra in Ucraina*, va in scena il primo scorcio del 2022. Il 10 gennaio lanciamo il piano strategico di formazione per i 3,2 milioni di dipendenti pubblici: una gigantesca ricarica delle batterie per il lavoro pubblico, che avviamo consapevoli di come lo scatto in avanti della Pa possa incarnare la postura civile, dinamica ed essenziale, fatta di impegno a investire su di sé, di cui la società e la politica hanno bisogno. Le tensioni inflattive e il caro energia sono già evidenti. Dall'Ucraina cominciano a soffiare venti di guerra. Il 29 gennaio Sergio Mattarella viene rieletto presidente della Repubblica: è un tornante decisivo, che leggo come una prova di maturità, il segno che, riconfermando la coppia Mattarella-Draghi, l'Italia sceglie la stabilità, la credibilità e la reputazione, *in primis* delle sue istituzioni. Il 24 febbraio scoppia ufficialmente la guerra in Ucraina, scatenata dall'invasione russa. Di lì a poco, il 28 maggio, si celebrerà il ventennale del vertice di Pratica di Mare: invito a recuperare quella spinta propulsiva che allora venne incanalata nel Consiglio Nato-Russia, sollecito la ricerca di una «pace per» e non di una «pace contro». Una grande occasione perduta, data l'escalation che avvelenerà il Vecchio Continente da lì in avanti. Ad aprile in Francia viene rieletto Emmanuel Macron: il popolo francese sceglie l'Europa, facendo ben sperare per il rafforzamento del processo di integrazione. Un'Europa che il presidente Mattarella definisce «a un bivio della storia», stretta tra il rischio di una regressione e «la capacità di sopravvivere ai mali del passato e di superarli definitivamente». Questioni economiche cruciali – il lavoro, i salari, il potere d'acquisto, l'inflazione e la crescita – agitano il Paese. Ancora una volta, vedo in un patto sociale la via per superare l'impasse; nell'Europa più forte, più ricca, più giusta e più sovrana l'unico baluardo per l'ordine democratico globale messo a repentaglio dalla Russia di Putin; nel «vincolo esterno», di cui già Guido Carli aveva capito il valore per un Paese come il nostro, il vaccino contro l'egoismo degli Stati. Auspico un Next Generation Eu 2: nuovo debito europeo per produrre i nuovi beni pubblici europei, dalla difesa all'energia, dalla sicurezza alimentare alla crescita.

Nella sesta e ultima parte, *La crisi di governo e la crisi dell'energia: le sfide del dopo Draghi*, raccolgo le riflessioni successive alla caduta dell'esecutivo. È la fine anticipata di un sogno che avrei voluto veder continuare fino alla sua scadenza naturale. In nome di quel sogno interrotto, compio scelte sofferte e dolorose. Ma non demonizzo le elezioni, fissate per il 25 settembre 2022, che rappresentano sempre il momento più alto della vita democratica di un Paese. Suggerisco, invece, un grande patto repubblicano su tutte le tematiche riguardanti gli impegni dell'Italia con l'Europa (Pnrr, riforma del Patto di stabilità, riforma dei Trattati), perché pagheremmo a carissimo prezzo il ritorno a un conflitto permanente con l'Ue. Nel frattempo, la guerra in Ucraina diventa sempre di più anche una guerra del gas, una tragica partita a scacchi con la Russia. All'Unione europea si richiede la capacità di passare a nuovi schemi e di compiere un salto di qualità: da logiche intergovernative a logiche federative e di membership. Il 20 settembre vengo insignito del Premio Cavour 2022: è l'occasione per ribadire, ancora una volta, l'importanza di completare il processo di integrazione. La crisi dell'energia, nel frattempo, assume tratti preoccupanti. Per contrastare l'inflazione, la Banca centrale europea imita la Federal Reserve (Fed) e aumenta i tassi di interesse, proprio mentre i singoli Stati intensificano i programmi di sostegno al reddito e alla liquidità di cittadini e imprese. Una distonia che non giova. Il governo Draghi si conclude qui, in un frangente difficilissimo. Consegna al mondo un Paese che ha rispettato tutti gli impegni del Pnrr, che è cresciuto del 6,7 per cento nel 2021 e che nel 2022 sarà tra i primi della classe sempre per aumento del Pil e produzione industriale. Un Paese che ha una finanza pubblica solida, sostenibile e in miglioramento, pur in momenti drammatici. Un Paese che sta attuando le riforme attese da decenni e che non ha mai fatto mancare l'aiuto alle sue famiglie e al suo tessuto produttivo, provati dalle continue emergenze. Un Paese, un metodo e un'agenda mai visti prima.

Questa è la storia dei venti mesi che hanno cambiato l'Italia.

VERSO UN CAMBIAMENTO DI FASE

IL NATALE DELLA NUOVA EUROPA

Ha proprio ragione il presidente della Repubblica Sergio Mattarella, quando ammonisce che «i nazionalismi non devono intralciare il Recovery Fund» appena approvato dallo storico Consiglio europeo del 10 dicembre 2020; ma ci permettiamo di aggiungere anche «i sovranismi, gli egemonismi, le miopie e tutti gli egoismi». È la storia dell'Unione europea nei vent'anni dell'euro, d'altronde, che dimostra come tutti questi «ismi», in capo ai singoli Stati e a tutti i protagonisti politici di destra e di sinistra, siano stati i peggiori nemici del processo di integrazione.

Ma, come nei buoni romanzi d'appendice, facciamo quattro passi indietro.

In principio c'è la fase preparatoria dell'euro, con il Trattato di Maastricht (1992), con i suoi parametri intelligenti e flessibili di convergenza per la creazione dell'Unione economica e monetaria (Uem), quella del futuro euro, in particolare su deficit e debito pubblico; viene poi il Patto di stabilità e crescita (1997), con la conferma dei parametri del Trattato di Maastricht per il mantenimento di politiche di bilancio pubbliche da parte degli Stati che avrebbero adottato l'euro come valuta, al fine di garantire la stabilità e favorire il processo di integrazione monetaria tra i Paesi dell'eurozona. Nel Patto di stabilità e crescita, voluto fortemente dai tedeschi e figlio della diffidenza dei più forti nei confronti dei più deboli, viene anche inaugurato un nuovo particolare tipo di procedura di infrazione, la «procedura per deficit eccessivo» (Pde), che costituisce il principale strumento di controllo dell'operato degli Stati nelle mani della Commissione europea, per assicurare il mantenimento della disciplina di bilancio nell'Uem. L'intento delle regole contenuto nei due trattati (tendenziali nel primo, parametrici nel secondo) è quello di far convergere virtuosamente e gradualmente le differenti politiche di bilancio tra i vari Paesi, nella consapevolezza che la presenza di un grado di eterogeneità eccessivo tra i livelli di deficit e debito dei vari Stati non avrebbe permesso la realizzazione di una politica monetaria *one-fit-for-all*, adatta per tutti, con il conseguente fallimento dell'euro.

In sintesi, il «decennio buono» dell'euro, quello preparatorio, è caratterizzato dal giusto equilibrio tra i necessari parametri di convergenza delle finanze pubbliche e una certa flessibilità nel raggiungimento degli obiettivi di riduzione di deficit e debito. Flessibilità, questa, che fu genialmente imposta nel 1991 dall'allora ministro del Tesoro italiano, Guido Carli.

Anche la Pde esiste, ma la sua applicazione è quasi più una questione di deterrenza, che non di sanzione vera e propria. Finalmente nel 2002 nasce l'euro in mezzo a grandi speranze, insieme a un grande caos micro inflattivo e redistributivo nel passaggio tra le valute nazionali e quella comune. Nonostante tutto, sono anni di grandi speranze e di grande ottimismo.

Arriva poi la Grande Recessione del 2007-2009, che ha il suo simbolo nel crack della banca americana Lehman Brothers e nella crisi dei mutui subprime degli Stati Uniti: l'eccesso di lassismo nelle regole sulla concessione del credito, unito all'eccessivo abbassamento dei tassi di interesse da parte della Federal Reserve, generano un azzardo morale di dimensioni mai viste prima tra le famiglie americane e una bolla speculativa sul mercato del credito ed edilizio che, come ogni bolla, finisce per scoppiare. Tutti erano troppo impegnati a fare soldi, che nessuno si preoccupava di stabilire e rispettare le regole. La crisi diventa quasi subito mondiale e arriva anche nell'Unione europea, che si ritrova, a causa dell'incompletezza del suo processo di integrazione, senza armi sufficienti per reagire alla crisi, con una cultura di policy molto più debole rispetto alla prontezza mostrata dal governo americano, che nel frattempo aveva reagito alla crisi con pragmatismo da cow boy, approvando l'Emergency Economic Stabilization Act del 2008 (Eesa o Tarp) nell'ottobre 2008, che includeva 700 miliardi di dollari di finanziamento per il Troubled Assets Relief Program (Tarp). La Fed, dal canto, suo, allenta subito la sua *stance* di politica monetaria, tornando ad abbassare nuovamente i tassi d'interesse. In altre parole, gli americani si buttano alle spalle la crisi in due-tre anni, guadagnandoci pure. E che il resto del mondo si arrangi, con la massa di liquidità che, nel frattempo, si era creata.

Così il contagio si estende fuori dagli Stati Uniti, dalla finanza privata a quella pubblica, e in Europa ha il suo culmine nella crisi greca, crisi nata piccola e divenuta presto di scala continentale. Con un rapporto debito/Pil ormai fuori controllo, superiore al 160 per cento, le agenzie di rating ritengono ormai certo il default greco. La famigerata Troika, formata da Bce, Commissione europea e Fmi, approva un drammatico piano di intervento da 130 miliardi di euro, a fronte della richiesta di un draconiano piano di tagli alla spesa pubblica, aumento di tasse e cessione di asset pubblici. La ricetta non funziona e il passo successivo non può che essere la ristrutturazione del debito (haircut), che comporta perdite per i detentori di bond greci pari al 50 per cento.

E arriviamo al nuovo decennio e al fatidico ottobre del 2010.

Nel tentativo di trovare una soluzione esemplare per arginare la crisi e i suoi possibili effetti di contagio nei confronti di tutti gli altri Stati europei, nella cittadina francese di Deauville, la cancelliera tedesca Merkel e il presidente francese Sarkozy si incontrano per prendere una decisione destinata a pesare sulle sorti del Vecchio Continente per tutto il decennio e quello successivo, ovvero quella di coinvolgere il settore creditizio privato nella gestione dei default sovrani: «se un Paese si trova in stato di insolvenza, chi detiene i suoi titoli di Stato dovrà pagarne le conseguenze subendo un taglio del loro valore nominale».

La posizione dell'asse franco-tedesco è letta dai mercati finanziari come una possibilità che gli Stati sovrani e le banche possano fallire (*private sector involvement*). Nel già fragile contesto economico che l'eurozona sta attraversando, le parole dei due leader hanno l'effetto di una miccia accesa in una polveriera.

I mercati finanziari cominciano a scontare nei prezzi dei titoli sovrani dei Paesi più fragili, che verranno etichettati con il triste acronimo di Pigs (Portogallo, Italia, Grecia e Spagna), il rischio default e iniziano a venderli massivamente, chiedendo per i loro acquisti un rendimento molto più elevato.

La Bce, colta impreparata, nella governance e nella sua architettura istituzionale, non reagisce, contribuendo a rafforzare la credenza che l'intento delle istituzioni europee sia quello di punire, più che aiutare, gli Stati fortemente indebitati. Le grandi banche d'affari, a partire da Deutsche Bank, incominciano a liberarsi dei titoli di Stato dei Pigs detenuti in portafoglio, senza troppo pensare alle conseguenze. Gli altri investitori, più o meno nel panico speculativo, si accodano. Si avvia quindi la crisi dello spread, che colpisce tutti i Pigs, e che per l'Italia significherà spread alle stelle, pur se con fondamentali di finanza pubblica sostenibili, e la fine dell'ultimo governo Berlusconi, costretto a lasciare il campo all'esecutivo tecnico di Mario Monti, governo Berlusconi finito sul banco degli imputati, a seguito dell'anomala lettera della Bce del precedente 5 agosto 2011.

Inizia così, per l'Italia e non solo, il periodo dell'austerità, delle politiche «sangue, sudore e lacrime», dei compiti a casa, del debito come «colpa». Tutti fattori, questi, che mettono l'economia italiana in ginocchio. E arriviamo così alla fine del 2011.

Nonostante l'obbedienza totale del nostro Paese alle prescrizioni di austerità, la crisi continua, e il presidente Monti viene definito dal «Süddeutsche Zeitung» il «perfetto genero, perché parla poco, veste in modo serio e banale, non fa rumore».

Solo nel 2012, davanti a un rischio concreto di crollo dell'euro e in ragione della speculazione sempre molto attiva, Mario Draghi, a capo della Banca centrale europea, decide di rompere gli indugi e annuncia, in maniera un po' improvvisata, ma con tempismo perfetto, il 26 luglio a Londra, il suo famoso «Whatever it takes», ovvero la promessa che Francoforte avrebbe fatto tutto quanto in suo potere per salvare la moneta unica, sull'esempio di quattro anni prima della

Federal Reserve e del Tesoro degli Stati Uniti. La promessa (con implicita minaccia) ha un effetto deterrenza sui mercati finanziari e, da lì in poi, grazie alle politiche di Quantitative Easing, ovvero di acquisto straordinario di titoli di Stato sul mercato secondario, gli spread dei Pigs cominciano a ridursi. Ed è a questo punto che le istituzioni europee cominciano a interrogarsi sulla necessità di dotarsi di nuove regole di bilancio e bancarie per evitare che la Grande Recessione si ripresenti di nuovo in Europa.

Già nel novembre 2011 vengono approvati una serie di regolamenti noti come «Six pack» e «Two pack», volti a rendere più stringente il Patto di stabilità e crescita, con l'introduzione di regole severe su deficit e processo di approvazione dei bilanci nazionali. Dall'interpretazione flessibile dei criteri di convergenza di deficit e debito previsti dal Patto di stabilità e crescita del 1997, flessibile ancorché parametrica, si passa a un vero e proprio sistema sanzionatorio per i Paesi che non rispettano i macchinosi parametri previsti.

Viene poi imposto al nostro Paese l'equilibrio di bilancio in Costituzione, che in Italia comporta la modifica, nell'inverno-primavera 2011 e 2012, dell'articolo 81 della nostra Carta, in pieno governo tecnico, modifica realizzata quando presidente della Commissione bilancio della Camera era Giancarlo Giorgetti della Lega; il Mes, il famoso fondo «Salva Stati», approvato nella riunione Ecofin del 9-10 maggio 2010 e in quella del Consiglio europeo del 25 marzo 2011, poi ratificato dal Parlamento italiano nel luglio 2012; nasce il Fiscal Compact, trattato internazionale approvato il 2 marzo, contenente le famose «regole d'oro» per le finanze pubbliche. Sempre in quel drammatico 2012, si dà avvio all'Unione bancaria europea, che però parte subito piena di buchi, dal momento che per colpa di una scriteriata introduzione della normativa europea nella legislazione nazionale fatta dal governo Renzi, vede l'Italia investita da una pesante crisi dei nostri istituti di credito, che porta al fallimento di numerose banche popolari e alla crisi del Monte dei Paschi di Siena, quest'ultimo salvato *in extremis* dal Tesoro.

A prescindere dalla recrudescenza dell'aspetto sanzionatorio per gli Stati, l'irrigidimento del Patto di stabilità e crescita, previsto da

Two Pack, Six Pack e Fiscal Compact, presenta la folle caratteristica di avere carattere pro-ciclico, ovvero di spiegarsi in un momento di grave crisi economica. Per dirla semplice, benzina sul fuoco, o pioggia sul bagnato.

Grande malessere, dunque: alla crisi economica, si somma l'incapacità di dare le risposte opportune. L'austerità non basta più, ma altre strade sembrano impercorribili. I leader europei cominciano così a riparlare della necessità di completare l'Unione bancaria e rimettere mano a quella del Mes, resisi conto che quello allora in vigore non era altro che un grande contenitore di risorse che non serviva a nulla. Ci si accorge, inoltre, che l'Unione bancaria doveva essere completata al più presto, creando uno strumento di rafforzamento del Fondo unico di risoluzione delle crisi bancarie, noto come «common backstop» e un Fondo comune per la garanzia dei depositi bancari dell'eurozona, l'Edis. Insomma, si cominciavano a delineare i giusti sbocchi, ma mancava la volontà politica di perseguirli con coerenza. Da sottolineare, a questo riguardo, la posizione eversiva e provocatoria della proposta dell'allora ministro delle Finanze tedesco Wolfgang Schäuble, che arrivava a suggerire di mettere un tetto alla possibilità per le banche dell'Eurozona di detenere titoli di Stato nazionali nei loro portafogli. Idea che avrebbe terremotato sicuramente il sistema bancario europeo, con un maxi sell-off di Btp, in particolare per le nostre banche, con conseguente collasso delle stesse e con conseguente credit crunch.

Insomma, l'Europa annaspa, persevera nell'errore, sempre più divisa tra cicale e formiche, con la Germania che nonostante il suo surplus commerciale non vuole reflazionare, in un clima di perdurante bassa crescita.

Ci prova Juncker, dal 2014 in poi, col suo piano di investimenti velleitario, che si risolve tra gli egoismi di tutti in un pugno di inutili mosche.

Il Mes viene sottoposto a un processo di riforma, e nel nostro Paese a decidere sono tre governi (Gentiloni, Conte I, Conte II) e tre ministri (Padoan, Tria, Gualtieri), tutti di qualità, senza particolari distinguo, senza particolari alzate di scudi.

E arriviamo così malamente al 2020, alla pandemia e alla crisi economica conseguente. E nessuno può immaginare che la tragedia, che investe il Vecchio Continente, si trasforma in un'occasione irripetibile per un cambio di rotta epocale, capace di spazzare via gli egoismi e le miopie.

Dopo gli errori e orrori del decennio precedente, infatti, l'Unione europea, dopo un iniziale disorientamento, cambia passo e il processo di integrazione economica, finanziaria e monetaria (e speriamo politica) subisce un'accelerazione senza precedenti. Motore di tutto è la cancelliera Merkel, alla guida del semestre di presidenza del Consiglio europeo. Angela Merkel, contrariamente a Deauville, questa volta, non sbaglia un colpo. Dalle politiche rigoriste e di austerity, dai possibili Stati che possono fallire, si passa ai principi di mutualizzazione del debito e delle risorse comunitarie, almeno quelle in risposta alla crisi pandemica. È stato chiamato «momento Hamilton», meglio ancora «momento Merkel».

Per i Paesi del Nord, soprattutto per Berlino, il debito comune cessa di essere un tabù e per la prima volta nella storia dell'Unione, viene decisa l'emissione di eurobond, ovvero di titoli di Stato emessi da una istituzione comunitaria. Non solo. Per fronteggiare le spese sanitarie dirette e indirette della crisi nasce la linea di credito pandemica rafforzata del Mes, istituita ex articolo 136, comma 2 del Tfue. Con gli altri strumenti del Sure, Bei e Ngeu Fund, l'Europa lancia un sistema di aiuti senza precedenti basato su quattro pilastri finanziari, che rappresenta il bazooka fiscale dell'Unione.

Il piano di ricostruzione europeo trova così la sua copertura finanziaria, costruita su un sistema di trasferimenti a fondo perduto e prestiti.

Cambia l'Europa, che diventa, come d'incanto, più solidale, più federale, più proiettata nel futuro. Fino al Consiglio europeo del 10 dicembre 2020, nel quale la cancelliera Merkel si impone di chiudere la partita, riuscendo a piegare le ultime resistenze sovraniste di Ungheria e Polonia sul bilancio comunitario e la riforma delle risorse proprie e a far approvare il Recovery Fund, con i suoi 750 miliardi di euro suddivisi tra grant e loan, 209 miliardi dei quali destinati all'Italia. Nella riunione, tutti i capi di Stato danno il loro consenso. Il grande piano Marshall europeo potrà così partire dal 2021. Un trionfo personale per la cancelliera, che segna un cambio di rotta per tutta l'Europa.

I fatti, certamente, si sono svolti drammaticamente nell'ultimo anno. Ma questo è lo stile dell'Europa che dà il meglio di sé sempre quando è nei pressi del baratro. Qualcuno è riuscito a stare al passo dei cambi di paradigma e decisioni, della nuova visione sul futuro, altri no. Tra coloro che non hanno capito, purtroppo, o non hanno voluto capire per ragioni di consenso interno, ci sono i sovranisti di casa nostra, che quegli strumenti finanziari e solidali e quella nuova Europa hanno osteggiato strenuamente, sin dall'inizio. Ferocemente contro Ursula von Der Leyen, contro l'Unione bancaria, strenuamente contro il nuovo Trattato Mes, contro il Mes pandemico, contro il Ngeu Fund, contro l'euro. In definitiva, contro l'Europa. Sbandierando un vaneggiato spirito nazionalista e sovranista, ma nell'incapacità di capire che proprio questo andava contro gli interessi del Paese.

Che lezioni possiamo trarre da tutta questa storia ricostruita per sommi capi? Forse in molti non saranno d'accordo con queste conclusioni, ma a noi pare che la Germania, consapevole dei suoi errori passati, abbia saputo e avuto il coraggio di cambiare rotta, dagli errori egemonici di quella passeggiata a Deauville (18 ottobre 2010), ai feroci sorrisi contro Berlusconi e il suo governo, sempre assieme a Sarkozy del 23 ottobre 2011, al trionfo solidale del Consiglio europeo del 10 dicembre 2020.

I nostri sovranisti, invece, si sono posti fuori da questa straordinaria evoluzione, continuando ad andare *contra ventum*. Ottusamente abbarbicati sulla loro arcaica ideologia degli Stati nazione, dell'egoismo provinciale, senza capire che il momento era cambiato e che l'Europa stava cambiando.

Certamente, non è che i nuovi poteri dell'Europa faranno venire meno le responsabilità degli Stati, anzi. Con il nuovo Mes, e il suo salva banche, è più alta la responsabilità degli Stati nazionali, coerentemente con la nuova cornice federale.

La politica dell'irresponsabilità, come le idee senza senso di cancellare parte dei debiti nazionali, a lungo andare crea due categorie di cittadini, in prospettiva: chi si salva perché ha gli strumenti per restare agganciato al treno europeo, e chi affoga nell'inevitabile default nazionale, economico e morale, che all'irresponsabilità necessariamente segue.

Nella consapevolezza che solo la politica degli investimenti, anticipata dal piano incompiuto Juncker e culminata nel New Deal del Ngeu, è in grado di creare sviluppo e completare le quattro Unioni sulle quali l'Europa moderna è basata. Senza sviluppo nessuna austerità ha senso, e il debito rimane soltanto una colpa. Prima ne prendiamo atto, meglio è. In ogni caso, con il 10 dicembre 2020, è finalmente iniziato il nuovo millennio, con buona pace del calendario.

«Huffington Post», 15 dicembre 2020

CAMBIARE GIOCO, UN'AGENDA DI CENTO GIORNI PER SALVARE IL PAESE

Noi continuiamo a dirlo: occorre cambiare gioco. Mettere prima di tutto la salvezza del Paese e solo dopo l'assetto politico e istituzionale del nuovo governo e della nuova maggioranza.

Lo sterile gioco realizzato finora non porta da nessuna parte. Il Paese si trova da tempo in quello che viene definito dalla teoria economica come lo «stallo messicano», ovvero una situazione in cui sempre più soggetti, o «giocatori», si minacciano l'un l'altro, alzando continuamente il livello dello scontro, senza alcuna via d'uscita, senza che nessuno abbia la forza, la volontà, la determinazione di sparare davvero, perché in caso contrario, ne risulterebbe una carneficina, che nessuno vuole. Lo «stallo alla messicana» è, quindi, uno scontro in cui non esiste alcuna strategia che consenta ad alcuno di vincere, e di conseguenza, è comunemente accettato che tutti vincano se non si spara. Ma affinché tutti vincano è necessario che tutti facciano un passo indietro, la desistenza, nonostante le urla, le minacce, gli ultimatum, le facce feroci. Per questo occorre, al più presto, cambiare gioco. Ovvero creare le condizioni per una *exit strategy*, tramite la definizione di un'agenda credibile, condivisa, che inverta i termini della questione: prima gli italiani, prima la salvezza del Paese, con un orizzonte ben definito, perché il tempo, in questo tipo di strategie, è una variabile cruciale. Definire un'agenda significa, infatti, nella teoria economica, scrivere un piano impegnativo con i passi da compiere, con l'indicazione degli attori, i tempi e le risorse finanziarie e politiche necessarie. Stabilire «chi fa che cosa», ovvero come i vari protagonisti si devono comportare e cosa devono fare esattamente perché la strategia vada a buon fine. Ogni «giocatore» deve fare la sua parte al momento giusto, facendo la cosa giusta. Nel nostro caso, in termini di qualità del governo, sul modello di governance, sulla composizione della maggioranza e sulla leadership.

Occorre, cioè, che tutti facciano un passo di lato e ragionino solo in termini di agenda, su cosa serva al Paese, sui precisi trade-off che ciascuno dei protagonisti è disposto a concedere a tutti gli altri. L'obiettivo è il bene comune.

Proponiamo un'agenda di cento giorni per mettere in sicurezza e salvare il Paese: partendo proprio dalla scelta dell'agenda e del timing di attuazione della stessa si risolve anche il problema della governance. Con chi ci sta. Con chi abbandona l'inutile stallo messicano e ricomincia invece a rimettersi in sintonia con quello che chiedono gli italiani.

La crisi di governo in atto si è manifestata, da un punto di vista strettamente fenomenico, per l'incapacità di questo esecutivo giallorosso di presentare un credibile Piano nazionale di resilienza e riforma nei tempi e nei modi stabiliti dal nuovo Regolamento Rrf dell'Unione europea, incapacità che rischia di costare molto cara all'Italia. Dopo l'avvertimento lanciato la scorsa settimana dal commissario europeo agli Affari finanziari Paolo Gentiloni e dal vicepresidente della Commissione Valdis Dombrovskis sul rischioso ritardo della presentazione del Pnrr dell'Italia, nei giorni scorsi è arrivata anche una nota da parte dell'agenzia di rating Moody's, che ci informa con chiarezza e durezza di un possibile rischio downgrade sovrano dell'Italia in caso di stallo politico continuato.

Senza contare che, come conseguenza di questo caotico stallo, già lo scorso venerdì lo spread ha cominciato a rialzare la testa, salendo ai massimi degli ultimi due mesi, con la Borsa di Milano a subire pesanti perdite.

«Una maggioranza più fragile intensifica le sfide post-pandemiche» ha scritto Moody's nel suo report. Come a voler dire che un governo senza una maggioranza assoluta non è reputato in grado di venire incontro alle esigenze e alle sfide che attendono l'economia e la società italiane.

«Mentre le elezioni anticipate sono improbabili – scrive infatti Moody's – questo governo indebolito deve far fronte a imponenti sfide sia nel gestire l'attuale fase della pandemia che nell'assicurare un utilizzo efficace e tempestivo dei finanziamenti del Recovery Fund, che sono cruciali per migliorare il basso potenziale di crescita dell'Italia».

Gli analisti di Moody's sono inoltre preoccupati di come il governo in carica potrà gestire i fondi del Next Generation Eu. «Queste somme sono significative, pari a oltre cinque anni di investimenti pubblici – si legge nel rapporto – e dovrebbero aumentare la crescita economica del Paese se spese in maniera produttiva». Un chiaro riferimento alle riforme strutturali da sempre richieste dalla Commissione europea e mai realizzate dal nostro Paese, il quale deve anche affrontare il problema della governance, altro motivo di discussione politica tra le varie componenti della maggioranza. Senza contare le problematiche legate alla fase esecutiva dei progetti, considerando che «il tasso di assorbimento dei fondi strutturali della Ue da parte dell'Italia è debole».

Come conseguenza degli avvertimenti di Moody's, nel caso l'Italia non trovasse presto una maggioranza stabile, in grado di garantire i numeri almeno fino all'elezione del prossimo presidente della Repubblica, il rischio è quindi quello di un giudizio negativo da parte dei mercati finanziari e delle agenzie di rating. In caso di downgrade del nostro debito pubblico a livello *junk* (spazzatura), il rischio per il nostro Paese sarebbe quello di non riuscire a finanziarsi sui mercati: nello stallo messicano, i mercati sancirebbero il game over, con buona pace dei giochi e giochetti degli inutili e ridicoli duellanti.

Per questo motivo, noi ribadiamo ancora una volta, la necessità di trovare un accordo per un'agenda di salvezza nazionale da realizzare nei prossimi cento giorni, con il primo obiettivo di mettere in campo un nuovo Piano per i vaccini per raggiungere l'immunità di gregge, entro aprile, come sta facendo lo Stato di Israele; una volta definito il nuovo Piano vaccini, tutto il resto deriverà di conseguenza, così che il governo possa scrivere un nuovo decreto Ristori da 32 miliardi di euro, non più e non solo per compensare le imprese per le perdite subite dalle chiusure, ma per finanziare la riapertura delle attività e la ripresa dell'economia. Con il cromatismo territoriale del nostro Paese, correlato alle vaccinazioni effettuate, e non più ai tamponi: quanto più si vaccina, tanto più si riapre. Un cambio di paradigma. Dai disperati lockdown, al tornare a vivere.

Occorre, infine, come terzo punto dell'agenda dei cento giorni, che il governo riscriva il Pnrr, nel rispetto delle regole europee e inserendo le riforme strutturali che il Paese da tempo deve realizzare: Pubblica amministrazione, giustizia, lavoro, infrastrutture, tasse. Solo con questo pacchetto di riforme da inserire nel nostro Pnrr e da presentare contemporaneamente alle Camere saremo credibili, nei confronti degli italiani, dell'Europa e dei mercati. Se si riuscisse a trovare l'accordo tanto sui contenuti quanto sul timing di questa agenda, necessariamente l'intendenza dovrà seguire, ovvero si materializzerebbe immediatamente la maggioranza (la più larga possibile) per governare il Paese. Fuori da questo metodo, da questa agenda e timing, un piano di vaccinazione indeterminato non servirebbe a nulla, sarebbero buttati i 32 miliardi come sono stati buttati i precedenti oltre 100, e non saremo in grado di approvare il Pnrr entro aprile, termine indicato dalla Commissione per avere accesso agli anticipi e ai fondi europei. Non ha senso discutere di Pnrr, lo ripetiamo, senza aver definito contenuti e tempi delle riforme di cui ha bisogno il Paese e che l'Europa ci chiede da sempre, come non ha senso fare altro deficit e altro debito. Tutto si tiene: un'agenda di cento giorni per salvare il Paese.

La strada maestra per uscire dall'insopportabile stallo messicano della politica italiana è una sola: rimettere alla saggezza politica e all'autorevolezza istituzionale del capo dello Stato l'indicazione della soluzione della crisi, nella prospettiva di un nuovo governo che rappresenti l'unità sostanziale del Paese in un momento di assoluta emergenza nazionale per fare le cose che servono. Oppure restituire la parola agli elettori. Altra soluzione non c'è.

«Huffington Post», 25 gennaio 2021

CHI È EUROPEISTA E CHI NO. TEMPO DI ESAMI DI COSCIENZA

La nuova Europa non può essere un pasto gratis, né un luogo comune, tanto meno una strumentale «retorica» che consenta troppo facilmente di distinguere tra buoni e cattivi. La nuova Europa è, e dovrà essere, ben di più. È già una comunità formata da un insieme di storie, regole, istituzioni di successo, che hanno però bisogno di ulteriore spirito comunitario e di comune visione del futuro. Oggi siamo a un punto di passaggio tra la vecchia comunità-Unione, costruita dopo la Seconda guerra mondiale, pragmaticamente sulla messa in comune di carbone e acciaio, poi sul *soft power* del mercato unico e delle regole sulla concorrenza e sulla moneta; e quella nuova, basata sul «momento Hamilton» (dal nome di Alexander Hamilton, uno dei padri fondatori degli Stati Uniti che nel 1790 riuscì a trasformare il debito che le 13 colonie avevano accumulato nella lotta per l'indipendenza dal Regno Unito in debito pubblico del nuovo Stato federale, mettendo così le basi per la nascita dei moderni Stati Uniti), nato dalla pandemia, ma potenzialmente catalizzatore e regolatore del futuro.

Al di là delle cifre stanziate, dei grant e dei loan, e dell'ammontare complessivo delle risorse messe in comune dagli Stati europei, il vero valore del Ngeu sta nella sua narrativa, nella sua potenza di progettazione del nuovo modo di stare insieme, esattamente come fu il piano Marshall per la ricostruzione dell'Europa e del mondo nel secondo dopoguerra del Novecento.

Proprio per questo motivo occorre fissare, bene e ora, le regole del gioco della fase costituente del nuovo «club» europeo. E in questa transizione, la dimensione economico-finanziaria, oltre a quella politica dei nuovi Trattati e dello stato diritto, diventano elementi fondanti e dirimenti.

Appartenere al club europeo non significa fare *cherry picking*, ovvero scegliere soltanto le ciliegie che piacciono, infischiandosene degli altri commensali. La nuova Europa non può essere *à la carte*. Ovvero, non si può pensare di ottenere solo i vantaggi del club, senza pagarne i costi e osservarne le regole. Nessuno può fare il *free rider*, quel soggetto cioè che usufruisce di un servizio o gode di un vantaggio senza pagare il biglietto. Nessun opportunismo, dunque, miope ed egoista. Nessun azzardo morale. Insomma, non c'è posto per i furbi. Ecco, l'Italia deve dimostrare di saper dare, oltre che di saper ricevere.

La nuova Europa deve essere sempre una comunità di onori e oneri, di valori e di equità. Come qualsiasi altro club, dove dei vantaggi si gode solo a patto di pagare la quota annuale e rispettare le regole della casa. E questa deve essere la discriminante anche nel posizionamento politico in casa nostra, per capire chi è veramente europeista e chi no. L'Europa federale, auspicabilmente, dovrà prevedere sì la mutualizzazione strutturale delle risorse finanziarie, anche dopo i sei anni eccezionali del Ngeu, ma a patto che tutti gli Stati membri paghino la loro quota, secondo regole condivise e definite insieme e che tutte le storiche famiglie politiche del Vecchio Continente ne costruiscano la nuova Costituzione, in maniera convinta e trasparente.

E adesso una riflessione in casa nostra, all'apparenza marginale, ma in realtà di grande significato politico: nei giorni scorsi, il leader della Lega Matteo Salvini dichiarava che «i soldi a prestito (loan) del Recovery Plan, da restituire con gli interessi, sono due terzi dell'ammontare totale, non li prenderei perché li posso chiedere al mercato a tassi migliori». Frase di buon senso, pienamente compatibile con l'attuale visione sovranista della Lega secondo quella che, con un sorriso, ho già avuto modo di chiamare «Borghi-Bagnainomics». Visione, come dicevamo, apparentemente di buon senso, ma sbagliata tanto dal punto di vista economico e finanziario, quanto da quello politico e istituzionale. Vediamo perché.

Dal punto di vista finanziario, l'affermazione di Matteo Salvini non sta in piedi perché si basa su una errata interpretazione del principio del «merito di credito» di un Paese, inteso come tutta quella serie di condizioni economiche e finanziarie favorevoli (crescita economica, bassa disoccupazione, ridotti livelli di deficit e debito pubblico, finanze pubbliche solide) che rendono attraenti i titoli di Stato emessi da quello stesso Paese. Quanto maggiore è il merito di credito, tanto migliori sono le condizioni di finanziamento e l'accesso ai mercati.

L'idea di Salvini si basa dunque sull'assunto che i bassi rendimenti sui nostri Btp siano del tutto indipendenti dai vantaggi per l'Italia di far parte dell'Unione europea e dell'euro, mentre invece, se c'è proprio un motivo per cui i nostri rendimenti sono ai minimi, è il fatto che l'Italia gode delle politiche monetarie espansive della Banca centrale europea, creata appunto per gestire la moneta unica, e che gli investitori scommettono sul fatto che i 209 miliardi di euro stanziati dal Next Generation Eu Fund dovranno servire a finanziare la ripresa economica del nostro Paese. Le politiche monetarie e fiscali dell'Europa creano quindi effetti finanziari positivi per l'Italia, cioè il suo merito di credito attuale. Detto diversamente, se l'Italia non aderisse alla Ue e all'euro non avrebbe condizioni così favorevoli. L'accesso conveniente al mercato è quindi figlio delle istituzioni europee e del funzionamento di Unione europea ed Eurozona.

Quanto al Recovery Fund di cui parla Salvini, poi, è noto che esso va preso nel suo insieme, non facendo il *cherry picking*, come suggerisce il leader della Lega. Perché se si fa parte del club europeo, si gode dei benefici solo se si rispettano le regole. Non è possibile prendersi solo i vantaggi, e rifiutare le condizioni che non fanno comodo. Conti alla mano, l'Italia è la principale beneficiaria di questo piano d'intervento senza precedenti del Ngeu, con i Paesi del Nord Europa che hanno accettato di trasferire risorse dai loro bilanci nazionali ma che, per questo, hanno anche posto delle giuste condizioni per il loro utilizzo. Un principio giusto e comprensibile. Anche perché, diciamoci la verità, sull'uso storico dei fondi europei ordinari l'Italia non ha mai brillato per efficienza ed efficacia. Lecito, quindi, che chi ci presta o regala soldi pretenda di avere qualche garanzia in cambio per il loro corretto utilizzo. E le garanzie, in questo caso, sono l'obbligo da parte dei governi di predisporre un Piano nazionale di ripresa e resilienza che contenga tutte quelle riforme strutturali che, nello specifico, il nostro Paese non ha mai realizzato e che sono la causa di tutti i nostri guai.

Sul fatto che poi l'Italia abbia oggi rendimenti sovrani così bassi, questo, lo ripetiamo, non dipende certamente dal suo attuale merito di credito. Noi in questa fase usufruiamo del merito di credito dei Paesi virtuosi. È bene che ce lo mettiamo in testa. A riprova, basta vedere il rating del nostro debito pubblico, appena sopra il livello «spazzatura», per capire come l'Italia non goda certo di una buona reputazione sui mercati. E diciamo pure francamente che in assenza della Bce e dei fondi del Ngeu, garantiti dalle finanze pubbliche dei Paesi del Nord, la nostra Italia sarebbe già finita in default da parecchio tempo. Insomma è in atto un trasferimento di reputazione, che ci consente di tenere basso il costo del nostro indebitamento: è quindi per il merito di credito dei Paesi più virtuosi che i nostri Btp vengono emessi a rendimenti bassi, non per il nostro.

Sul lato politico, poi, non si capisce come il leader della Lega si candidi a guidare l'Italia, di fatto attaccando l'Europa e i suoi strumenti finanziari. Se Salvini dovesse davvero, e glielo auguriamo, diventare primo ministro dopo una vittoria del centro-destra alle elezioni, come reagirebbero a quel punto gli altri Paesi europei? Sicuramente chiederebbero al leader della coalizione vincente o di cambiare posizione sul club europeo, cosa francamente auspicabile, o di lasciare il club. Vale a dire, o aderire alle regole (Recovery Plan, euro, Mes riformato) o di uscire dall'Unione e dall'euro. Chiunque può bene immaginare come una ambiguità del genere, in questo momento, sia l'ultima cosa di cui l'Italia ha bisogno. Solo, infatti, con il pieno utilizzo di tutti gli strumenti dell'Unione, l'Italia può uscire dalla crisi. Il dire «ce la facciamo da soli» significa solo dare un segnale politico pericoloso agli italiani e agli altri partner europei sul come l'Italia intende il suo ruolo nelle istituzioni comunitarie.

Certamente, se l'Italia dovesse davvero uscire dall'euro e dalla Ue, Matteo Salvini e gli economisti della Lega si accorgerebbero subito di cosa vuol dire emettere bond a rendimenti nettamente superiori, senza avere le politiche di intervento di una banca centrale come la Bce. E se si mettessero a fare i conti su quanti miliardi di euro d'interessi l'Italia ha già risparmiato con l'adesione all'euro, si accorgerebbero che essere contro l'Europa non è poi così conveniente.

Senza nemmeno rendersene conto, Salvini e i suoi ispiratori stanno dicendo tra le righe che l'Europa sarebbe talmente conveniente per l'Italia da non essere nemmeno necessari piani straordinari di prestiti, essendo già sufficiente l'appartenenza all'Europa e all'euro a garantirci.

Si potrebbe dire che sono ultraeuropeisti, se non fosse che sono semplicemente ultraconfusi e contraddittori.

Noi dobbiamo garantire agli italiani, alle cancellerie europee e ai mercati un tasso di crescita nominale del nostro Pil superiore al tasso di interesse medio pagato per il servizio del nostro debito, cioè che il numeratore cresca meno del denominatore nel rapporto debito/Pil. È questo il valore al quale deve aumentare il potenziale di crescita dell'economia italiana (dai numeri da prefisso telefonico di questi ultimi anni) se vogliamo salvarci dalla crisi Covid. Senza questo scatto di crescita, non saremo assolutamente in grado di domare e far scendere il nostro rapporto debito/Pil accumulato in questi anni. La politica monetaria, dunque, da sola non basta: occorre che la maggiore liquidità garantita dalla Bce si trasmetta all'economia reale attraverso la crescita prodotta dalle politiche economiche e fiscali degli Stati e dell'Unione nel suo complesso. Per questo serve chiarezza, tanto nel centrodestra, quanto nel centrosinistra.

Abbiamo tre anni di tempo, prima del baratro, entro i quali dobbiamo garantire due condizioni: primo, mettere in campo gli investimenti e le riforme del Recovery Plan, nei tempi e nei modi indicati dall'Europa, senza se e senza ma, visto che una volta tanto ci pagano per crescere di più e noi dobbiamo farlo in fretta; secondariamente, operare affinché i tassi di interesse sul nostro debito restino bassi (ma per questo serve il merito di credito che solo l'Europa ci garantisce).

Per fare questo, oltre al tema del Recovery, dobbiamo assicurarci di restare il più possibile sotto l'ombrello della Bce negli acquisti del nostro debito. Ma quell'ombrello non è infinito: copre poco più di 100 miliardi di nuovo debito italiano da qui fino al 2022, e poco più di 50 negli anni a venire.

Da oggi e per i prossimi cinque anni, infatti, l'Europa emetterà il suo debito, 750 miliardi di euro di emissioni «tripla A» per pagare Next Generation Eu. Logicamente l'appetito del mercato (e della Bce) si sposterà in gran parte verso i titoli europei, a discapito dei singoli Paesi, quindi anche dei nostri. Dunque, ogni passo del debito italiano fuori dalla copertura, oggi comunque garantita da Recovery/Bce, rischierebbe di costarci carissimo.

Questa dunque è la rotta politico-finanziaria che ci fa evitare di andare a sbattere. Ogni altra alternativa opportunistica, sovranista, intergovernativa, anacronistica e autarchica, somiglierebbe tanto a quei marinai della domenica che: «... fa bello e non vedo ostacoli davanti, salpo tranquillo». Auguri.

«Huffington Post», 30 gennaio 2021

UNA FELICE CONGIUNTURA ASTRALE SOTTO IL SEGNO DI DRAGHI

Narrano le cronache che un noto esponente della famiglia Rothschild, nell'Ottocento, lasciasse infuriato Napoli dichiarando che non avrebbe mai più fatto affari con gli italiani. Il motivo ce lo possiamo ben immaginare.

L'Italia, infatti, storicamente non gode certamente di una buona fama. Considerata inaffidabile, *tricky* (imbrogliona), *unfit*, poco avvezza a rispettare le regole. Con una burocrazia insopportabile, barocca, opaca, formalista; una legislazione estremamente complessa e contraddittoria, e soprattutto con tempi incerti nell'attuazione dei programmi d'investimento. Con una giustizia lenta, inefficiente, con tempi infiniti, assolutamente insensibile al bene pubblico, auto referenziale, con l'obbligatorietà dell'azione penale a coprire ogni vergogna; uno Stato poco trasparente e per nulla meritocratico, *blur*, motivo per cui gli investitori stranieri evitano il nostro Paese come la peste. Buono per una vacanza, ma non per farci affari.

In sintesi con poca certezza del diritto, che oggi è uno dei parametri chiave per la competitività e l'attrattività nel mondo globale. Non è un caso che nell'ultimo anno l'Italia, insieme al Regno Unito che ha subito la Brexit, è il Paese che registra il maggior crollo degli investimenti stranieri tra tutte le economie sviluppate.

D'altronde, questi luoghi comuni, ben meritati, si sprecano: siamo il Belpaese del sole, del mare, della «pizza, spaghetti, mafia e mandolino». E anche facendo riferimento alla letteratura economica, possiamo vedere che gli italiani sono spesso indicati come i migliori rappresentanti dei comportamenti opportunistici più studiati: come l'azzardo morale (un agente economico che pone in essere una condotta con l'intento di arrecare un danno a un altro soggetto, con comportamenti da furbi, finalizzati a fregare sempre gli altri) e il *free-rider* (colui che si serve di un bene pubblico evitando di pagarne il prezzo). Motivo per cui gli italiani sono visti all'estero sempre come persone su cui non si può fare affidamento, su cui non si può contare, che non fanno la fila e che ti vendono il Colosseo. E l'amara constatazione è che questa immagine, per quanto ci faccia del male, appare come molto vicina alla realtà.

Storicamente, questi luoghi comuni hanno dei costi oggettivi in termini di immagine e di capacità attrattiva nei confronti di investitori e imprenditori esteri. Contribuiscono, tra l'altro, ad aumentare il costo di finanziamento sui mercati, lo spread (ovvero il differenziale di rendimento tra i nostri titoli di Stato e quelli degli altri Paesi), i Cds (il costo per assicurare il nostro debito pubblico, che è funzione della sua sostenibilità e della reputazione del Paese), i tassi interbancari. Insomma, tutto ci costa di più per via della nostra cattiva reputazione. Il nostro merito di credito è basso perché la nostra immagine e attendibilità sui mercati è modesta e i nostri parametri macroeconomici (crescita del Pil, produttività, disoccupazione ecc.) sono inferiori, strutturalmente, a quelli della media europea o della media dei Paesi nostri competitori. Motivo per cui è indubbio che se si vuole tornare ad attrarre capitali stranieri, se si vuole riportare lo spread e i Cds strutturalmente (non solo congiunturalmente) verso la media europea, occorre che questa immagine venga drasticamente contrastata, agendo sui fondamentali, e cioè modificando le regole su cui finora si è basata la nostra vita economica e la nostra regolazione sociale.

Il momento storico che stiamo vivendo ci fornisce, forse, la grande occasione per il superamento di questi gap, liberandoci da queste palle al piede. Oggi questi nodi storici vengono al pettine: con un rapporto debito/Pil che a fine 2020 si attesta al 160 per cento del Pil, questa cattiva reputazione, che poi si traduce in bassa crescita e alto costo del debito in assenza di interventi esterni, rischierebbe di farci sprofondare se non vi poniamo rimedio.

Per fortuna, tuttavia, i corsi della storia ci forniscono, forse, la grande occasione per il superamento di questi storici gap.

Con l'ampia coalizione post-ideologica che dovrebbe sostenere il governo Draghi, abbiamo di fronte una sorta di «congiuntura astrale» potenzialmente senza eguali nella nostra storia recente, basata su tre condizioni temporali favorevoli, dopo il disastro provocato dalla pandemia. Ci vorrebbe Giordano Bruno per illustrarci perché queste magnifiche combinazioni celesti sono irripetibili e vanno afferrate prima che indolenza o ignoranza le lascino fuggire per la galassia. Giordano Bruno fu messo al rogo da chi era invidioso del suo coraggio. A finire sulla pira sarà la nostra Italia se trascurerà questa possibilità di virtuoso riscatto, che ci si propone con una provvidenzialità che non ci meritiamo.

Ci sono quattro pianeti perfettamente allineati, ed essi si prestano, passando dalla astrologia al gioco del biliardo, a un filotto storico: un nuovo piano vaccini, che in cento giorni potrebbe portare all'immunità di gregge della nostra popolazione; la riscrittura del Recovery Plan da parte del governo entro il 30 aprile prossimo, in maniera da poterlo presentare alla Commissione europea in tempo utile per ottenere gli anticipi prima (27 miliardi) e il resto dei 209 miliardi di risorse stanziate per il nostro Paese per i prossimi sei anni; tutto questo con un governo guidato da una personalità senza paragoni nel vasto mondo: Mario Draghi, che capita – ultima ma non ultima magica alchimia – giusto per presiedere il G20 che tocca all'Italia di radunare. Un allineamento astrale di una potenza riformatrice senza eguali nella nostra storia.

Ma andiamo con ordine.

1. Innanzitutto, partiamo dalla crisi da pandemia, che ci costringe a ricominciare dalle macerie. La struttura economica e finanziaria del Paese è stata ridotta ai minimi termini, aggravando il malessere strutturale già presente. Ancor più bassa produttività, crescita negativa, fuori scala il deficit e il debito. Tutto questo nonostante il Temporary Framework o il programma di acquisti straordinari di titoli di Stato effettuato dalla Banca centrale europea o alla sospensione delle regole del Fiscal Compact, Six pack, Two pack, e cioè del vecchio impianto regolativo europeo, sull'orlo della bancarotta. Tutte eccezioni che prima o poi andranno rimosse, esponendo il tessuto economico e sociale alla drammaticità dello shock causato dal Covid. Proprio per questo, la crisi può essere vista come una grande occasione per ricominciare, come è avvenuto nel secondo dopoguerra, quando ci siamo rimboccati le maniche col piano Marshall e la ricostruzione, ma anche con tanta voglia di futuro.

2. Secondariamente, per effetto del «momento Merkel», l'Europa ha finalmente deciso di indebitarsi sui mercati per finanziare il Next Generation Eu, cioè per lanciare una strategia di investimenti e riforme in favore delle prossime generazioni, per un valore pari a cinque volte il piano Marshall originario. L'Italia è la maggior beneficiaria di queste risorse, non tanto per merito suo, ma perché è il Paese più colpito dalla crisi. Quindi, grande quantità di risorse a disposizione ma anche grande preoccupazione, da parte di tutti i partner europei, perché il nostro Paese si è dimostrato nel passato incapace di spendere, perché la sua burocrazia non funziona, per le opacità e la corruzione del suo apparato pubblico, per il conflittuale rapporto centro-periferia, per una governance di sistema spesso impreparata, poco affidabile e che cambia di continuo. All'estero ridono di noi, pensando al turn over dei nostri presidenti del Consiglio, dei nostri governi e dei nostri ministri. Quindi, la premessa non è

certamente positiva rispetto alle risorse del Recovery Plan, che sono giustamente condizionate e funzione di una governance che l'Italia non ha. O meglio, non aveva, fino a pochi giorni fa.

3. Altro punto favorevole della congiuntura astrale è la crisi del vecchio governo, figlio paradossale della vecchia Italia e della vittoria populista alle ultime elezioni politiche. Bene, l'ultima crisi di governo al buio, ha finito per mettere in campo un attore straordinario come Mario Draghi, il miglior banchiere centrale della sua generazione: accademico, economista, *grand commis* dello Stato, con una reputazione straordinaria a livello internazionale.

Ecco, Draghi è il valore aggiunto in questa congiuntura astrale, colui il quale può credibilmente e verosimilmente realizzare il Recovery Plan, ribaltando completamente l'immagine – ma anche la storia e quindi i giudizi negativi – del nostro Paese, aumentandone il merito di credito, portandolo su un sentiero virtuoso di trasparenza, crescita, efficienza, produttività, resilienza. Lo può fare con la sua credibilità e competenza, con il suo linguaggio, con la sua capacità di dialogo che tanto successo ha avuto in Europa. Lui può essere il catalizzatore fondamentale di questa fase.

4. Infine, ultimo ma non ultimo, tutto questo processo può essere raccontato *just in time* al mondo intero, perché, e qui il grande Caso ci ha messo lo zampino, l'Italia ha la presidenza in questi mesi del G20 che, dopo l'elezione di Biden, non è soltanto una passerella di capi di Stato e di governo, ma un processo di networking, di indirizzo, di costruzione di percorsi a livello globale, dei venti Paesi più industrializzati al mondo, dentro il quale l'Italia può raccontare la sua rivoluzione. Può raccontare un processo di rinnovamento e cambiamento, in termini di credibilità, trasparenza e di efficienza, con le riforme che deve necessariamente realizzare, se vuole il finanziamento del Recovery Plan: *in primis*, la riforma della giustizia, civile (basata sul modello tedesco), penale (separazione delle carriere, eliminazione dei reati evanescenti, come l'abuso d'ufficio e simili, e il traffico di influenze) e amministrativa; la riforma del codice degli appalti (sul modello europeo) e della Pubblica amministrazione, con il silenzio-assenso, poteri sostitutivi, totale informatizzazione; la ri-

forma fiscale, in termini di pace fiscale, di emersione del sommerso, semplificazione, compliance, e riduzione del numero delle aliquote. Riforme fondamentali per poterci far approvare il Recovery Plan in Europa ma, lo ripetiamo anche, per poterlo raccontare in diretta, *just in time*, al resto del mondo, in sede di G20.

Come i quattro colpi beethoveniani della *Quinta sinfonia*, una congiuntura di occasioni storiche che non si era mai verificata nella recente vita del nostro Paese, ci impone di uscire dal quietismo fatalistico, che è l'alibi della pigrizia. Una condizione che nel bene e nel male ci fa ricominciare da capo, ci mette a disposizione una quantità enorme di risorse e una potenziale benevolenza da parte dell'Europa e del mondo nei nostri confronti. Certamente per affetto, ma soprattutto per interesse, perché l'Italia non può collassare, è troppo grossa per fallire. Un fallimento dell'Italia sul Recovery, dunque sulla prima volta del debito europeo da parte del suo principale beneficiario, si porterebbe dietro il fallimento dell'intera Unione europea e dell'euro.

L'ultima crisi di governo azzera, dunque, i disastrosi equilibri del Conte I e del Conte II e un presidente del Consiglio come Mario Draghi può trasformare l'attuale tragico momento in bene, *ex malo bonum*, come detto giustamente da Romano Prodi, e poterlo raccontare al resto del mondo. Può voler dire ricostruzione di una credibilità, da troppo tempo perduta.

La presidenza del G20 sarà quindi un'occasione e una vetrina unica per il nostro Paese per rinnovare la sua immagine nei confronti degli altri Paesi, dell'Europa e dei mercati finanziari. Una immagine non soltanto politica ma anche economica. Come ha scritto giustamente Filippo Taddei in un report di Goldman Sachs, per questo Mario Draghi rappresenta una garanzia nei confronti degli investitori, per contribuire a tenere bassi i rendimenti dei titoli di Stato. Abbiamo già visto come il suo arrivo abbia contribuito a ridurre lo spread tra Btp e Bund ai minimi di cinque anni, a ridurre i Credit default swap (Cds), che sono la misura della reputazione di un Paese sui mercati finanziari, e a migliorare le performance della Borsa italiana, compreso il settore bancario, alle prese con uno storico riassetto.

Ecco, questa è la congiuntura astrale che abbiamo di fronte. Sta a noi, alla nostra capacità di sistema-Paese, al genio del nostro popolo, contribuire a questo percorso. Ci sono tutte le condizioni per un nuovo, grande rinascimento, sotto il segno della buona politica e dell'unità nazionale.

«Huffington Post», 7 febbraio 2021

IL GOVERNO DRAGHI E LA NUOVA PUBBLICA AMMINISTRAZIONE

LA COSTRUZIONE DELLA NUOVA ITALIA PARTE DAI «VOLTI DELLA REPUBBLICA»

«Per la nostra gente – ha detto il presidente Sergio Mattarella – il volto della Repubblica è quello che si presenta nella vita di tutti i giorni: l'ospedale, il municipio, la scuola, il tribunale, il museo».

Siamo tutti consapevoli delle difficoltà del nostro Paese.

Siamo altresì, qui, oggi, perché ci accomuna la scelta, unica probabilmente in Europa, di fare un primo passo di rilancio del Paese puntando sulle lavoratrici e i lavoratori pubblici, quelli che il presidente Mattarella ha definito come il volto della Repubblica.

Ci sono precedenti importanti a cui vogliamo richiamarci, dalla nascita della Repubblica in poi. Ma è nel 1992 che le drammatiche crisi finanziaria e politica portarono a compiere una scelta inedita: costruire una stagione di confronto che ha consentito al Paese di uscirne più forte.

Con la firma di oggi vogliamo mettere le basi per la costruzione di una nuova Italia, partendo dalle intuizioni di Carlo Azeglio Ciampi per avviare un percorso che investa sulle parti sociali, sull'innovazione. È lo spirito di allora che bisogna recuperare e che ricordo personalmente per l'onore che ho avuto di poter dare il mio contributo come consigliere della presidenza del Consiglio di allora.

La firma di oggi assegna alla coesione sociale non una semplice ripetizione retorica, ma un valore fondante di uno Stato che si rinnova, si modernizza sul valore della persona e della partecipazione.

La scelta del presidente Mario Draghi di valorizzare con la sua firma l'accordo di oggi pone questo nuovo inizio sotto i migliori auspici, per il Paese e per la sua capacità di puntare sulla responsabilità di tutte le parti per costruire un Piano nazionale di Recovery e Resilienza che investa sullo Stato e sui suoi servitori.

Uno Stato che si rinnova rappresenta la carta migliore per superare la retorica pubblico-privato, le distanze garantiti-non garantiti, chiede impegno e responsabilità condivise per obiettivi comuni.

Questo Patto inaugura una nuova stagione di relazioni sindacali e il negoziato che si apre per il rinnovo contrattuale avverrà in questo contesto. Venerdì convocherò tutte le confederazioni sindacali rappresentative del pubblico impiego con l'obiettivo di avviare il negoziato in tempi brevi. È per noi il migliore segno di ripartenza. Un buon contratto è un investimento nella fiducia reciproca, nella stabilità e nel carattere innovativo delle relazioni di lavoro.

Ogni processo di innovazione è, nella cultura di chi vi parla, un percorso di partecipazione diffusa. Puntare sulle persone al servizio dello Stato deve significare guardare avanti, insieme, più forti.

Sono grato ai segretari generali di Cgil, Cisl e Uil per l'immediata disponibilità a mettere in campo questo nuovo cammino. Il riconoscimento reciproco delle diverse istanze da rappresentare è il modo migliore con cui vogliamo ripartire e il metodo che vogliamo offrire al Paese per dipanare criticità e cogliere le innumerevoli sfide a cui siamo tutti chiamati.

Discorso in occasione della firma del Patto governo-sindacati
per l'innovazione del lavoro pubblico e la coesione sociale,
Palazzo Chigi, 10 marzo 2021

PIÙ INNOVAZIONE E PRODUTTIVITÀ. SULLA PUBBLICA AMMINISTRAZIONE, AL GOVERNO, AVREMO CORAGGIO

Il Patto siglato lo scorso 10 marzo da governo e sindacati per l'innovazione nella Pubblica amministrazione ha suscitato apprezzamenti diffusi. Ma in alcuni amici, appena si sente parlare di Pa, scatta il riflesso condizionato, di chiusura, e troppo facilmente ci si consegna a una retorica che impedisce di cogliere anche le novità. Atteggiamenti non sempre ingiustificati, ma chi si occupa di lavoro sa che le generalizzazioni sono sempre una ciambella di salvataggio per i meno virtuosi. Questa è una fase nuova. È il momento di comprendere che fare innovazione, insieme, è necessario. Nella Pubblica amministrazione è decisivo! Parlare di innovazione, produttività, decentramento contrattuale e mettere risorse sulla contrattazione di produttività rappresenta una svolta che fissa precisi riferimenti per il negoziato che si è appena aperto per il rinnovo dei contratti.

Nell'intesa, l'amico Pietro Ichino noterà le risorse previste sulla contrattazione decentrata, che serve appunto per valorizzare gli operosi e la produttività.

A quei livelli, in alcune amministrazioni già oggi e da domani ovunque, gli aumenti salariali sono strettamente collegati in modo rigoroso alla fissazione per ciascuna amministrazione di obiettivi precisi, specifici, misurabili e collegati a scadenze determinate e alla capacità del loro conseguimento. La partecipazione è una sfida reciproca, a cui deve aggiungersi l'aggettivo «responsabile».

È un modo per chiarire che le relazioni di lavoro devono essere costruite guardando avanti e un'assunzione, altrettanto reciproca, di impegni. Il governo ha il dovere di ascoltare e decidere. Il sindacato ha il diritto-dovere di stare dentro il confronto in modo propositivo, accantonando quel potere di veto e interdizione che risale a una stagione vecchia di corporativismi e che ha danneggiato il funzionamento e la modernizzazione, ma anche le stesse tutele del lavoro pubblico.

Parlare di «coesione sociale», battersi per il superamento dei dualismi «pubblico-privato» e «garantiti e non», non è soltanto lo spirito del testo: rientra tra le finalità principali dell'intesa e di chi l'ha condivisa. Non basta proclamare i diritti alla salute, alla sicurezza, all'istruzione, a uno Stato semplice, efficiente e amico delle persone e delle imprese. Bisogna anche saperli garantire. E sappiamo che la qualità dell'accesso ai servizi pubblici è troppo diversa tra regioni, centri delle città e periferie, aree interne, Nord e Sud.

La Pubblica amministrazione, se funziona, è il primo presidio dei diritti dei cittadini: è il baluardo essenziale contro le disuguaglianze, che la pandemia rischia di acuire. Abbiamo deciso di introdurre le migliori tecnologie digitali e imboccare, con decisione, il percorso delle transizioni che ci chiede l'Europa, ma come tutti i processi di rilancio e innovazione vogliamo farlo puntando sulle persone.

Da mercoledì 10 marzo si è aperta una pagina nuova. I contributi e i rilievi di merito, se ben argomentati, sono preziosi, ma indietro non si torna. A partire dalle generalizzazioni, dobbiamo saper riconoscere che c'è un pezzo di Italia che nel pubblico impiego lavora il triplo per colpa dei «furbetti», ma proprio la retorica generalizzante su questi ultimi mortifica gli operosi. Per questo la scelta è decentrare la contrattazione di produttività, perché finalmente si valorizzino queste persone e si responsabilizzi tutta l'organizzazione a partire dai dirigenti, che devono essere liberati dalla «paura della firma».

Paura troppo spesso causata dall'esistenza di fattispecie di reato evanescenti e indefinite, come l'abuso d'ufficio e il traffico di influenze illecite.

Sono e siamo consapevoli che la riforma della Pubblica amministrazione è la sfida delle sfide. Energie, intelligenze e contributi saranno preziosi per fare, insieme, un buon lavoro. Io ci credo.

«Il Foglio», 13 marzo 2021

UNA RIFORMA LIBERALE PERCHÉ È DALLA PARTE DI CITTADINI E IMPRESE

L'urgenza di uscire il prima possibile dalla crisi richiede una Pubblica amministrazione forte e credibile, che abbia non solo gli strumenti, ma anche la reputazione per scommettere sul futuro e sulle transizioni digitale ed ecologica che l'Europa indica per tornare a crescere.

Il tempo stringe. Per qualificare l'offerta di servizi e migliorare la vita di cittadini e imprese, ho l'obbligo di cominciare da coloro che il presidente Mattarella ha definito «il volto della Repubblica». Due terzi dei dipendenti pubblici sono costituiti dal personale della sanità, della scuola e della sicurezza. È un errore dipingerli un giorno come eroi e l'altro procedere per generalizzazioni ingenerose, scambiando i pochi che si considerano una corporazione di intoccabili per il tutto, quello che ogni giorno, in ogni settore, dai tribunali ai musei, incarna la presenza viva dello Stato. Ho chiaro da sempre che bisogna responsabilizzare i dirigenti, valorizzare gli operosi, sanzionare le storture. Ma vedo altrettanto chiaramente la necessità di riconoscere a insegnanti, medici, infermieri, forze dell'ordine il loro straordinario contributo all'emergenza e il loro diritto di diventare protagonisti della ripresa.

È un altro errore analizzare separatamente i due atti della scorsa settimana: la presentazione martedì delle linee programmatiche sulla Pa in Parlamento e la sigla, mercoledì a Palazzo Chigi, del Patto tra governo e sindacati per l'innovazione del lavoro pubblico e la coesione sociale. Sono, infatti, parte della medesima strategia: garantire l'attuazione del Piano nazionale di ripresa e resilienza e la capacità di spesa dei quasi 200 miliardi di fondi europei che arriveranno all'Italia.

Nelle linee programmatiche c'è la definizione del nuovo alfabeto della Pa: A come accesso, B come buona amministrazione, C come capitale umano, D come digitalizzazione. Significa ripensare i percorsi di reclutamento e di selezione del personale per favorire il ricambio generazionale e l'innesto delle competenze adeguate a costruire l'avvenire, ben oltre il Recovery. Significa mappare le procedure complesse per semplificarle, eliminando i colli di bottiglia. Significa intervenire chirurgicamente per tagliare i tempi della burocrazia e migliorare la qualità della vita delle persone e l'efficienza delle imprese. Tutto quello che all'Italia manca e di cui ha bisogno.

Avevamo due strade: lo scontro, ovvero congelare ancora i contratti già scaduti (mentre tante categorie del privato hanno già beneficiato dei rinnovi, tra cui alimentari, metalmeccanici, telecomunicazioni, sanità privata) oppure un'assunzione di responsabilità collettiva. Abbiamo scelto il dialogo sociale, che non può che passare per il contratto: è la linfa vitale che può innervare e motivare il cambiamento. Le risorse sono quelle stanziate dal governo precedente, che in gran parte soltanto nel 2022 si tradurranno in aumenti in busta paga.

Ma puntare sulle persone vuol dire essere reciprocamente esigenti. Il Patto del 10 marzo è la condizione di relazioni sindacali necessaria e sufficiente per la riqualificazione strategica del lavoro pubblico. Pecca di riduzionismo chi non vede o minimizza le similitudini tra il protocollo Ciampi-Giugni del 1993 e l'accordo del 10 marzo 2021. Similitudini non di contenuti, assolutamente diversi, ma di spirito del tempo. Entrambi sono stati sottoscritti in corrispondenza di due grandi scelte dell'Italia: nel 1993 dopo Maastricht, dunque dopo la decisione di entrare nel processo di convergenza europeo; oggi dopo il Next Generation Eu, per accompagnare il Pnrr. In tutti e due i casi, il governo mantiene il diritto-dovere di decidere, ma il dialogo sociale viene utilizzato per sostenere e rendere strategica una scelta in un'ottica di partecipazione e corresponsabilità. Posso dirlo con cognizione di causa: il secondo accordo l'ho voluto e firmato, il primo avevo contribuito a scriverlo.

Oggi le macerie sul campo sono ancora più devastanti di ventotto anni fa. Il Patto ha lo scopo di innovare chiedendo, come e più di allora, un supplemento di responsabilità a partire dal lavoro pubblico. Lo sviluppo della contrattazione decentrata serve proprio per valorizzare la produttività ed evitare il «tutto a tutti» che mortifica chi si è rimboccato le maniche. Sul tavolo c'è il percorso per costruire un nuovo inquadramento professionale che fissi professionalità, merito e conoscenza come obiettivi oggettivi e misurabili, che selezioni ed eviti l'appiattimento.

Chiediamo a un lavoratore autonomo, a una partita Iva, a un imprenditore medio, grande e piccolo di scommettere con noi su uno Stato amico che gli possa semplificare la vita. Vogliamo liberare i cittadini dalle vessazioni e dalle pastoie della cattiva burocrazia.

Vogliamo un Paese migliore, più efficiente, più giusto.

Investire sul lavoro pubblico, sui tanti «volti della Repubblica», è oggi opera autenticamente liberale.

«Il Sole 24 Ore», 16 marzo 2021

I GIOVANI IMPAURITI E I LORO CATTIVI MAESTRI

«Appartengo a quella schiera di ragazzi che hanno espresso preoccupazione per l'articolo 10, comma 1. È ormai da un anno che dedico otto-nove ore di studio al giorno in vista della preparazione dei concorsi pubblici, facendo mille sacrifici e rinunce, perché il mio obiettivo è servire lo Stato lavorando nel pubblico impiego». È una delle tante lettere e segnalazioni sui social network che sto ricevendo in questi giorni dopo il varo della riforma dei concorsi contenuta nell'ultimo «decreto Covid». Lettere che leggo con apprensione.

Mi preoccupa innanzitutto la paura che trapela dai nostri ragazzi, l'assenza di speranza, il fatto che tantissimi in questi anni abbiano dovuto dedicare tempo ed energie per rincorrere un sistema inquinato dalle sue stesse inefficienze: ci vedo la fatica di farsi largo in un «concorsificio», tra società specializzate e studi legali sempre pronti ai ricorsi contro le esclusioni. Anche adesso, a norme appena entrate in vigore.

Io voglio riportare i giovani al centro: non come vittime delle distorsioni, dei concorsi ottocenteschi con carta e penna, delle selezioni con centinaia di migliaia di partecipanti che possono durare fino a quattro anni, dei quiz come per la patente auto. Ma come protagonisti di una Pubblica amministrazione che ha disperato bisogno di essere rinnovata e qualificata per diventare catalizzatore della ripresa.

Per questa ragione, devo spiegazioni a chi è spaventato e anche ai tanti – professori universitari, esperti, studiosi, ex presidenti di enti pubblici – che paiono difendere l'attuale apparato concorsuale come l'unico infallibile sistema per reclutare giovani talenti nella Pa. A chi sembra sostenere che titoli universitari, dottorati e master non devono contare nulla per la Pa di cui tanto lamentiamo lentezza e inefficienza, perché anzi sarebbero «discriminatori», quasi un colpo di fucile alla meritocrazia. Ha ragione chi, come @mausassi, su Twitter ironizza: «La cosa, avvilente e divertente a un tempo, è che si sta parlando di cambiare una modalità di reclutamento (che di difetti ne ha mostrati a iosa, altro che "la migliore"), ma qualcuno s'è scatenato manco avesse visto Lutero affiggere le sue 95 tesi alla porta di Wittenberg».

Innanzitutto, è doveroso un chiarimento. L'articolo 10 interviene su più tipologie di concorso, stabilendo per tutti la completa digitalizzazione della prova scritta ed eventualmente anche la prova orale in videoconferenza (la vera rivoluzione, purtroppo poco o per nulla commentata) e introducendo modalità semplificate, in piena sicurezza grazie al nuovo protocollo validato dal Comitato tecnico-scientifico, per permettere lo sblocco delle selezioni che si erano arenate anche a causa della pandemia: per i concorsi già banditi per i quali non sia stata svolta alcuna prova, le amministrazioni possono, non devono, prevedere una fase di valutazione dei titoli di studio legalmente riconosciuti ai fini dell'ammissione alle prove successive e possono prevedere una sola prova scritta e una eventuale prova orale; per i concorsi che saranno banditi durante lo stato di emergenza, è obbligatoria la fase di valutazione dei titoli di studio legalmente riconosciuti ai fini dell'ammissione alle fasi successive, così come la prova scritta. La prova orale, invece, resta eventuale.

Gli unici concorsi per cui si dà la possibilità di evitare la prova orale sono dunque quelli legati alla situazione straordinaria e drammatica che stiamo vivendo da più di un anno. Come quelli che siamo orgogliosi di aver sbloccato subito: il Ripam Campania e il «concorso Sud», che serve a reclutare 2.800 tecnici per irrobustire la capacità amministrativa nel Mezzogiorno in materie tra l'altro ad altissima specializzazione, come la gestione dei progetti comunitari. L'unico – proprio per le sue specifiche finalità – che prevede in fase iniziale anche la valutazione delle esperienze professionali insieme ai titoli di studio legalmente riconosciuti. In tutti questi casi il beneficio di consentire urgentemente lo sblocco di quasi 120 mila posti rimasti impigliati nella mortifera ragnatela del virus, che significano speranze di lavoro e sacrifici paralizzati, ci è apparso superiore al costo.

Rassicuriamo dunque gli autorevoli intellettuali che hanno sentito la necessità di sottolineare come soltanto l'orale possa valutare esperienza, competenza e motivazioni, sostenendo che la norma lo escluda invece a favore del solo scritto. Non ci ha mai neanche sfiorato il pensiero di eliminarlo: la riforma a regime prevede infatti una prova scritta digitalizzata, attraverso una piattaforma apposita che stiamo predisponendo come strumento di pianificazione e semplificazione del reclutamento pubblico; e naturalmente una prova orale, anche in videoconferenza. La novità è rendere obbligatoria la fase iniziale della valutazione dei titoli di studio legalmente riconosciuti per l'ammissione alle prove successive, al posto dei test preselettivi a crocette. Una decisione coerente con le pratiche internazionali, ad esempio quella europea di Epso.

Non saranno invece valutati all'inizio titoli di servizio o esperienza professionale, come erroneamente leggiamo nei volantini diffusi in rete con l'hashtag #ugualiallapartenza. In quei volantini si sostiene che l'articolo 10 del decreto legge 44/2021 «prevede una preselezione per titoli di studio e di servizio, che renderà impossibile l'accesso alle prove scritte a tutti coloro che non vantano anni di servizio presso la Pa e/o costose certificazioni (master, scuole di specializzazione...)». Preselezione per titoli di servizio? Non è assolutamente vero. Servizio ed esperienza, insieme ai titoli di studio, potranno soltanto concorrere alla formazione del punteggio finale. Una facoltà, quest'ultima, nelle disponibilità delle singole amministrazioni da rendere eventualmente esplicita nei bandi di reclutamento, coerentemente con il livello di specializzazione del profilo da reclutare. E chi parla di «discrezionalità della Pa nello scegliere i titoli» non sa quel che dice: già c'è a legislazione vigente il concorso per titoli ed esami, e saranno come sempre i bandi a stabilire i punteggi! Prova ne è ad esempio il concorso Inps del 2017, dove faceva premio la laurea magistrale e la conoscenza della lingua inglese.

Anche l'affermazione secondo cui i titoli di studio sarebbero appannaggio di chi può permettersi costose certificazioni appare depotenziata in un Paese caratterizzato da un sistema di istruzione pubblico, con un'offerta formativa ampia e variegata cresciuta a dismisura nell'ultimo decennio anche a causa del ritardato ingresso dei giovani nel mondo del lavoro. Un'offerta su cui lo Stato investe milioni di euro ogni anno. Come ricorda l'indagine AlmaLaurea 2020, l'83,4 per cento dei quasi 4.000 dottori di ricerca del 2019 ha fruito di finanziamenti per la frequenza del dottorato, in linea con il dm 45/2013 che ha stabilito che per ciascun corso di dottorato attivato debbano essere erogati finanziamenti pari ad almeno il 75 per cento dei posti disponibili. L'ultimo rapporto dell'Anvur segnala un aumento, dal 2010 al 2016, della percentuale dei posti di dottorato finanziati, passati dal 61,5 all'82,2 per cento.

La norma, peraltro, non prevede alcuna automatica esclusione dai concorsi dei semplici diplomati o dei semplici laureati triennali, a seconda dei requisiti richiesti per la partecipazione. La fase di valutazione prevista implica invece che le singole amministrazioni potranno individuare un numero massimo, più o meno ampio, di candidati, da ammettere alle prove successive, anche senza fissare un punteggio minimo che deve essere posseduto dai candidati. In base alla composizione della platea di partecipanti, potrebbero dunque accedere alle fasi successive anche tutti coloro che sono semplicemente in possesso dei requisiti di partecipazione. Ai tanti giovani chiariamo che l'obbligatorietà della selezione iniziale per titoli legalmente riconosciuti consente, in sintesi, clausole di flessibilità che le amministrazioni potranno differentemente modulare in sede di redazione dei bandi, coerentemente con il livello di specializzazione, il ruolo e le mansioni del profilo da reclutare.

Siamo convinti che questa sia una spinta per far tornare i nostri giovani a credere nel valore dello studio e della formazione, in linea con le richieste della Commissione europea, che ci sollecita una riforma delle procedure di reclutamento che privilegi le competenze, non le semplici conoscenze. Del resto, meglio conseguire un titolo o acquisire un'esperienza sapendo che potranno essere valorizzati anche nella Pubblica amministrazione, mettendosi al servizio di 60 milioni di italiani, o meglio chiudersi in casa per dedicare mesi, talvolta anni, a memorizzare i quiz per le preselettive, in attesa spasmodica di concorsi che arrivano con il contagocce? Questa è l'inversione di marcia che abbiamo in mente.

Un'inversione di marcia che vede la Pa, il più grande datore di lavoro del Paese, esercitare un ruolo chiave nella domanda di profili qualificati nel Paese con il più basso numero di laureati in Europa. Vogliamo spingere i giovani a studiare per qualificarsi, non per mandare a memoria batterie di quiz, secondo un malinteso senso di uguaglianza nell'accesso. Un'inversione di marcia che sarà accompagnata da una ripresa delle selezioni pubbliche dopo anni di blocco del turnover.

A regime, attraverso il complesso di investimenti e riforme che stiamo predisponendo nell'ambito del piano Recovery, intendiamo garantire il necessario ricambio generazionale alla Pa italiana (che vedrà l'uscita di oltre 300 mila persone nei prossimi anni), evitando le procedure *monstre* per numero di partecipanti e durata, che tutto premiano fuorché il merito. Puntiamo a bandire concorsi mirati per tipologia di profilo, da quelli meno qualificati a quelli più qualificati, veloci ed efficaci perché effettuati attraverso la piattaforma digitale che stiamo predisponendo; e concorsi finalizzati, attraverso una selezione iniziale, a dotare la Pa di personale all'altezza della domanda di buoni servizi pubblici cui tutti i cittadini devono poter accedere, qualsiasi sia la loro condizione economica e sociale. È questa la vera uguaglianza cui mira la nostra Costituzione.

Nella riforma strutturale dei percorsi di accesso alla Pa intendiamo inoltre creare corsie preferenziali per i giovani talenti, sul modello del *fast track* inglese, diversificando i canali di accesso e le modalità di impiego, senza timore di usare anche lo strumento del tempo determinato per i ruoli di ingresso, come è prassi internazionale. A quel punto si procederà a una ulteriore selezione interna, sulla base di una riforma delle carriere cui anche stiamo lavorando, affinché i più bravi, idonei e desiderosi di continuare a lavorare all'interno della Pubblica amministrazione possano progredire. Questo in linea con il recupero di efficienza e produttività cui tutto il Paese è chiamato per i prossimi anni.

Un'inversione di marcia che dovrà vedere la Pa impegnata come primo attore anche nella definizione di un nuovo modello di politiche attive nel quale chi non ha le qualificate adatte viene supportato nell'acquisirle con sistemi di formazione pubblica e privata e di aiuti nell'accedervi che consentano di creare le specializzazioni richieste dai lavori del futuro sulla base delle capacità e delle aspirazioni individuali.

Non crediamo dunque in una Pa che dia lavoro a tutti. Crediamo piuttosto in una Pa che aiuta tutti a costruire il proprio percorso e la propria strada, nel pubblico e nel privato, e che nel farlo privilegia chi più si è impegnato nello studio e nel lavoro.

Un'ultima annotazione. Fin qui ho affrontato, con precisione millimetrica, e dunque sfidando la noia, le novità radicali approntate per garantire l'ingresso nella Pubblica amministrazione di giovani che intendono la vita come un percorso di crescita, e non di sistemazione impaurita per evitare i marosi dell'esistenza. Ora offro alla discussione una riflessione di carattere più generale. Me la posso e voglio permettere proprio perché nasce non dal pensiero astratto, ma dalla mia stessa esperienza di vita. Sono nato in una condizione orgogliosamente umile, so bene la rabbia che l'ingiustizia suscita. Ma non se ne esce conformandosi allo status quo. Non è roba da giovani piegarsi alla mediocrità delle sistemazioni furbesche, mettendosi impauriti in fila, in attesa che qualcuno offra l'espediente per cavarsela.

Ho visto in azione anche in questi giorni i «cattivi maestri». Costoro, paternalisticamente, pretendono di porsi come faro per il futuro dei giovani ammaestrandoli a consegnarsi a un'idea d'uguaglianza dove la speranza coincide con l'aspirazione alla pura sopravvivenza. Dove il valore dominante è l'uno vale uno della passività e della paura di rischiare i propri talenti. La crescita della comunità nazionale nei momenti cruciali della sua storia ha obbedito a ben altri ideali ed esempi. Questa energia di rinascita l'ho vista da ragazzo intorno a me, nella mia Venezia, e ciascuno può trovare nella propria vicenda umana testimonianze coraggiose e vitali. Non si tratta di ripiegarsi nell'autocompatimento, i maestri veri sono quelli che spingono a prendere vento per andare al largo, faticando e studiando, fendendo le onde delle difficoltà.

La discussione sui concorsi ha mostrato, a mio giudizio, il prevalere di queste pericolose posture da «cattivi maestri». E uso questa espressione in senso filosofico e culturale e non certo in senso politico.

Lo faccio per segnalare i rischi del primato del pre-giudizio, dell'assenza di contestualizzazione storico-sociale, dello sguardo strabico sul mercato del lavoro e sull'interazione pubblico-privato.

Lo faccio per mettere in guardia gli opinion maker dai pericoli generati dall'indisponibilità a considerare ciò che l'Europa ci chiede di fare di fronte all'emergenza pandemica, dalla ritrosia ad annotare che, nel passaggio dal profilo formale a quello sostanziale del principio costituzionale di uguaglianza, occorre considerare – analisi che ricorre – costi e benefici, nell'interesse dell'intera collettività. Che non è una massa anonima, ma è composta da milioni di giovani, ciascuno dei quali unico, con un destino personale irripetibile, cui non offrire più il pane raffermo della paura da esorcizzare con la promessa di una sistemazione.

È un costo per la società un reclutamento lungo e tardivo, che non consideri le professionalità di cui la Pubblica amministrazione ha più bisogno. È un beneficio invece la velocizzazione delle procedure di selezione nella logica della massima trasparenza e della valutazione oggettiva dei profili più utili e preparati. Chi liquida questa necessità richiamando l'abuso (i cosiddetti «bandi ad personam») sbaglia, o ha una conoscenza solo parziale del percorso completo di riforma che abbiamo in mente, per cui il reclutamento a tempo indeterminato e gli avanzamenti di carriera saranno necessariamente legati alle capacità individuali di contribuire a una Pa che offra servizi all'altezza di un Paese avanzato.

I giovani italiani meritano maestri capaci di svincolarsi dai lacci del passato e intenti a maturare uno sguardo lungo e prospettico, una visione coraggiosa e lungimirante. Facciamo fare questo salto all'Italia. Senza paura.

«Huffington Post», 11 aprile 2021

IL DEBITO, SCHÄUBLE E NOI: L'ESAME DI COSCIENZA NON DEVE FARLO SOLO L'ITALIA

Dobbiamo un ringraziamento a Wolfgang Schäuble per averci svegliato dal sonno della pandemia. Il suo lungo intervento, pubblicato sul «Sole 24 Ore» il 14 maggio, è un sasso lanciato nello stagno, un richiamo alla realtà che «buca» la bolla del Patto di stabilità sospeso e del Next Generation Eu in cui ancora ci stiamo cullando. Schäuble ci ha ricordato chi siamo: i nostri antichi mali, la realtà che tornerà a presentarci il conto dopo l'emergenza.

In fondo, le parole di Schäuble sono un segno di ritorno alla normalità, che però non è rassicurante. Sono anche un gesto irrituale, posto com'è lontano dalle sedi istituzionali in cui discussioni di questa importanza si svolgono. Il presidente del Bundestag ha preso carta e penna per rivolgersi direttamente al nostro premier Mario Draghi e proporgli una vecchia ricetta, quella di un rigore finanziario incondizionato, orientato esclusivamente alle politiche di stabilizzazione della finanza pubblica e che non considera in alcun modo l'altro lato della medaglia, quello delle politiche per la crescita.

Intendiamoci subito, a scanso di equivoci: il nuovo governo guidato da Draghi, del quale ho l'orgoglio di far parte, ritiene di fondamentale importanza ridurre l'enorme fardello del debito pubblico che attanaglia il nostro Paese. Su questo punto, nessun dubbio. Così come è seriamente intenzionato a fare in pochi mesi tutte quelle riforme strutturali che l'Italia non ha (colpevolmente) fatto negli ultimi anni. Un'impresa senza precedenti, di cui i partner europei dovrebbero prendere atto. Su questo tema voglio essere assolutamente chiaro: l'Italia non accamperà scuse e si impegnerà a raggiungere tutti gli obiettivi che il governo stesso ha messo per iscritto nel Pnrr. Lo deve fare, non solo perché in caso contrario non avrebbe accesso ai 192 miliardi di euro stanziati dalla Ue, ma perché è, innanzitutto, nel suo stesso interesse. Dalla riforma della Pubblica amministrazione, della giustizia, del fisco, della concorrenza il nostro Paese non può che trarre enormi benefici.

Quella dell'ex ministro delle Finanze tedesco, nonché esponente di primo piano della Cdu, è una vecchia idea. Fu enunciata una decina di anni fa dal Consiglio degli esperti economici della Germania e richiede che i Paesi membri si impegnino in un consolidamento irrevocabile delle loro finanze pubbliche in cambio di sostegno in caso di crisi di liquidità. L'idea chiave della proposta è quella di separare il debito pubblico dei Paesi membri in una parte compatibile con la soglia di debito del 60 per cento del Prodotto interno lordo prevista dal Patto di stabilità e crescita (Psc) e la parte di debito eccessivo al di sopra di questa soglia. La parte di debito dei Paesi membri che supera la soglia del 60 per cento a una certa data è trasferita al Fondo europeo di rimborso (Fer) per il quale i membri dell'Unione economica e monetaria (Uem) sono responsabili in solido. In cambio, i Paesi con un livello di debito che eccede la soglia del 60 per cento assumono obblighi di restituzione verso il Fer entro venti-venticinque anni. Attraverso le garanzie in solido per il fondo, i Paesi membri altamente indebitati pagano così un tasso di interesse inferiore sul loro debito trasferito. Questa riduzione dei costi di rifinanziamento ridurrebbe i saldi primari necessari per ridurre il rapporto debito/Pil sotto la soglia del 60 per cento.

La possibilità di approfittare di costi di finanziamento più bassi per il debito trasferito è, però, associata a condizioni rigorose. In particolare, queste condizioni comprendono l'accantonamento del gettito di un'imposta designata per adempiere agli obblighi di pagamento, il deposito di garanzie e l'obbligo di impegnarsi nel consolidamento e nelle riforme strutturali. Dopo aver trasferito il debito eccessivo al Fer, il debito nazionale rimanente non deve più superare un livello del 60 per cento del Pil. A tal fine, le limitazioni al debito verrebbero introdotte per tutti i Paesi membri. In particolare, dopo un periodo di transizione, queste limitazioni al debito devono limitare il deficit strutturale al di sotto del livello dello 0,5 per cento del Pil stabilito nel Patto di stabilità.

La proposta fu lasciata cadere, per lo scarso successo conseguito. Per qualche mese fu sottoposta all'attenzione di alcuni studiosi. Ma successivamente, l'European Redemption Pact cadde nel dimenticatoio. Le scelte europee andarono in una direzione completamente diversa. E fu un bene. Non tanto perché la direzione intrapresa, quella dell'austerità, era corretta, quanto perché l'European Redemption Pact era una proposta inattuabile dal punto di vista tecnico e giuridico. Non si può pensare, infatti, che questo fondo acquisti centinaia di miliardi di titoli di Stato che appartengono a precisi investitori quali banche, famiglie, imprese, società di gestione del risparmio ecc. senza la loro volontà di venderli. Si tratterebbe di un vero e proprio esproprio. Senza contare, inoltre, la necessità di istituire a livello normativo un'altra entità sovranazionale con complessi meccanismi di governance e di debt management.

Possiamo comprendere lo scetticismo del presidente Schäuble nei nostri confronti quando si parla di debito. Ma se egli si svestisse per una volta della sua veste di politico e ragionasse esclusivamente dal punto di vista dell'economista qual egli è, dovrebbe ammettere che l'Italia, nel percorso di consolidamento delle proprie finanze pubbliche, dati alla mano, è stata tra le più virtuose non solo a livello europeo, ma addirittura a livello mondiale. Il rapporto debito pubblico/Pil dell'Italia, inutile dirlo, è molto elevato. Nel 2022, secondo le ultime previsioni della Commissione europea, sarà ancora il più elevato dell'Eurozona dopo quello greco. A livello internazionale sarà superato solo da quello giapponese. Se si guarda, tuttavia, al trend degli ultimi anni non si può non notare come il suo incremento sia stato tra i più contenuti al mondo. Dall'inizio del terzo millennio l'aumento sarà pari, nel 2022, al +43,7 per cento, contro un aumento medio dell'Ue del +52,5 per cento.

La spiegazione del risultato è tutta sulla diversa base di partenza. Nel 2000 il debito italiano era pari al 109,0 per cento del Pil; quello medio europeo al 60,9. Il caso evidente, come era solito dire il vecchio Marx, del «morto che afferra il vivo».

Sempre dall'anno 2000, l'avanzo primario italiano è stato pari all'1,53 per cento, ben al di sopra dello 0,11 per cento di disavanzo (attenzione, disavanzo e non avanzo) registrato dal resto dell'Eurozona. Avanzo primario che, come è noto, nelle teorie più ortodosse dell'austerity è la proxy presa a riferimento per misurare lo sforzo di bilancio compiuto da un Paese che si impegna a ridurre il proprio debito. Infine, giova ricordare che, relativamente a un altro parametro importante di finanza pubblica, quello del rapporto deficit/Pil, l'Italia, prima dello shock da pandemia, aveva intrapreso un percorso virtuoso, toccando nel 2019 un valore dell'1,6 per cento, con la prospettiva di raggiungere il pareggio di bilancio negli anni successivi. Guardando questi dati, si può, quindi, dire pacificamente che l'Italia questo sforzo l'ha fatto, eccome.

Comparazione, quella tra i due trend, che porta a due considerazioni. La prima è la dimostrazione di quanto siano ingiustificate le accuse di lassismo finanziario nei confronti dell'Italia. La seconda riguarda, invece, la necessità di guardare meglio all'essenza del fenomeno.

Inoltre, va considerato che, a fronte di surplus primari maggiori di quelli del resto d'Europa, continuamente accumulati, la crescita del Pil nominale dell'Italia negli stessi anni, è stata pari soltanto all'1,8 per cento annuo, contro una crescita europea del 2,94 per cento (0,12 per cento contro 1,4 per cento se si considera la crescita del Pil reale). Non è, ovviamente, una coincidenza. Tra le due variabili esiste notoriamente un nesso di causalità inverso. Chi sostiene, a torto o a ragione, come il presidente Schäuble, che le politiche di stabilizzazione sono la strada da seguire, deve saper spiegare anche come queste si conciliano con quelle della crescita.

Le politiche di stabilizzazione hanno un senso solo se funzionali al miglioramento dell'economia nel suo insieme, non se sono fatte solo in maniera fine a se stessa. Quale ruolo lo Stato debba avere nelle politiche di crescita è un quesito al quale gli economisti tedeschi dovrebbero dare una risposta, pur noi sposando l'idea che comunque, accanto allo Stato, il vero motore propulsivo di un sistema economico deve essere il settore privato, il quale, lo riconosciamo, in Germania funziona bene.

Chiarito tutto ciò, si può tornare alla proposta del presidente Schäuble, che sembra meno fascinosa di quanto, a prima vista, potrebbe sembrare. Il suo presupposto è la creazione di una sorta di fondo di garanzia, costituito dal conferimento di quote delle riserve valutarie di ciascun Paese. Un vecchio pallino della Bundesbank che, negli anni settanta, aveva preteso dall'Italia il pegno di una parte delle sue riserve auree a garanzia del debito contratto. Della proposta tedesca dell'European Redemption Pact, come detto, non si fece nulla. Si preferì, invece, approntare i vari fondi salva Stati che, alla fine, avrebbero condotto al Meccanismo europeo di stabilità (Mes).

Indubbiamente vecchie idee, che Schäuble ha voluto, in qualche modo, imbellettare chiamando in causa Alexander Hamilton.

Della figura di questo importante personaggio della storia americana, primo segretario al Tesoro degli Stati Uniti, sono state esaltate dal presidente Schäuble solo alcune scelte, per lo più minori, a loro volta, avulse da un contesto più generale, mentre la sua storia e la sua eredità sono indissolubilmente più legate alla nascita dello Stato federale degli Stati Uniti, che fu superamento della vecchia Confederazione, che, a sua volta, aveva operato prima della Convenzione di Filadelfia. La mutualizzazione dei debiti dei tredici Stati, che allora ne costituivano l'ossatura, in un unico debito federale, fu la premessa di quel salto istituzionale.

Ovviamente, dopo quel passaggio, era logico dover disciplinare in modo rigoroso l'incorrere da parte dei singoli Stati in nuove posizioni debitorie, fino a prospettare l'eventualità di un loro default. Su questo, concordiamo con la posizione del presidente Schäuble. Ma proprio per questo motivo, se si volesse seguire l'esempio di Hamilton, oggi anche il debito dei singoli membri dell'Eurozona dovrebbe confluire in un debito comune, quale premessa di un salto verso una vera e compiuta Europa federale. Fosse questo il retropensiero delle élite tedesche, non avremmo nulla da eccepire. Al contrario, ne saremmo felici.

Quanto sopra è tanto più vero se si considera che l'esperimento di Hamilton consentì l'accentramento del potere in uno Stato federale, e di portare avanti una politica industriale, contro le tendenze fisiocratiche di molti Stati del Sud. Segnatamente, tariffe doganali difesero le industrie nascenti, consentendo loro di resistere alla concorrenza della vecchia madre patria europea. La tassazione dei beni non essenziali, come il whisky, fornì al governo centrale gli strumenti finanziari per poter svolgere il proprio ruolo. In breve, un tasso di crescita molto più elevato, rispetto al passato, consentì di abbattere il rapporto debito/Pil.

Questa, quindi, la storia di quegli anni lontani. Richiamarla nei suoi elementi essenziali è operazione che contribuisce a fare chiarezza. Il tema di come ridurre il debito pubblico senza soffocare il sottostante sviluppo economico rimane ancora un problema aperto, sul quale è necessario riflettere assieme, senza pregiudizi, magari proprio nell'ambito del dibattito aperto dalla Conferenza sul futuro dell'Europa. Cercando, per quanto possibile, di superare i condizionamenti derivanti dalle proprie, legittime, storie nazionali. L'Europa del futuro, qualunque essa sia, non sarà una realtà tedesca, francese o italiana. Sarà un mix di esperienze e di culture, che potranno fondersi solo se ciascuno riuscirà a mettere da parte i propri egoismi nazionali. Hamilton è ancora lontano. E gli esami di coscienza non deve farli soltanto l'Italia.

«Huffington Post», 18 maggio 2021

IL PNRR, LE RIFORME, L'EUROPA

LO STATO SVOLTA CON LA MIA RIFORMA: FORMAZIONE E VALUTAZIONE DEI RISULTATI, COSÌ CAMBIAMO I SERVIZI AI CITTADINI

Se si sta appiccicati con gli occhi a pochi centimetri da un dipinto, si finisce per perdere di vista il quadro e, inevitabilmente, deformare il particolare osservato. Questo è il torto che Carlo Cottarelli fa non solo a quanto il mio ministero con tutto il governo ha prodotto e sta producendo per dare forma a una vera e propria rivoluzione, sia pure gentile, della Pubblica amministrazione. Fa un torto a se stesso. Comunque sia lo ringrazio. Non posso tuttavia non contestare il suo approccio riduzionistico: si limita a commentare una parte, minima, senza considerare il tutto. E così facendo travisa, allo stesso tempo, il frammento e l'insieme.

È invece proprio una visione olistica, evolutiva e diacronica che ci ha guidato in questi primi quattro mesi di governo e che ha guidato anche Cottarelli, che ha partecipato attivamente e utilmente al gruppo di lavoro sulla riforma della Pa per la scrittura finale del Piano nazionale di ripresa e resilienza.

Cottarelli dimentica innanzitutto un passaggio fondamentale: il 10 marzo, assieme al presidente Draghi, abbiamo siglato con i sindacati il Patto per l'innovazione del lavoro pubblico e la coesione sociale. Tra i punti dell'accordo ci sono proprio la valorizzazione della contrattazione decentrata per la valutazione della produttività, la revisione delle progressioni di carriera e la rivisitazione degli ordinamenti del personale per adeguare la disciplina contrattuale ai fabbisogni di nuove professionalità e competenze, nonché il riconoscimento della formazione come «diritto soggettivo» del dipendente pubblico.

Quel Patto è la cornice che ha inaugurato la stagione dei rinnovi contrattuali, linfa vitale per il cambiamento della Pa. La materia in cui Cottarelli ci rimprovera di non aver fatto abbastanza è regolata dai contratti collettivi di lavoro più che dalle norme. È talmente vero che la mia riforma del 2009, quella che cita positivamente per aver introdotto in Italia il «ciclo della performance» e i premi di produttività, è rimasta in parte inattuata proprio a causa del blocco della contrattazione, dovuto alla crisi finanziaria.

Richiamando la legge 150/2009, Cottarelli ammette che le norme già ci sono: scritte e mai abrogate, recepite peraltro in diversi contratti. Ecco perché nel Pnrr abbiamo deciso di imboccare la strada che ci sembrava più giusta ed efficace: fare tesoro di ciò che abbiamo imparato in questi anni e lavorare sull'ultimo miglio, per rimuovere i colli di bottiglia che hanno lasciato inattuate quelle norme.

La nostra diagnosi – suffragata sia dal gruppo di lavoro di cui ha fatto parte lo stesso Cottarelli, sia dalla «Commissione tecnica per la performance» – è stata lucida: finché le amministrazioni pubbliche non avranno una misurazione più chiara di cosa e quanto producono, ancorare la valutazione dei singoli a misure di risultato finisce con il generare indicatori di processo molto modesti (il numero di riunioni per misurare l'attività di coordinamento, tanto per citarne uno). Memori dell'esperienza precedente, abbiamo allora deciso di partire dalla misurazione di quello che un'amministrazione produce, o dovrebbe produrre, ossia di uscire dall'autoreferenzialità dell'azione amministrativa per guardare a cosa succede realmente ai cittadini, alle famiglie e alle imprese. Allineare i sistemi di valutazione individuale alle performance organizzative, poggiando su dati di realtà più solidi e significativi: questo è l'ultimo miglio.

Ma c'è dell'altro. Dopo il Patto governo-sindacati del 10 marzo e dopo il riavvio dei tavoli per i rinnovi dei contratti, abbiamo approvato quattro riforme fondamentali per la Pa con tre decreti: la digitalizzazione e lo sblocco dei concorsi pubblici, la governance del Pnrr e le semplificazioni per rendere fluide le procedure amministrative, le modalità per il reclutamento del personale che lavorerà ai progetti del Piano e nuove regole sulle carriere. Non esattamente le sei righe e mezza del Pnrr citate da Cottarelli, ma il più grande piano di investimento sul capitale umano pubblico nella storia della Repubblica. Indispensabile anche perché, tra le assunzioni a tempo indeterminato per il ripristino del turnover al 100 per cento e quelle a tempo determinato legate al Next Generation Eu, stimiamo dai 100 mila ai 150 mila ingressi l'anno nella Pubblica amministrazione nel prossimo quinquennio.

Nell'ultimo decreto legge «reclutamento», gli assessment e la valutazione di competenze, attitudini e motivazioni individuali sono indicati come gli strumenti principali tanto per le progressioni di carriera verticali, quanto per le nuove assunzioni. Si tratta di un dettaglio non di poco conto: finora le procedure concorsuali si sono basate sulla valutazione di conoscenze scolastiche, non certo del potenziale più adatto per «performare» nelle varie posizioni organizzative. Abbiamo capovolto la prospettiva.

Il superamento dei tetti sul salario accessorio, affidato alla contrattazione, va nella stessa direzione e recepisce proprio l'impegno assunto nell'intesa con i sindacati. Un altro degli «strappi» da leggere nel complesso della riforma.

Ancora: siamo convinti che per orientare i comportamenti delle persone serva anche investire in maniera importante sulla formazione. Perché non basta selezionare le persone dotate di potenziale, occorre poi fornire loro le conoscenze e gli strumenti adeguati all'incarico. Le competenze dei singoli e le capacità dei dirigenti non potranno mai sostituire anche il più perfetto e capillare sistema di *performance management*. Anche su questi due punti rompiamo con il passato, attraverso l'ingente investimento in formazione che abbiamo proposto nel Pnrr.

Il motivo per cui vogliamo valutare il prodotto della Pa inteso come effetti generati sulla collettività dipende anche dal fatto che gli stessi dipendenti hanno bisogno di recuperare il contatto emotivo con quanto hanno contribuito a generare: il miglioramento della qualità e la soddisfazione degli utenti nei servizi pubblici deve essere il faro di tutti. Lo ripeto in ogni occasione: le amministrazioni pubbliche – una galassia di oltre 30 mila enti, non un unico datore di lavoro – non esistono per sé. Esistono per fornire servizi di qualità a 60 milioni di italiani. Vogliamo finalmente sul tavolo i dati concreti sui servizi prodotti. Questa è la nostra milestone, che trascina tutto il resto. Per essere sicuri che ciò avvenga, stiamo anche introducendo misure atte a rinforzare il ruolo degli Organismi indipendenti di valutazione (Oiv).

Risponde all'approccio olistico, infine, e ne è forse la migliore incarnazione, il Piano unico integrato introdotto anch'esso con il decreto «reclutamento». Appare davvero curiosa la definizione di «piano omnibus» data da Cottarelli: il Piano unico è l'integrazione degli impegni programmatori in una sola prospettiva, orientata alla produzione di valore, cioè ad avere obiettivi collegati ai risultati. Sinora le Pa erano tenute a predisporre oltre 25 documenti di programmazione. Una delle ragioni di mancata performance era proprio la dispersione in mille rivoli, con la logica del mero singolo adempimento. Evitare la frammentazione programmatoria – per cui le politiche del personale non si parlano con gli obiettivi di performance, per cui la corruzione e la trasparenza sono mondi a sé che non si coordinano con il resto – è la base per la misurazione e il miglioramento della performance.

Con i diversi interventi realizzati in questi primi mesi di governo, abbiamo posto le fondamenta della nostra azione. Ma senza uno sforzo complessivo, quotidiano, graduale, dal livello centrale al livello locale, il cambiamento della Pubblica amministrazione è destinato a restare quel che è sempre stato: un mito. Non ce lo possiamo più permettere. Anche perché il rimbalzo del Pil a cui fortunatamente stiamo assistendo, e che ci porterà a una crescita annua intorno al 5 per cento, ha bisogno, per essere sostenuto, di una macchina amministrativa rinnovata e ben oliata che corra in sintonia con il resto del Paese. Per questo parlo di «ultimo miglio» con riferimento alla transizione amministrativa prodromica alla transizione digitale ed ecologica: molto è stato fatto, ora bisogna mettere a fattor comune su tutto il territorio le esperienze di successo, lavorare per una Pa proattiva che accompagni cittadini e imprese e non li ostacoli. Il ragioniere generale dello Stato, Biagio Mazzotta, ha ricordato ieri come l'esigenza di rendere interoperabili le banche dati delle amministrazioni sia precedente alla stessa digitalizzazione e come la Pa debba tendere verso un modello che metta al centro l'integrazione tra processi. Ne siamo talmente convinti che stiamo lavorando a uno strumento dirompente per l'orientamento dei cittadini nella grande mappa delle Pa.

Detto in altri termini: noi stiamo formando la squadra (le norme e i mezzi operativi) per vincere la sfida. Le critiche al singolo elemento, ignorando la formazione complessiva e dopo un minuto dal fischio di inizio, sembrano quanto meno premature, se non ingenerose. Almeno si aspetti la fine della partita. In palio c'è la nuova Italia.

«La Stampa», 10 giugno 2021

PER UN'ITALIA MIGLIORE, SENZA DOGMI

Il proclama sconcertante di 150 economisti accademici contro i due bravi colleghi, Puglisi e Stagnaro, recentemente nominati nel Nucleo tecnico della presidenza del Consiglio, rei di «ultraliberismo», mi ha fatto rivedere all'opera quei metodi dogmatici e di potere che anche io avevo subito da giovane studioso, desideroso unicamente di esprimere il mio libero pensiero attraverso il mio lavoro. Ma la diatriba, di cui il Paese non sentiva il bisogno, ha un merito che francamente non meriterebbe di avere. Costringe a rendere ragione delle scelte che il governo – di cui mi onoro di far parte – sta compiendo. Il «formidabile pragmatismo» di Mario Draghi (definizione del direttore Cerasa) non significa affatto fiducia cieca nel mercato e rinuncia a ideali umanistici e persino, dal mio punto di vista, socialisti. Ma è esercizio dell'ideale e della dottrina misurandone l'efficacia nell'esperienza. Qui ne racconto la mia versione. Che potrei intitolare «nuova economia sociale di mercato», consapevole che quello che enuncerò è un abbozzo. Un'ipotesi per un dibattito. Niente dogmi, *please*.

Eventi di portata planetaria come le pandemie obbligano a ripensare i confini delle teorie economiche e sociali sino a quel punto predominanti, da destra come da sinistra, al fine di elaborare, senza timore di contaminazioni, superando le rispettive pigrizie e idiosincrasie, nuovi modelli organizzativi della società.

La pandemia è passata? Non mi permetto profezie. Di certo oggi possiamo percepire i segnali di una ripresa. La storia non finisce, dipende da scelte dei governi che assecondino la voglia di vita nuova dei popoli, il facilitare e direi il sospingere, incanalando e promuovendo, una vigorosa ripresa economica che per assumere il nome di prosperità dev'essere anche accompagnata dal sogno di un'Italia più giusta, che non lasci indietro nessuno.

Ed eccoci al punto. In quale direzione vogliamo e possiamo andare? Cosa vogliamo essere tra dieci anni? Soprattutto – e qui siamo al nostro specifico tema – quale dottrina può nei prossimi anni ispirare l'azione politica? E, soprattutto, avendo riaperto alla presenza dello Stato una parte dello spazio economico nello stesso tempo in cui abbiamo compreso la fragilità del modello di produzione globale, quale dottrina può nei prossimi anni ispirare l'azione politica?

Mi piace partire per questa riflessione da un'analisi fatta diversi anni fa a quattro mani con il compianto Antonio Preto. Già allora ci era chiaro che compito della Politica è quello di gettare lo sguardo oltre l'orizzonte di breve periodo, sempre più spesso influenzato da dinamiche elettorali opportunistiche che, il più delle volte, producono cattiva spesa pubblica e, ancor più colpevolmente, lasciano imprese e famiglie nella confusione e indeterminatezza di leggi che cambiano e si sovrappongono, di azioni di policy che si contraddicono, di rattoppi normativi che non danno certezza e credibilità e impediscono di strutturare quel contesto ordinato e chiaro che permette di promuovere l'iniziativa privata e una crescita, tanto economica quanto sociale, della società.

L'incertezza produce due tipi di reazione: una, naturale, insita nel nostro istinto ancestrale di sopravvivenza, e che potremmo definire «conservatrice», per cui davanti all'ignoto si tende a preferire lo status quo, non solo materialmente ma anche nell'elaborazione del pensiero. L'altra, più radicale, che potremmo definire «riformatrice», tende a moderare le pulsioni più estreme, cercando di introdurre il meglio del nuovo e di preservare gli elementi di stabilità dell'antico. Storicamente la seconda ha sempre rappresentato la migliore risposta per governare l'incertezza. Anche se non è, quasi mai, la risposta più immediata.

Nel contesto economico di cambiamento successivo alla fine della guerra fredda e al crollo dei muri, l'atteggiamento di conservazione ha significato dazi e dogane, autarchia, sussidi, e chiusura al mercato.

A questo ha risposto l'approccio riformista liberale, che si fonda, invece, sull'economia aperta e la riduzione delle barriere commerciali, tariffarie e non tariffarie, sulla concorrenza tra imprese e ordinamenti, sulle liberalizzazioni e le privatizzazioni, sugli investimenti in ricerca, innovazione, formazione permanente, in infrastrutture e riforme di sistema. Insomma, più mercato e migliori, nonché stabili, regole. Senza, peraltro, rinunciare alla presenza di uno Stato, che non invada spazi riservati al mercato, ma che con questo sappia interagire.

Tuttavia, dopo una crisi finanziaria e una crisi pandemica in poco più di un decennio, quella parte di mercato e società cosmopolita che ha al tempo abbracciato gli ideali liberali su scala mondiale si trova oggi a giocare, nello scenario post-Covid, un ruolo essa stessa di natura conservatrice, agganciata com'è agli schemi di un mondo globale le cui certezze sono state spazzate via dalle chiusure imposte dai governi per il contenimento della pandemia.

Potremmo dunque provocatoriamente affermare che il pensiero occidentale oggi sembrerebbe oscillare tra due «conservatorismi», quello di matrice spiccatamente socialista, e quello di natura liberale. Non un buon presupposto per elaborare la nuova, necessaria visione della società post-pandemica.

L'economia sociale di mercato: la dottrina che ha plasmato il secondo dopoguerra in Europa

Fortunatamente però tra economia pianificata ed economia liberista pura esiste una terza via rappresentata dall'economia sociale di mercato, che è il modello economico cui si è ispirato il processo di integrazione europea. L'economia sociale di mercato, *Soziale Marktwirtschaft*, ha avuto la sua definizione, la sua applicazione pratica e la sua consacrazione in Germania (il cosiddetto «modello renano»).

L'economia sociale di mercato fu teorizzata dalla Scuola di Friburgo agli inizi del secolo scorso, ed ebbe come massimi esponenti Walter Eucken e Alfred Müller-Armack (quest'ultimo fu l'inventore del termine «economia sociale di mercato»). Essi presero a riferimento i principi classici dell'economia di mercato espressi in particolare da Adam Smith, considerati come condizioni strutturali all'interno delle quali la giustizia sociale e la solidarietà potessero realizzarsi.

In pratica, l'economia sociale di mercato (dove l'aggettivo «sociale» non deve essere inteso come sinonimo di «socialista», ma in contrapposizione all'economia socialista dirigista e pianificata), opera un intreccio equilibrato tra le teorie del liberalismo classico ed elementi sociali e di regolazione pubblica. Essa si fonda sulla centralità dell'uomo rispetto allo Stato, caratterizzata da una forte responsabilità individuale.

La concezione morale dell'economia sociale di mercato si fonda su tre principi cardine: il principio d'individualità, che origina dall'idea liberale della libertà individuale; il principio di solidarietà, secondo il quale ogni essere umano è inserito in una società interdipendente che lo obbliga a combattere le ingiustizie; il principio di sussidiarietà, come regola istituzionale che pone in corretto rapporto individualità e solidarietà. Compito della regolazione pubblica è quello di limitarsi ad assicurare i diritti individuali e garantire l'assoluta centralità ai cittadini. In concreto ciò significa che tutto ciò che può essere fatto da un individuo deve essere fatto da lui e non dallo Stato, che non deve pesare sui cittadini, né con oneri amministrativi eccessivi, né con troppe tasse, perché esse vanno a detrimento del fattore lavoro, oltre che limitare la libertà di disporre dei redditi accumulati.

In questa visione esistono tuttavia meccanismi di sicurezza sociale controllati dallo Stato, che hanno lo scopo di integrare e riequilibrare l'azione del mercato compensando i suoi eventuali fallimenti, in un intreccio di obiettivi economici e sociali che dipendono l'uno dall'altro, avendo come riferimenti la stabilità monetaria e la sostenibilità di bilancio.

Secondo i teorici dell'economia sociale di mercato, questo sistema economico offre maggiori opportunità ai consumatori e motiva gli operatori economici a puntare sull'innovazione e il progresso tecnologico, distribuendo equamente redditi e profitti. Condanna, allo stesso tempo, l'accumulazione di un eccessivo potere di mercato, che prende la forma di monopoli e oligopoli.

In questo contesto lo Stato detiene un ruolo fondamentale nel garantire l'ordinato svolgersi delle dinamiche del mercato e dei principi su cui l'economia sociale di mercato si fonda. Non a caso gli esponenti della Scuola di Friburgo sono chiamati anche «ordoliberali», i «liberali delle regole».

L'economia sociale di mercato esige istituzioni statali forti e autorevoli, autorità regionali e locali altrettanto legittimate, secondo i principi di sussidiarietà e responsabilità, e altrettanto forti autorità per la tutela del mercato: una banca centrale indipendente e un'autorità per la lotta contro i cartelli e i monopoli.

Messa in atto dall'economista di Friburgo Ludwig Erhard nel 1950, l'economia sociale di mercato permise alla Germania di raggiungere la piena occupazione e il modello celebrò, in soli cinque anni, il suo successo. Tuttavia a quel tempo permanevano importanti squilibri sociali che accesero un dibattito sui compiti da assegnare allo Stato e che indussero a ripensare le politiche allora esistenti.

Un elemento che caratterizzò, in particolare, la seconda fase del «capitalismo renano» fu la cooperazione tra i lavoratori e i datori di lavoro, che si espresse nella contribuzione paritaria al sistema di welfare, pensioni, cassa malattia, ammortizzatori sociali. La partnership tra capitale e lavoro trovò la sua massima espressione nella

Mitbestimmung (cogestione), che si estese presto a tutte le attività economiche ed elevò a pari dignità i due principali fattori produttivi dell'economia, capitale e lavoro, nella gestione dell'impresa.

La prima crisi economica tedesca nella metà degli anni sessanta spinse, tuttavia, alle dimissioni del cancelliere Erhard e favorì il formarsi di una *Große Koalition* tra Cdu e Spd. Ciò condusse a una nuova sintesi tra la teoria liberale della Scuola di Friburgo e l'ideale keynesiano di stimolo della domanda interna, da attuarsi attraverso l'intervento pubblico nell'economia. Questa nuova versione dell'economia sociale di mercato fu chiamata *Globalsteuerung* (stimolo generalizzato), a significare che la politica economica e finanziaria avrebbero dovuto occuparsi esclusivamente delle macro decisioni, mentre il mercato e gli imprenditori avrebbero dovuto occuparsi delle decisioni micro.

La *Globalsteuerung* sembrò ottenere grandi successi nel combattere la crisi economica, in un sistema ancora poco globalizzato, ma non consentì, tuttavia, di procrastinare nel tempo i risultati economici raggiunti. La successiva crisi economica internazionale degli anni settanta portò, infatti, a un aumento della disoccupazione, dell'inflazione e del debito pubblico e alla diminuzione del Pil. E, dunque, si dovette mettere mano a una revisione della *Globalsteuerung*, cui però la coalizione tra Spd e liberali, nel frattempo al potere, sotto la guida prima di Willy Brandt e poi di Helmut Schmidt, non era attrezzata.

La terza fase dello sviluppo dell'economia sociale di mercato coincise, quindi, con l'avvento al potere della coalizione di centro-destra (Cdu/Csu liberali) guidata da Helmut Kohl, la quale determinò uno spostamento dell'equilibrio dell'economia sociale di mercato più verso la componente «mercato». Il successo di questo nuovo modello fu notevole, legato anche al buon andamento dell'economia mondiale e alla crescita derivante dal processo d'integrazione europea (Programma per il mercato unico di Delors).

La successiva riunificazione tedesca, agli inizi degli anni novanta, si realizzò dunque in una fase di espansione economica e di stabilità. Nonostante ciò, la struttura e la composizione della società tedesca, cambiata rapidamente, e la debolezza dell'economia dei

Land orientali, ebbero un impatto tremendo sul sistema di welfare. I tedeschi, impauriti e disorientati, attribuirono la responsabilità di tutto questo a Kohl e chiamarono a succedergli il socialdemocratico Gerhard Schröder, con la sua coalizione rosso-verde, che parve più rassicurante.

La sinistra non potè esimersi dal mettere mano alla riforma del sistema sociale in un contesto economico mondiale globalizzato che impose liberalizzazioni, privatizzazioni, una riduzione dei costi di produzione e dell'intervento statale, un ridimensionamento della *Mitbestimmung* e una riforma del welfare (il piano Hartz per la riforma del mercato del lavoro). Dovette sciogliere i nodi della sua social welfare economy e del suo approccio consensuale, poiché essi avevano indebolito la concorrenza e il mercato. Per fare questo c'era bisogno di un nuovo sistema di regole, a tutti i livelli. Si ebbe così la quarta fase del processo di sviluppo della economia sociale di mercato, con la vittoria elettorale dell'alleanza tra Cdu e liberali. Ebbe, così, inizio l'era di Angela Merkel, nella quale l'economia sociale di mercato tornò a rappresentare un elemento centrale del programma del centro-destra tedesco. Quanto è stato fatto durante il cancellierato Merkel è sotto gli occhi di tutti.

È un ritorno alle origini umanistiche del Rinascimento. E allo spirito sorgivo della rinascita europea dopo il 1945. Röpke, come Friedrich von Hayek, aveva il proprio maggiore riferimento nell'economista austriaco Ludwig von Mises. Mises era stato il primo ad avere compreso, addirittura negli anni venti, la natura del socialismo e i suoi problemi. Sarebbe fallito. La tesi di Mises si è confermata giusta, nel 1989. Non era possibile, sotto il comunismo, fare piani affidabili. Il controllo politico generava inefficienza. Il regime ha retto finché ha potuto, ma poi è crollato. Di contro, l'economia sociale di mercato è di mercato perché è sociale: perché pensa al bene dell'uomo. Nel far questo, si adatta.

L'economia sociale di mercato si adatta

In effetti la breve analisi storica comprova come questo modello abbia mostrato grande flessibilità e capacità di adattarsi ai cicli economici: esso ha consentito di volta in volta l'incremento dell'interventismo statale e dell'elemento sociale, o il prevalere di un modello più marcatamente mercatista, senza, peraltro, che ciò abbia mai significato un mutamento della sua natura e, dunque, senza che sia mai venuta meno la centralità della persona.

Negli anni, i principi dell'economia sociale di mercato si sono dimostrati un'affidabile guida per la politica economica tedesca e hanno reso la Germania la superpotenza che tutti noi conosciamo, fondendo dinamismo economico e partecipazione sociale.

Cosa fondamentale, l'economia sociale di mercato ha consentito agli individui di perseguire i propri obiettivi all'interno di un ambiente normativo stabile. Il suo successo è fondato sulla libertà, sull'iniziativa personale e sulla creatività di tutti i cittadini. La produttività dell'economia di libero mercato ha creato, inoltre, lo spazio finanziario necessario per garantire una politica sociale solidale a favore dei meno abbienti.

Questa adattabilità è decisiva oggi, in una fase nella quale richieste di protezione e aiuto pubblico provengono da ampi strati della società, colpiti e impauriti dalla crisi economica indotta dalla pandemia.

L'economia sociale di mercato e l'Italia

L'economia sociale di mercato è tutt'altro che estranea al nostro Paese. Uno dei suoi principali teorici fu Wilhelm Röpke, un economista che unì la difesa del capitalismo liberale e un'aperta fedeltà ai valori della tradizione religiosa. I suoi scritti sono tra i più rappresentativi di quell'alleanza tra liberalismo e morale cristiana che per lungo tempo segnò la cultura e la vita politica tedesche e di cui furono ugualmente fautori in Italia figure come don Luigi Sturzo, Luigi Einaudi, Alcide De Gasperi e Benedetto Croce, che con Röpke ebbero legami profondi.

Quello che Einaudi e De Gasperi, supportati dagli industriali guidati da un altro cattolico liberale, Angelo Costa, cercarono di applicare in Italia nel primo dopoguerra furono, appunto, i principi dell'economia sociale di mercato, che influenzarono la parte della

Costituzione dedicata ai rapporti economici. In particolare, gli articoli 41, 42 e 43 si ispirano chiaramente ai principi dell'economia sociale di mercato.

Alla teoria tuttavia non vi corrispose la prassi, a causa delle profonde contraddizioni politiche che riflettevano le lacerazioni sociali del Paese. Da questo punto di vista lo scontro che si verificò agli inizi degli anni cinquanta fu rilevatore del contrasto che esisteva all'interno dello stesso blocco industriale. Con una parte del ceto imprenditoriale, soprattutto a Milano, come ricorderà più tardi Ugo La Malfa (che fu il principale sostenitore del progetto), ferocemente contrario. Non fu quindi per caso che nel Consiglio dei ministri che varò la decisione dell'apertura agli scambi si verificò una forte spaccatura. Dichiararono la loro contrarietà alla liberalizzazione degli scambi i ministri dell'Industria (Giuseppe Togni), dell'Agricoltura (Amintore Fanfani), degli Interni (Mario Scelba), del Lavoro (Leopoldo Rubinacci), mentre a favore, oltre al presidente del Consiglio (Alcide De Gasperi), si dichiarò il ministro delle Finanze (Ezio Vanoni) e anche il governatore di Banca d'Italia, Donato Menichella. La stessa adesione dell'Italia al Mercato unico europeo nel 1951 (Trattato Ceca) e 1957 (Trattati di Roma) fu tutt'altro che scontata da parte di ampi strati del ceto imprenditoriale nazionale.

Questa frattura non si ricompose negli anni successivi, quando il miracolo economico italiano aveva ormai esaurito ogni forza propulsiva. Molte delle riforme del periodo precedente furono frutto di una congiuntura particolare. L'Agip resistette alle pressioni di un suo smantellamento, solo grazie alla presenza di Enrico Mattei, che fu costretto a entrare in politica, costruendo, in seno alla Dc, una sua corrente. La nazionalizzazione dell'energia elettrica fu il risultato di un duro scontro che mobilitò intellettuali e forze politiche. L'indennizzo pagato per l'esproprio fornì i capitali necessari per la nascente industria chimica. Il piano Sinigaglia per la siderurgia (pubblica) fu la premessa per il rilancio dell'industria meccanica. Mentre Giulio Natta, ingegnere chimico, conquistava il Premio Nobel per i suoi lavori sui polimeri.

La conclusione di questo lungo processo portò alla formazione del centro sinistra e ai primi tentativi di programmazione economica. Ma fu allora che le forze ostili fecero di tutto per non dare continuità all'esperimento e svuotare quella formula politica di ogni significato progressista. L'ultima grande riforma – una sorta di canto del cigno – fu lo Statuto dei lavoratori, del ministro Brodolini. È difficile dire se una diversa lungimiranza avrebbe garantito un destino migliore. E, invece, dopo la stretta creditizia del 1964 – episodio per lunghissimo tempo negato da Banca d'Italia – furono le regole non scritte del conflitto sociale a prendere il sopravvento. Ed ecco allora la guerra del Vietnam, il maggio francese, la rivolta studentesca e infine l'autunno caldo della fine degli anni sessanta.

Data a quel periodo l'esasperazione statalista, con l'acquisizione su spinta sindacale di aziende decotte, con una collezione di fabbriche e attività le più diverse, dalla produzione di panettoni a quella della pasta. Responsabilità individuale e sussidiarietà – che sono le colonne dottrinali dell'economia sociale di mercato – rimasero parole sconosciute.

Soltanto negli anni ottanta e novanta, come avvenne in Germania, anche in Italia, soprattutto per la pressione del vincolo esterno europeo, si attuò una politica di privatizzazioni (anche se non di liberalizzazioni) che hanno ridotto di molto l'interventismo statale. Politiche necessitate ma di sicuro virtuose, pur se in certi casi non è senza fondamento la percezione di una svendita, che consentì con l'uso di denaro pubblico l'accaparramento di tesori da parte di quello che Guido Carli aveva chiamato «capitalismo straccione». In seguito, di modello di economia sociale di mercato diventa complicato parlare per l'Italia, poiché il vincolo di finanza pubblica, prima declinato rispetto al percorso di adesione all'euro, e poi di gestione della crisi finanziaria, ha condizionato lo sviluppo della politica economica italiana per i primi due decenni del XXI secolo.

Nonostante il lungo intervallo di tempo trascorso, si sta oggi determinando un contesto politico in cui si è aperta la discussione su un nuovo modello di governance degli scenari globali, insieme alla necessità di dover gestire, tramite adeguate risorse finanziarie pubbliche, le conseguenze economiche e sociali della pandemia. Dopo quasi due decenni di «sospensione della volontà» indotta dalla crisi finanziaria possiamo dunque finalmente riprendere quell'antico discorso fatto di sviluppo e di riforme che si rispecchia nell'economia sociale di mercato, sia a livello europeo, sia a livello nazionale.

Dove va l'Europa dopo la pandemia?

Il punto di partenza è riconoscere che i vincoli di finanza pubblica possono (e devono) essere utilizzati in maniera flessibile durante la pandemia, ma non sono superati, in Italia come in altri Paesi Ue. Il sostanziale incremento di spesa pubblica nazionale che si è potuto realizzare per far fronte all'emergenza Covid è stato possibile solo grazie alla risoluta azione della Banca centrale europea, con il suo programma straordinario di acquisti di titoli del debito legati alla pandemia, e con l'accordo politico su Next Generation Eu, che pone le basi per una nuova solidarietà europea. Certo non sfugge il fatto che l'opinione pubblica, alla quale è stato raccontato per anni che il vincolo di risorse pubbliche era insormontabile, resti disorientata rispetto alle centinaia di miliardi di euro piovuti sul sistema economico dal marzo 2020 in poi. È però evidente che tale situazione di massimo sostegno pubblico al sistema economico non può durare all'infinito, sia per un tema di sostenibilità, sia per le distorsioni che, alla lunga, rischia di creare rispetto agli incentivi individuali.

Per queste ragioni, l'economia sociale di mercato può rappresentare il modello giusto da adottare nel contesto post-pandemico, quando saranno ridimensionati i sostegni pubblici a pioggia legati all'emergenza Covid.

Un punto di partenza importante a questo riguardo è la decisione presa sul Next Generation Eu, che ha fatto fare un balzo in avanti al processo d'integrazione e ha invigorito il sentimento europeista dei cittadini. Ecco, nell'immaginare il nuovo modello di economia sociale di mercato europea abbiamo bisogno del coraggio del «momento Merkel» che, da grande statista qual è, ha dimostrato di saper guardare avanti, mettendo da parte gli interessi particolari per governare l'incertezza del presente e del futuro.

Le misure da assumere dovrebbero dunque essere delle vere e proprie iniziative progettuali europee, decise, controllate, finanziate a livello di Unione, e atte a soddisfare la crescente domanda di beni pubblici europei: ambiente, sicurezza dei processi produttivi, salute, grandi reti digitali e di trasporto, immigrazione, difesa comune. Sembra un'utopia, ma a ben guardare non siamo in realtà molto lontani da questo scenario. La lettura trasversale dei Piani nazionali di ripresa e resilienza recentemente approvati mostra un forte grado di convergenza sui grandi capitoli di spesa. La domanda di beni pubblici europei è insomma già presente tra i cittadini.

Per continuare a finanziare tutto ciò l'Unione dovrebbe ricorrere all'emissione di bond, in continuità con le emissioni fatte per finanziare il Next Generation Eu e il Sure, in modo da mantenere un solido rating AAA al debito mutualizzato. Anche perché è abbastanza irrealistico immaginare che, una volta abituato il mercato finanziario all'emissione di debito di alta qualità per volumi simili a quelli annuali della Spagna, si possa di punto in bianco cessare tale emissione. Del resto lo abbiamo già visto: il Quantitative Easing monetario da straordinario e «non-convenzionale» è diventato oggi uno degli strumenti a disposizione delle banche centrali.

Perché tale scenario possa completarsi in un'adeguata cornice politica occorre poi portare a termine il processo di integrazione europeo attraverso l'istituzione di un ministro europeo delle Finanze, un'effettiva unione bancaria e dei capitali, rafforzare il bilancio comune dell'Unione e, non da ultimo, dare una rappresentanza unica esterna.

Per tale via si garantirebbe il rilancio della competitività e si stimolerebbe la creazione di beni pubblici europei decisi strategicamente *ex ante* e coordinati a livello centrale, e non solo come risultato *ex post* eventuale e asimmetrico delle singole politiche degli Stati membri.

La nuova economia sociale di mercato in Italia

La nostra stella polare deve, dunque, rimanere la costituzione economica materiale, oltre che formale dell'Europa, che s'ispira all'economia sociale di mercato e al miglior riformismo che ha portato l'Europa alla prosperità nel secondo dopoguerra.

A questo riguardo è ora che l'Italia assuma un atteggiamento maturo in seno all'Unione europea, di «convergenza competitiva». Convergenza competitiva significa, da un lato, il rifiuto della concorrenza sleale tra Paesi, a partire dalla chiusura di parti importanti del nostro sistema economico al mercato, insieme all'impegno deciso a difendere gli interessi legittimi del nostro Paese, tanto nella fase di definizione delle regole e dei principi, quanto in quella di attuazione di questi (la concorrenza fiscale olandese è solo un esempio). Infine, attenzione nel non caricare il nostro sistema di oneri inutili e costosi.

Il nostro Paese è caratterizzato da un intreccio del tutto originale nel quadro europeo e internazionale delle dinamiche economiche e dei processi sociali, con capacità industriali d'eccellenza e patrimoni culturali diffusi e distribuiti sul territorio, con una vena creativa inesauribile e una forte capacità d'adattamento collettivo e individuale alle incertezze. Prova ne è, anche, la forte volontà di risalita dopo la pandemia. Al tempo stesso è un Paese minato dall'accumulazione di risparmio sottratto all'economia reale e agli investimenti; da sacche territoriali e settoriali d'inefficienza produttiva e di diseguaglianze salariali; dall'inconsistenza della macchina amministrativa pubblica; dalla crisi demografica e di confidenza nel futuro, figlie di un decennio di mancata crescita di occupazione e di reddito.

Spetta alla Politica creare le condizioni affinché le spinte riformatrici si affermino sullo spirito di conservazione, dimostrando che è possibile avviare una stagione che, partendo dal superamento della crisi determinata dall'emergenza sanitaria, affronti i nuovi paradigmi che si affacciano al terzo millennio. In altre parole, spetta alla Politica accompagnare la società e l'economia italiane nelle nuove transizioni che progressivamente vanno sostituendo la spinta propulsiva della globalizzazione. In uno schema di nuova economia sociale.

Ma per la portata delle sfide che abbiamo davanti non sarà sufficiente fare conto sulla sola mano pubblica, non basteranno sussidi e bonus pubblici per sfide come la riqualificazione energetica o la transizione digitale, così come, allo stesso modo e nella stessa misura, non sarà sufficiente confidare solo sul mercato e sulla sua capacità d'innovazione tecnologica. Servirà un intreccio innovativo di regole e investimenti pubblici e di comportamenti e investimenti privati, facilitati dalla crescita di attenzione e sensibilità da parte di tutti ai temi dello sviluppo sostenibile. Si tratta, per il momento, poco più che una parola d'ordine, un riferimento ancora astratto che deve tradursi in fatti, processi e soggetti concreti ed è responsabilità politica e di governo garantire il passaggio dallo slogan alla realtà.

Un ultimo punto, su cui l'impostazione dell'economia sociale di mercato con la sua attenzione alla persona è chiave, è legato al fatto che nelle transizioni, del passato come del presente, si allargano e si aggravano le diseguaglianze. Tra territori, tra condizioni socio-economiche delle famiglie, tra imprese. Diseguaglianze che ci pongono davanti e in prospettiva nuove tensioni sociali, sacche di rancore e di disillusioni, che ritardano l'attuazione delle riforme e, spesso, impediscono di coglierne tutte le opportunità ove si lascia prevalere l'interesse immediato del facile consenso politico. Anche per questo serve una nuova Politica.

Per i motivi finora elencati occorre dunque oggi e domani saper dire tanti no e tanti sì. No allo statalismo, al protezionismo, a nuove forme d'intervento dello Stato in economia; no alla politica economica fatta di spesa «cattiva» finanziata col debito; no agli schematismi rigoristi di finanza pubblica che, mai come oggi, sono marginali rispetto all'equilibrio globale. No a nuove tasse e a un fisco oppressivo, ma no anche alla panoplia delle *tax expenditures*.

Sì, invece, all'apertura dei mercati, al mercato interno dei servizi da opporre al conservatorismo dei vari sindacati e corporazioni; sì a una riforma del Patto di stabilità e crescita, con «trattamento speciale» per promuovere gli investimenti; sì a rendere permanente il Next Generation Eu, non per trasferimenti tra Paesi, ma per soddisfare la domanda di beni pubblici europei; sì a politiche responsabili di bilancio, che puntino alla sostenibilità di medio-lungo periodo del debito pubblico con un percorso di rientro che non vada in conflitto con gli obiettivi di crescita. Sì a un welfare sostenibile, che ci porti verso una nuova *Mitbestimmung*, con un patto per l'occupazione e la coesione sociale che svicoli dal dibattito polarizzato attorno al nodo divisivo del blocco dei licenziamenti, e punti alla messa in campo di politiche attive e contestuali riforme dei sistemi di protezione sociale, con il contributo del settore privato. Sì, dunque, a dare finalmente attuazione all'articolo 46 della Costituzione con una legge in materia di partecipazione dei lavoratori e democrazia economica in modo da superare alla radice, in una prospettiva di economia sociale di mercato, le spinte conflittuali che ancora tanto incidono sulla qualità delle nostre relazioni industriali. Sì a un patto per l'efficienza del mercato del lavoro (pubblico e privato) che rispristini la piena agibilità delle tipologie contrattuali flessibili, che sono i principali strumenti con cui le imprese reagiscono alla crisi (lavoro a tempo parziale, apprendistato, lavoro a termine, lavoro tramite agenzia); sì al ruolo dei «facilitatori» del mercato del lavoro, che non possono essere i soli centri pubblici per l'impiego, ma anche le agenzie del lavoro interinali e tutti gli attori privati accreditati.

Ciò significa, in pratica, trovare un equilibrio tra welfare, impresa e famiglia. Un equilibrio nuovo dove tutte queste componenti possano ciascuna giocare il loro ruolo per ridare certezze a una società incerta, restituire coraggio a operatori economici disorientati e impauriti. Solo se capaci di dire tanti sì e tanti no avremo la credibilità per accompagnare i processi di cambiamento in atto.

Per dirla diversamente, è bene che l'Europa della nuova economia sociale di mercato si appropri collettivamente dello spirito e dei progetti del Next Generation Eu, trasferendoli dalle decisioni dei capi di Stato e di governo al quotidiano di tutte le imprese, dei corpi intermedi, dei lavoratori, dei cittadini e, in particolare, dei giovani. È un percorso che, grazie all'attuazione del Ngeu, insieme capillare e libera, non deve e non può calare dall'alto, pena un paternalismo fallimentare, ma deve attraversare il livello istituzionale e politico, toccando la classe dirigente incaricata di amministrare i tre poteri legislativo, esecutivo e giudiziario. Passando alle agenzie formative e datrici di valori, dalle scuole alle università, alle famiglie, alle aziende intese come mondo produttivo non solo di merci, ma di rapporti interpersonali.

Soltanto così, attraverso la linfa della partecipazione, i Piani nazionali di ripresa e resilienza potranno diventare i catalizzatori di una rivoluzione sociale e culturale in grado di riscattare l'orgoglio individuale e comunitario. Chi ci sta a questo lavoro rinunci alle pose da custode della pietra filosofale e aiuti a far mettere i piedi a terra al sogno di un'Italia migliore, in un'Europa migliore.

«Il Foglio», 5 luglio 2021

VENEZIA, LA PIÙ ANTICA CITTÀ DEL FUTURO

Negli ultimi giorni è diventato evidente quel che da tempo chiamo il «momento Italia». Una congiuntura astrale di successi per il nostro Paese, coronata dal Piano nazionale di ripresa e resilienza appena approvato anche dall'Ecofin: un «contratto» con l'Europa – riforme in cambio di risorse – che vale 235 miliardi. Ma, accanto al «momento Italia», consacrato dal trionfo del nostro calcio a Wembley e del nostro tennis a Wimbledon, non posso non rivendicare un «momento Venezia». Nella mia città, sabato scorso, è stato raggiunto dai ministri economici del G20 lo storico accordo per un sistema fiscale internazionale più stabile ed equo, con un'imposta minima globale del 15 per cento per le multinazionali. Domenica ho avuto l'onore di dare vita, a nome del governo italiano, alla Fondazione per Venezia capitale mondiale della sostenibilità. Ieri, in Consiglio dei ministri, abbiamo varato il decreto legge che blocca il passaggio delle grandi navi davanti al bacino di San Marco, prevedendo punti di attracco alternativi ed ecosostenibili a Porto Marghera. Al tempo stesso, riprenderanno i lavori di completamento del Mose e si realizzerà nei mesi successivi l'Autorità della laguna con la rinascita del Magistrato alle acque.

È la migliore risposta, concreta e responsabile, ai timori dell'Unesco, a pochi giorni dalla 44ª riunione in Cina del Comitato del patrimonio mondiale. Tutto si tiene: la credibilità del governo e il rilancio di Venezia, con la sfida di trasformarla nella più antica città del futuro.

Il progetto che vuol farne la capitale mondiale della sostenibilità può apparire un atto ambizioso. Di sicuro vi sono ecosistemi urbani che soffrono quanto o più di Venezia di attentati alla sopravvivenza e che stanno rivedendo radicalmente tutte le loro prassi su fonti energetiche, mobilità, riciclo dei rifiuti e della plastica, tutela della biodiversità e promozione della bio-agricoltura. Ma Venezia ha qualcosa in più che legittima sia il sostantivo «capitale» sia l'aggettivo «mondiale» in tema di sostenibilità. Qualcosa in più che deriva dalla sua storia, lunga milleseicento anni, di continua e vincente evoluzione dell'equilibrio tra una comunità umana, in origine fatta di pescatori e agricoltori, e il suo ambiente. Prima di tutto quello lagunare, che Venezia «costruisce» e «ricostruisce» anche con ciclopiche deviazioni di fiumi e con difese a mare che la preservano dal destino di fatale interramento, e quello del suo «Stato di terra», al quale regala un regime idraulico di eccellenza con il suo Magistrato alle acque. Trovando in questo ambiente difeso e costruito, e qui sta il miracolo veneziano, i fondamenti del suo storico successo economico, marittimo e portuale.

Nel suo essere «città-mondo», Venezia ha realizzato un modello di sostenibilità integrata – ambientale, economica e sociale – ante litteram, i cui esiti formali, artistici e architettonici costituiscono un patrimonio culturale di valore universale. Un modello che può offrire all'umanità intera. In questa storia secolare va collocata anche l'ultima fase, la più difficile da interpretare: il XX secolo, durante il quale la comunità veneziana si espande al di là della laguna che ne segnava i confini medioevali e affronta la modernità nello sviluppo di Porto Marghera, mentre aggiorna la sua difesa dal mare con le paratie mobili del Mose (per dimensione e tecnologia unico al mondo). Una fase non conclusa, che Venezia vuole vivere in piena consapevolezza: questo è il segnale lanciato con la Fondazione per Venezia capitale mondiale della sostenibilità, rivolto anche a tutti coloro che preferirebbero «accontentarsi» di preservare i meravigliosi esiti medioevali.

Preoccupazioni comprensibili, come quelle che l'Unesco ha voluto sottolineare con la minaccia di cancellare Venezia dalla lista dei siti del patrimonio culturale mondiale, ma che mi sento di allontanare: Venezia capitale mondiale della sostenibilità nasce proprio per mostrare che il miracolo veneziano proseguirà, combinando ancora obiettivi di salvaguardia del contesto fisico e ambientale, l'*urbs*, con quelli di rivitalizzazione della *civitas*, per adoperare le dizioni della legge speciale del 1973 che affidava Venezia all'Italia tutta. È la vitalità della comunità veneziana, anche quella che vive e opera nel più ampio contesto metropolitano, la miglior garanzia di sostenibilità della conservazione del suo *cultural heritage*.

La sfida è straordinaria, ma non più di quelle che Venezia ha già saputo dimostrare di vincere. Il faro è il motto della Fondazione Cini preso da Gustav Mahler: «La tradizione non è culto delle ceneri, ma custodia del fuoco». È proprio vero: Venezia, la più antica città del futuro.

«Corriere della Sera», 14 luglio 2021

SE LA CATTIVA BUROCRAZIA DIVENTA IL PUNTO DI FRAGILITÀ DEL SISTEMA

Nel pomeriggio di ventinove anni fa la mafia azionò ancora una volta il tritolo a Palermo per uccidere il giudice Paolo Borsellino e tutta la sua scorta, soltanto cinquantasette giorni dopo la strage di Capaci che costò la vita a Giovanni Falcone e ai suoi uomini. Per la mafia doveva essere il funerale della legalità e la vittoria dell'anti-Stato e, invece, fiorì una stagione di consapevolezza e di sdegno in tutto il Paese, che arriva fino a oggi. A noi spetta il dovere della memoria di quei sacrifici, ma anche la responsabilità dell'impegno concreto quotidiano e della guardia alta contro tutte le mafie, colpevoli di rubare l'avvenire e la dignità all'Italia intera e soprattutto ai giovani. L'esempio, la dirittura morale e la lucida consapevolezza di Paolo Borsellino vivono in noi. Un pensiero va alla famiglia, ai colleghi e alle forze dell'ordine che continuano a lottare ogni giorno per il futuro dell'Italia. Noi non dimentichiamo.

Pensare oggi al sacrificio di Borsellino e degli agenti della sua scorta genera in me dolore, come in qualsiasi persona che abbia un minimo di cuore.

Ma il rischio è quello di fermarsi alla considerazione di un lutto che non sarà mai rimarginato, facendosi bastare il rimpianto; oppure buttarsi in congetture sulla natura dei depistaggi che, come dicono le sentenze, di sicuro sono stati perpetrati per nascondere la verità sull'attentato. Voglio evitare questa doppia trappola, e pormi la questione di quel che chiede a me, in quanto ministro per la Pubblica amministrazione, la memoria di quell'impegno pagato con la vita.

Non ho competenza nel settore della repressione delle mafie, né mi pretendo esperto negli intrecci tra le varie organizzazioni criminali e della loro mappatura. Ho titolo, però, per considerare Paolo Borsellino e la ragazza e i ragazzi della scorta, Agostino Catalano, Walter Eddie Cosina, Emanuela Loi, Claudio Traina e Vincenzo Fabio Li Muli «volti della Repubblica», espressione magnifica coniata dal capo dello Stato per quei tre milioni e duecentomila italiani che sono dipendenti della Pubblica amministrazione.

Borsellino e chi è stato martire con lui appartiene all'album di famiglia della Pa. E questa famiglia ha il dovere di metterne a frutto la memoria, non semplicemente con un doveroso scatto di emulazione, ma strutturalmente adeguandosi ai suoi compiti per la rinascita di questo Paese e in particolare del Sud vessato dalle mafie.

E arrivo al punto su cui mi invita a riflettere la figura di chi, da servitore dello Stato, è stato abbattuto da un potere alternativo allo Stato. Dove si fa largo la mafia? Come hanno potuto insediarsi, e poi espandersi nel mondo, Cosa nostra in Sicilia, e altre organizzazioni criminali nelle regioni meridionali? Hanno potuto sfruttare il vuoto dello Stato, non solo in quanto autorità capace di far valere la legalità e la giustizia a qualsiasi prezzo, ma anche come servizio semplice e diffuso alla vita dei cittadini.

Non è vero che la mafia si afferma laddove c'è sottosviluppo. Non è un fenomeno endemico tipico dei Paesi poveri. Prova ne sia che ha saputo insinuarsi come forza prepotente nelle economie più sviluppate. Il suo modello ormai si è riproposto ovunque. Essa penetra quando lo Stato e le sue amministrazioni non sono in grado di tessere una rete di rapporti positivi ed efficienti nella vita sociale. La cattiva burocrazia, anche quando non fosse colonizzata da cellule mafiose maligne, è il punto di massima fragilità del sistema, con la sua inefficienza e vischiosità pompa l'acqua nella vita sociale dove nuotano i pescecani della criminalità organizzata, che forniscono servizi alternativi, senza bisogno di saltare da uno sportello all'altro.

Circa venticinque anni fa mi occupai del Mezzogiorno in un volume che poi riproposi nel 2009 con il titolo *Sud. Un sogno possibile* (Donzelli) e ritengo abbia una sua «strana» attualità. Sostenni la tesi che è la mancanza di «beni relazionali», non misurabili in termini di valori di scambio, ma indispensabili al clima positivo della vita comune, a essere il brodo di coltura del malaffare.

Gli investimenti versati senza una trama di rapporti burocratici efficaci e benevoli sono destinati inesorabilmente a essere, nell'ipotesi migliore, sprecati; o – come dimostra la messe di inchieste giudiziarie condotte in questi anni dalle procure e che prendono le mosse da quelle di Falcone e Borsellino – sono accalappiati dalle potenze mafiose, aggravando i «mali relazionali» e rafforzando i network opposti e antagonisti. Solo un tessuto economico sufficientemente dotato di beni relazionali – a partire dal più elementare: la consapevolezza e la fiducia che rispettare le regole migliora la convivenza civile – è in grado di innescare, al proprio interno, le spinte necessarie per lo sviluppo.

Giusto dire che si deve partire dalla società civile. Ha risorse straordinarie. Ma va colmato lo iato con quelle della Pa. L'emergenza Covid ha mostrato che esiste una capacità di resilienza formidabile capillarmente diffusa tra i dipendenti pubblici. Si tratta di trasformare le esperienze di tanti singoli in una rete permanente. E io credo che questo tempo, in cui siamo chiamati a riforme della Pubblica amministrazione e della giustizia concordate con l'Europa, sia una occasione eccezionale per prosciugare le paludi in cui fiorisce la pianta carnivora della mafia.

Una ripresa della Pubblica amministrazione, la sua rivoluzione gentile, è l'alleato più prezioso per diffondere una mentalità che non lasci spazio a organizzazioni parallele sostitutive dello Stato oltre che parassitarie e vampiresche rispetto alla società civile. È anche l'arma più potente contro le disuguaglianze, perché soltanto i ricchi possono permettersi di comprare sul mercato i servizi sostitutivi.

Non è solo un'intuizione empirica. Secondo l'Institutional Quality

Index, un indice che misura la qualità delle istituzioni pubbliche a livello provinciale basandosi su dati oggettivi e considerando i servizi pubblici, l'attività economica territoriale, la giustizia, la corruzione, il livello culturale e la partecipazione dei cittadini alla vita pubblica, le ultime posizioni sono occupate interamente dal Sud.

Un balzo nella trasparenza e nell'efficienza della Pa avrebbe, dunque, effetti ancora più incisivi nel Mezzogiorno: l'investimento in capitale umano pubblico alla base della riforma disegnata nel Pnrr, che abbiamo già cominciato ad attuare, aumenterebbe la produzione di beni relazionali, la qualità delle istituzioni e dei servizi, l'efficacia degli investimenti e l'esigibilità dei diritti.

Il sacrificio di Borsellino e dei suoi uomini è un invito urgente perché gli uomini e le donne dello Stato rilancino un altro Sud in un'altra Italia.

«la Repubblica di Palermo», 20 luglio 2021

SELEZIONE TRASPARENTE E PIÙ EFFICACE PER I DIPENDENTI PUBBLICI

Ho letto come sempre con grande attenzione l'editoriale del professor Cassese pubblicato sul «Corriere della Sera» di ieri. Le sue otto proposte sono totalmente condivisibili, ma sulla quinta, che chiama in causa la riforma del reclutamento della Pubblica amministrazione, voglio ritornare per approfondire alcuni aspetti e fugare qualche fraintendimento.

Cassese, giustamente, cita la necessità di ristabilire il merito nella gerarchia della società italiana sia nella selezione sia nella crescita professionale. Il dl 80 approvato dal governo e appena convertito in legge dal Parlamento punta proprio a questo, trasformando in norma una serie di impegni precisi assunti con la Commissione europea nell'ambito del Pnrr.

I punti qualificanti della riforma del lavoro pubblico negoziati con Bruxelles riguardano la selezione delle persone, i percorsi di formazione e crescita professionale (mobilità verticale), la mobilità orizzontale tra diverse amministrazioni, una maggiore osmosi con il settore privato.

La legge completa la riforma dell'accesso alla Pa avviata con l'art. 10 del dl 44 del 2021 (digitalizzazione e velocizzazione dei concorsi), introducendo meccanismi di selezione ad hoc per le elevate specializzazioni e per i professionisti; un nuovo sistema di progressione di carriera e di accesso alla dirigenza basato sull'esperienza, sulle competenze e conoscenze maturate e sui risultati raggiunti da chi lavora nella Pa; riattivando una norma – che avevo fortemente voluto nel 2009, ma che purtroppo non è mai stata applicata – secondo cui alla dirigenza apicale si accede per concorso (e non per cooptazione burocratica, come accade oggi); istituendo un'area apposita dove inquadrare i profili con le più elevate qualifiche e rendere attrattiva la Pa per i talenti; abbattendo i limiti alla mobilità orizzontale tra tutte le amministrazioni pubbliche centrali e locali, per rendere possibili quei percorsi di potenziamento delle competenze e delle esperienze che derivano dalla possibilità di lavorare in diversi settori della Pa.

Rispetto a questo disegno contenuto nel dl varato dal governo, il Parlamento ha apportato alcune integrazioni positive.

La prima è aver tolto i limiti quantitativi alla possibilità che un'amministrazione possa conferire incarichi dirigenziali a dirigenti di amministrazioni diverse.

La seconda è aver disciplinato puntualmente la possibilità che in casi eccezionali – la regola, come dicevo, è quella dei concorsi, che abbiamo ripristinato –, per quelle posizioni per le quali siano richieste competenze professionali e manageriali specialistiche che non si trovino già nelle amministrazioni a seguito di interpelli, ci si possa rivolgere all'esterno con procedure rigorose: cacciatori di teste che selezionino una rosa di nomi qualificati e commissioni indipendenti che individuino tra queste le persone adatte da assumere con contratti triennali e non a tempo indeterminato. È una forma concorsuale moderna e molto più rigorosa rispetto a quella attuale, perché basata sulla competizione – e non invece sulla cooptazione (tipica di un sistema le cui disfunzioni sono a tutti note) – e utilizzata nelle organizzazioni internazionali. Eccezionale, ripeto, perché aver eliminato i vincoli alla mobilità tra amministrazioni aumenta le possibilità di scelta tra dirigenti di Pa diverse, rendendo così questo meccanismo residuale.

La terza modifica introdotta dal Parlamento riguarda le progressioni di carriera. Dieci anni di blocco delle assunzioni hanno portato le amministrazioni a utilizzare alcuni dipendenti in posizioni superiori, anche se privi del titolo di studio richiesto. La norma rinvia alla contrattazione collettiva la facoltà, limitatamente a queste situazioni, di riconoscere la professionalità acquisita, sempre attraverso una procedura selettiva. Tale previsione non si applica, evidentemente, alla nuova area dedicata alle elevate professionalità.

Il quadro che emerge dopo il passaggio parlamentare è, dunque, quello di un sistema di selezione di quanti desiderano accedere alla Pa (e della classe dirigente pubblica) moderno, trasparente, efficace e finalmente adeguato agli standard internazionali. Un sistema che privilegia le esperienze e i risultati raggiunti e non le appartenenze politiche e di casta. Che vuole portare innovazione e trasparenza in un contesto che oggi, e da troppo tempo, appare chiuso e ripiegato su se stesso. Asfittico.

L'8 agosto Sergio Fabbrini segnalava sul «Sole 24 Ore» l'importanza di formare élite competitive che supportino i governi e la politica nella azione riformatrice e si sostituiscano alle oligarchie. Il nostro provvedimento punta proprio a formare queste élite, rompendo prassi e tradizioni che hanno troppo spesso prodotto oligarchie castali. Siamo certi che non rimarranno soltanto buone intenzioni. E che grazie alla nostra riforma ci saranno molte più possibilità che prevalga il merito rispetto alle cooptazioni.

«Corriere della Sera», 10 agosto 2021

CON LA MIA RIFORMA, CONCORSI PUBBLICI DIGITALI E IN PRESENZA

Nel commento pubblicato ieri su queste pagine, dal titolo *Università dal vivo, burocrazia battuta*, il professor Barberis accumula, purtroppo, pensieri amari e confusi assieme a gravi inesattezze.

Tra un biasimo della Dad e un richiamo inutilmente offensivo alla sua ministra Maria Cristina Messa, che ha giustamente auspicato il ritorno in presenza negli atenei, Barberis infila un riferimento ai «concorsi cotti-e-mangiati del ministro Brunetta» colpevoli, a suo dire, di aver sequestrato persino a Ferragosto davanti a un monitor «fratelli e figli maggiori», «con video e telecamere di controllo che neanche su un set di Quentin Tarantino».

Dispiace constatare l'assoluta disinformazione su una riforma cruciale sia per la Pubblica amministrazione, sia per le attese di tanti giovani e di tante famiglie. Con l'articolo 10 del decreto legge 44/2021 del 1° aprile ho voluto sbloccare i concorsi pubblici che si erano arenati durante la pandemia, concordando un nuovo protocollo di sicurezza anti-contagio con il comitato tecnico-scientifico per permetterne lo svolgimento in presenza e approfittandone anche per introdurre una rivoluzione: l'addio alla carta e alla penna di ottocentesca memoria e il passaggio a prove scritte totalmente digitalizzate. Non a distanza! I concorsi, finalmente ripartiti a maggio grazie alle nuove modalità (sono già 35 mila i posti banditi), si sono svolti tutti in sedi istituzionali, come prevede la legge, se soltanto Barberis si fosse preoccupato di leggerne i contenuti o anche soltanto le accurate sintesi apparse sui giornali. La differenza rispetto al passato è stata la consegna ai candidati di tablet su cui effettuare la prova. Un'iniezione di rigore e trasparenza, contro il rischio sempre in agguato di trucchi e manipolazioni.

Quanto al green pass accostato improvvidamente ai capricci vessatori «di qualche burocrate asburgico», non voglio pensare che Barberis stia ironizzando sulla necessità di garantire alle nostre ragazze e ai nostri ragazzi il ritorno in presenza in piena sicurezza sanitaria. Perché di questo si tratta: il green pass è una semplice certificazione del vaccino o di un tampone negativo che arriva sui nostri smartphone. E le vaccinazioni sono la nostra unica arma contro un virus che, con le sue varianti, è ancora un nemico temibile.

In alcuni casi, sarebbe vivamente consigliabile non scomodare Tarantino e tacere sugli influencer: molti di loro, in questa pandemia, si sono dimostrati più responsabili e più seri di tanti professori.

Viva la burocrazia, dunque, quando è intelligente e creativa. E tutti in presenza a far bene il proprio mestiere.

«Il Secolo xix», 28 agosto 2021

CON IL G20 DI DRAGHI SULL'AFGHANISTAN IL SECOLO EUROPEO PUÒ COMINCIARE

È il momento del coraggio per la costruzione di una nuova Europa. Il G20 straordinario di Draghi, con al centro la crisi in Afghanistan, e l'annuale riunione dei banchieri centrali a Jackson Hole, sono due facce della stessa medaglia, facce che stanno mettendo in evidenza il rischio di un neo isolazionismo degli Stati Uniti agli occhi delle grandi élite internazionali. Oggi spetta dunque all'Europa, e all'Unione europea in particolare, il rilancio dell'Occidente. Come? Rafforzando l'autonomia e la capacità di proposta del Vecchio Continente.

Al prossimo G20 sull'Afghanistan l'Ue può e deve presentarsi unita e credibile, accelerando sulla costruzione dell'Unione europea della difesa, nei termini ben sintetizzati dal ministro Guerini: non tanto un esercito comune, quanto analisi condivisa della minaccia, agenda politica comune, effettiva capacità militare e di intervento. Una voce autorevole e autonoma, quella europea, che nel dialogo con gli Stati Uniti rafforzi la cultura occidentale nel nuovo scenario globale, anche e soprattutto alla luce della crisi afghana. Allo stesso modo, dopo Jackson Hole, dove la Federal Reserve (Fed) si è riunita assieme a tutte le altre banche centrali, la Banca centrale europea (Bce), relativamente al ruolo delle politiche monetarie nella fase di uscita dalla crisi da pandemia, non deve subire la linea di politica monetaria della Fed. Quest'ultima, infatti, nonostante le grandi incertezze che ancora caratterizzano l'ambiente economico internazionale, è orientata ad adottare misure monetarie restrittive entro la fine dell'anno, come annunciato dal suo presidente. Seppur utili agli Stati Uniti, tali misure avranno inevitabilmente ricadute globali, e potrebbero risultare premature per noi europei, che non abbiamo ancora completamente recuperato il gap di crescita indotto dalla crisi Covid, e per i mercati emergenti, ancora in ritardo sulla campagna vaccinale e, di conseguenza, sulla strada per la ripresa.

È dunque il tempo del coraggio. Il rimbalzo dell'economia, dopo la crisi provocata dalla tragedia pandemica, assomiglia a un soufflé. Stesso profumo in forno, stessa attesa, identica delicatezza. Ma guai ad aprire lo sportello. Vanno evitati gli sbalzi di temperatura. Senza incertezze, senza mezze misure, con la massima determinazione. Il momento è adesso.

Allo shock della prima ondata della pandemia i governi dell'Unione europea hanno reagito con il Next Generation Eu, un pacchetto straordinario di riforme e investimenti finanziato con debito comune. Quello scatto condiviso e solidale, per nulla scontato, è un patrimonio che non va disperso davanti alle nuove sfide che il virus, con le sue varianti, ci obbliga ad affrontare. Risposte differenziate e ondivaghe, senza coordinamento, sono dannose.

Quale sarà, allora, il prossimo menù sul tavolo dei capi di Stato e di governo dell'Ue? Da più parti si evidenzia la necessità di riflettere sulla nostra Unione europea e la Conferenza sul futuro dell'Europa apertasi lo scorso 9 maggio rappresenta un importante esercizio paneuropeo. Rispetto al quale un posto centrale meritano le nuove regole europee di finanza pubblica. Il dibattito sulla governance economica appare infatti ancora più cogente, perché, come vedremo di seguito, caratterizzerà la capacità delle nostre economie di crescere e competere con quelle del resto del mondo. Le nuove regole di finanza pubblica definiranno la fisionomia della nuova Europa.

È un processo che può subire rallentamenti o anche fermarsi, ma non torna indietro. E non può prescindere dai cicli elettorali che nei prossimi mesi vedranno impegnati gli elettori tedeschi (a fine settembre), quelli della Repubblica ceca (a metà ottobre) e quelli francesi (primavera del 2022). Ma anche noi italiani con l'elezione del prossimo presidente della Repubblica a inizio febbraio 2022. Tornate elettorali che modificheranno il quadro politico in Europa e incideranno sui tempi del processo di riforma.

L'eredità della crisi da Covid-19 lascia l'economia europea su livelli di Pil inferiori a quelli pre-crisi, che saranno recuperati solo a metà 2022 (stime della Commissione europea), al costo di un indebitamento medio pari a circa il 100 per cento del Pil. Una situazione ben diversa da quella in cui furono elaborate originariamente le regole di finanza pubblica in Europa, a cavallo tra gli anni novanta e primi anni duemila, in cui i livelli medi di indebitamento non superavano il 70 per cento del Pil.

Anche le dinamiche di inflazione e dei tassi di interesse sono profondamente cambiate. La componente nominale degli interessi sul debito dei Paesi dell'area euro, che nel 1999 era pari a circa il 4 per cento del Pil, nel 2019 è scesa all'1,6 per cento. Sul fronte inflazione, guardando quella *core*, il tasso medio si è ridotto da poco sotto il 2 per cento registrato a cavallo tra gli anni novanta e i primi anni duemila (non a caso l'obiettivo di riferimento Bce), a un tasso che ha stentato a superare l'1 per cento nell'ultimo decennio, a causa dei cambiamenti strutturali dal lato dell'offerta indotti dalla globalizzazione e, soprattutto, dal progresso tecnologico.

È evidente come il profondo mutamento del quadro macroeconomico stia già mettendo e metterà in discussione anche in futuro la pertinenza dell'attuale quadro di regole fiscali dell'area euro, a partire da quelle di sorveglianza dei bilanci pubblici codificate all'interno del Patto di stabilità e crescita (Psc).

Quest'ultimo è attualmente sospeso, fino alla fine del 2022, per effetto della *general escape clause* ma vi è generale consenso tra economisti e policy-maker sul fatto che le regole progressivamente stratificatesi all'interno del Psc siano poco chiare, difficili da attuare e che esse determinino conseguenze pro-cicliche sull'economia degli Stati membri, come già capitato nel corso della crisi finanziaria del 2008-2012.

Le stime dei potenziali di crescita e degli output gap risultano, alla prova dell'evidenza empirica, errate e inattendibili. In un contesto di uscita da una crisi come quella attuale, in particolare, queste stime potrebbero essere caratterizzate da una aleatorietà ancora maggiore.

Il rischio, paventato da molti analisti, è che il ripristino delle regole esistenti del Psc già a partire dal 2023 renderebbe la politica di bilancio particolarmente restrittiva in alcuni Stati membri in un momento in cui il pieno recupero dalle conseguenze della crisi non sarebbe stato ancora completato.

Vi è, inoltre, un tema specifico legato all'applicazione omogenea della regola di aggiustamento del debito pubblico, che richiede una correzione annua pari a 1/20 della quota eccedente il 60 per cento del rapporto tra debito e Pil. Come recentemente osservato dall'European Fiscal Board nel suo ultimo Rapporto del 16 giugno 2021, l'applicazione di questa regola nell'attuale contesto macroeconomico determinerebbe in oltre il 50 per cento dell'area euro (Francia, Italia, Spagna, Belgio, Grecia segnatamente) un livello di avanzo primario decisamente superiore alla media storica di questi Paesi generando, di fatto, una restrizione fiscale sostenuta nel tempo.

Quest'ultima potrebbe avere effetti avversi sulla crescita economica, e, dunque, sullo stesso livello di indebitamento, rendendo l'utilizzo della attuale clausola del debito controproducente per tutta l'area euro, oltre che potenzialmente destabilizzante da un punto di vista politico.

Da qui l'opportunità di riforma preventiva del Patto di stabilità e crescita prima della sua nuova applicazione dal 2023 a favore di una semplificazione, sia pure mantenendo inalterato l'obiettivo di fondo legato alla sostenibilità del quadro di finanza pubblica europea.

In aggiunta al dibattito sull'adeguatezza delle regole esistenti rispetto all'attuale contesto macroeconomico, la riforma della finanza pubblica deve tenere conto, altresì, di due mutamenti strutturali, tra loro collegati, che si sono verificati all'interno dell'area euro durante la gestione della pandemia.

Da un lato, lo shock del Covid-19 ha ampliato una profonda e già esistente asimmetria tra i debiti pubblici dei Paesi dell'eurozona. A fine 2020, tre su quattro tra le grandi economie registravano un rapporto debito/Pil tra il 120 (Francia e Spagna) e il 155 (Italia) per cento, mentre la Germania si attestava attorno al 70 per cento. Gestire la politica monetaria unica in questo contesto, in assenza di politiche di bilancio a livello comunitario, è evidentemente problematico.

Collegata a questa dinamica, e secondo elemento strutturale di novità, è la creazione, almeno temporaneamente, di una capacità di bilancio europea, con l'emissione di debito comune e la presenza di elementi redistributivi tra Stati membri, ossia il Next Generation Eu (Ngeu), il «momento Merkel» dell'Europa. Il pacchetto Ngeu è stato disegnato come un'eccezione al bilancio comunitario e il suo esaurimento è già previsto a partire dal 2026. Tuttavia, almeno per i prossimi cinque anni, la Commissione europea sarà uno dei più importanti emittenti di titoli pubblici ad alto rating sul mercato, e proprio questo alto rating costituisce, già oggi, un rilevante fattore di garanzia per i mercati finanziari. Riportare indietro le lancette dell'orologio al mondo pre-Ngeu, in cui il debito comune europeo non esisteva, potrebbe rivelarsi niente affatto ovvio. Così come non lo è il riassorbimento delle politiche monetarie non convenzionali di Quantitative Easing, che da temporanee sono diventate un ingrediente chiave della strategia di politica monetaria, come affermato da Christine Lagarde nell'annunciare la nuova strategia monetaria della Bce. Pertanto, è possibile che il debito europeo finisca per diventare uno strumento permanente di politica economica.

Alla luce di tutto questo, un accordo limitato alla semplificazione delle regole di finanza pubblica, in assenza di un quadro prospettico relativo alla creazione di una autonoma «capacità di bilancio» europea post-Ngeu, rischia di generare una «dominanza fiscale» nell'ambito della politica monetaria.

In altri termini, la Bce si troverebbe stretta tra le politiche monetarie restrittive che arrivano dalla Fed, da un lato, e livelli asimmetrici di debito nell'eurozona, dall'altro, esponendo l'euro a un rischio di imperfetta, e dunque subottimale, trasmissione della politica monetaria. Una soluzione possibile è già stata adottata eccezionalmente nell'ambito del Pandemic Emergency Purchase Programme, che infatti consente acquisti asimmetrici di debito pubblico dei singoli Paesi. Ma proprio perché eccezionali, questi tipi di intervento non dovrebbero diventare la norma nella conduzione della politica monetaria, se si vogliono rispettare i vincoli presenti nei Trattati.

Per questa via, l'attuale contesto macroeconomico e di regole fiscali rischia dunque di scaricare in capo alla Bce la gestione delle asimmetrie di bilancio.

Ne consegue che l'acquisto di titoli da parte della Bce sui mercati secondari – che significa la perpetuazione del programma di Quantitative Easing – diventerebbe una scelta obbligata, poiché, in sua assenza, lo scenario davanti al quale si troverebbe l'economia europea sarebbe inevitabilmente quello dell'esplosione degli spread, con il rischio del propagarsi di una nuova crisi finanziaria. Tutto ciò proprio per l'assenza di una politica di bilancio comune. Un evidente sintomo dell'incompletezza dell'Unione monetaria.

Che fare allora? Come detto, il dibattito tra economisti in Europa è vivace e gli spunti per una proposta di riforma non mancano, ma con essi emergono anche i vincoli. Idealmente, per le ragioni elencate sopra, logica vorrebbe che si mettesse mano a una riforma dei Trattati europei per ridisegnare l'intera governance economica dell'Unione europea. Riforma che non dovrebbe riguardare solo le soglie dei rapporti deficit/Pil e debito/Pil, ma anche ridefinire il ruolo della Bce e rafforzare il bilancio comunitario con un'ulteriore cessione di sovranità di bilancio degli Stati membri, prevedendo, inoltre, l'istituzione di un ministro delle Finanze europeo.

A livello teorico, un'unione monetaria come l'eurozona può essere definita «ottimale» soltanto se è in grado di superare il problema della cosiddetta «impossibile trinità», noto concetto sviluppato dalla filosofia teoretica e poi declinato in economia, prima, nel 1961, dal premio Nobel Robert Mundell per teorizzare il concetto di area valutaria ottimale e poi, nel 2012, da Hanno Beck e Aloys Prinz per spiegare le anomalie che ancora caratterizzano l'eurozona. In parole semplici, per effetto di questa impossibile trinità, non si può avere contemporaneamente: 1) sovranità nazionale sulle politiche di bilancio, 2) presenza di una clausola di non salvataggio per i Paesi membri in una situazione di default (*no bailout clause*) e 3) una banca centrale indipendente. Se si hanno due di queste tre condizioni, la terza, proprio per il principio dell'impossibile trinità, non può esserci.

Nella attuale architettura dell'eurozona, poiché la clausola di non salvataggio è incardinata nei Trattati (articolo 123), se gli Stati vogliono continuare a mantenere la sovranità nazionale sulle politiche di bilancio ne deriva che delle tre condizioni verrebbe a mancare l'indipendenza della banca centrale, con la politica monetaria costretta a supplire alla mancanza di sovranità di bilancio delle istituzioni europee (o, vista al contrario, dalla presenza di sovranità di bilancio assegnata ai singoli Stati). Alternativamente, si dovrebbe immaginare una non rigorosa applicazione della clausola di *no bail out*, ovvero del non salvataggio degli Stati membri che si trovano in una situazione di default, ma questo minerebbe la credibilità giuridica di tutto l'impianto comunitario.

Dunque l'unico modo attraverso il quale sarebbe possibile garantire nel tempo piena indipendenza alla Bce, per evitare che questa sia «catturata» dai governi nazionali, è la cessione di sovranità di bilancio da parte degli Stati membri verso le istituzioni europee. In altre parole, come conseguenza di questa cessione di sovranità di bilancio, sarebbe la Commissione europea, o un futuro ministro delle Finanze europeo, che deciderebbe, in piena autonomia, gli obiettivi di deficit e debito pubblico che l'Unione deve raggiungere anno per anno. Di nuovo, solo con questa cessione di sovranità, accompagnata dall'aumento della dotazione finanziaria del bilancio europeo e da un processo di mutualizzazione dei debiti, oltre che dall'istituzione di un serio sistema di trasferimenti fiscali dai Paesi più ricchi a quelli più poveri gestito da un unico ministro delle Finanze europeo e con una Bce finalmente indipendente, l'eurozona godrebbe di quelle condizioni di ottimalità che ancora le mancano.

Per far tutto questo è necessario modificare corposamente i Trattati europei. Nel contesto attuale, però, pare non esserci lo spazio politico per aprire un così profondo processo di riscrittura degli stessi. Se il *first best*, ovvero l'unione monetaria ottimale, non è al momento percorribile, occorre necessariamente ripiegare su una soluzione di *second best*, che consiste nella modifica della sola legislazione secondaria dell'Unione (in particolare il Six Pack, il Two Pack e il Fiscal Compact, quest'ultimo un trattato internazionale) riguardante le regole di bilancio, lasciando intatti i Trattati fondativi dell'Unione europea e mantenendo la sovranità di bilancio in capo ai singoli Stati. In quest'ambito, sarebbe anche possibile avviare il percorso per un accordo intergovernativo che, capitalizzando su quanto già fatto con il Recovery Plan, crei un minimo di capacità fiscale europea per il periodo di programmazione finanziaria 2028-2034, ossia dopo il Next Generation Eu. Con la consapevolezza, però, che una soluzione di *second best* produrrà sempre risultati subottimali di performance dell'eurozona rispetto ad altre aree valutarie.

In Italia, come in Europa, è ora il momento del coraggio. L'ottimismo è inevitabile: il risultato può regalare grandissime soddisfazioni, a patto che si colga l'attimo con fermezza e lungimiranza. Nell'attuale contesto geopolitico, dobbiamo imparare a fare da soli, a Jackson Hole come al G20 straordinario. Perché domani l'Europa sarà ciò che oggi ha scelto di essere. Il glorioso secolo americano è finito. Il secolo europeo può cominciare.

«Huffington Post», 28 agosto 2021

LA RIPRESA DOPO LA PANDEMIA

TORNARE AL LAVORO. LO SMART WORKING ALL'ITALIANA, UNA COMMEDIA DEGLI EQUIVOCI

Il dibattito che si è aperto sullo smart working assomiglia a una commedia degli equivoci. L'equivoco primario è proprio il pomo della discordia, l'oggetto stesso della discussione: una modalità di lavoro che viene chiamata «smart working», ma che senza adeguati cambiamenti organizzativi e digitali dei processi produttivi, non è smart working. Poiché in gioco c'è la vita quotidiana di milioni di persone, occorre fare chiarezza e riportare il dibattito su binari di realtà, lontano dalle percezioni soggettive, quando non interessate, e dalle opzioni culturali e ideologiche di ciascun osservatore, e soprattutto fuori dalla polarizzazione che aveva già visto contrapporsi tecno-entusiasti e tecno-pessimisti sulla quarta rivoluzione industriale.

Lo dobbiamo non solo ai 3,2 milioni di dipendenti pubblici, i «volti della Repubblica» cui si deve la resistenza dell'Italia al Covid-19, ma anche ai cittadini, alle famiglie e alle imprese che meritano servizi di qualità, adeguati a un Paese che sta crescendo a ritmi da boom economico e che ha bisogno di una Pubblica amministrazione che sia davvero l'architrave della ripresa. All'altezza della sfida.

Bisogna, dunque, partire da un dato di fatto, che pare ignorato dai fautori dello status quo emergenziale: quello che è stato sperimentato in massa nella Pubblica amministrazione italiana, a causa della pandemia che dal 2020 ha sconvolto il mondo, non è lo smart working inteso come filosofia manageriale e modello di organizzazione strutturato ispirato a flessibilità, autonomia e responsabilità. Piuttosto è una forma di lavoro domiciliare forzato, realizzata nel giro di pochi giorni trasferendo meccanicamente all'esterno delle amministrazioni alcune delle attività che prima venivano svolte in ufficio, e solo quelle che, nell'emergenza, potevano immediatamente essere delocalizzate in funzione dei processi e delle tecnologie esistenti, senza una scelta organizzativa e strategica di fondo.

Nonostante gli innegabili meriti «sanitari» di questa soluzione, che ha permesso per quanto possibile la continuità dei servizi e ha tutelato la sicurezza dei lavoratori, ciò che è stato sperimentato non può certo definirsi né smart working nell'accezione manageriale classica, né lavoro agile secondo l'inquadramento normativo pre-pandemia come definito dalla legge 81/2017. Lo dimostra il fatto che si è proceduto a colpi di deroghe, innanzitutto con il venir meno della necessità dell'accordo individuale, e poi con eccezioni agli obblighi informativi e all'alternanza tra prestazione in presenza e prestazione da remoto. Deroghe che però sono state accompagnate dalla trasformazione per legge del lavoro agile da una delle possibili modalità di lavoro pubblico da incentivare nella Pa a «modalità ordinaria di svolgimento della prestazione lavorativa» e poi a «una delle modalità ordinarie». In sintesi: quella che nel nostro ordinamento era già una sperimentazione è prima diventata una sperimentazione di massa e poi è stata elevata per legge al rango di modalità ordinaria del lavoro pubblico, senza che nel frattempo sia intervenuta alcuna reingegnerizzazione dei processi e alcuna digitalizzazione dei servizi. Non esiste ancora una piattaforma sicura dedicata allo smart working nella Pubblica amministrazione, l'interoperabilità delle banche dati è un processo *in fieri*, spesso i dipendenti sono stati costretti a lavorare ricorrendo ai propri computer e ai propri device. Un meccanismo talmente anomalo che persino su Wikipedia nella versione inglese, alla voce «telecommuting», si fa riferimento allo «smart working» come una definizione usata in Italia per indicare un rapporto di lavoro con vincoli non definiti in termini di orari di lavoro e spazi: «In Italy, smart working is defined as an agreement between the parties with no precise constraints in terms of working hours or workplace and with the possible use of technology to enable the work to be performed». Insomma, un self service working.

E qui vengo al secondo argomento ricorrente tra i difensori dello smart working: il suo utilizzo come grimaldello per avviare la rivoluzione organizzativa che si attende da anni e per eliminare la cattiva burocrazia. Può un banale e certamente più comodo lavoro da casa assolvere a questo compito? Dobbiamo essere sinceri: no. L'implementazione repentina legata all'emergenza sanitaria e alle connesse esigenze di distanziamento interpersonale ha portato ad annullare tutto il percorso operativo che era stato indicato nella legge 81/2017 e nella direttiva della Funzione pubblica 3/2017, oltre che le più recenti linee guide per la redazione dei Pola, i Piani organizzativi del lavoro agile. Nessuna azione di accompagnamento, nessuna sensibilizzazione e formazione specifica dei lavoratori è stata possibile. La definizione in termini di luoghi, tempi, strumenti della prestazione e di esercizio dei poteri datoriali in capo all'amministrazione è stata assente. Lo ha riconosciuto Francesco Seghezzi, presidente della Fondazione Adapt: «In uno dei Paesi con le maggiori rigidità organizzative e la minor presenza, come certifica l'Ocse, di pratiche di organizzazione innovative nelle imprese, sposare tesi deterministiche sui benefici certi del lavoro da remoto è come minimo azzardato». E ancora: «Il lavoro da remoto inteso nell'accezione del moderno smart working non è una questione tecnologica, ma soprattutto organizzativa. E se le tecnologie si acquistano e si installano in poco tempo, l'organizzazione del lavoro richiede tempo e una mutazione dell'atteggiamento delle persone coinvolte».

Il lavoro da casa durante l'emergenza Covid, dunque, non ha certamente consentito quei processi di trasformazione organizzativa nell'ottica della definizione di obiettivi prestazionali specifici e misurabili volti a riconoscere maggiore autonomia e responsabilità del dipendente, che invece dovrebbero essere al centro dell'adozione dello smart working. Per alcune fasi ha visto la mancanza di una alternanza con la prestazione in ufficio e nessuna attenzione ai tempi, al famoso diritto alla disconnessione, con i vantaggi e gli svantaggi, anche in termini di gestione dei carichi familiari, legati alla necessità di adibire una dimora privata a luogo di svolgimento principale dell'attività lavorativa, a cominciare dalla postazione per finire all'utilizzo di laptop e computer personali. Nessun coinvolgimento adeguato delle parti sociali è stato fatto affinché si contemperasse una prestazione di lavoro adeguata al rispetto dei valori e dei diritti dei dipendenti pubblici. Nessuna conoscenza acquisita nel tempo sul benessere del lavoratore e dell'ambiente di lavoro in cui opera è stata oggetto di ripensamento in chiave smart.

Una mera traslazione fuori ufficio delle logiche proprie della prestazione in presenza, ossia quello che è avvenuto durante la pandemia, contraddice sia la filosofia manageriale dello smart working sia gli stessi desiderata della direttiva che doveva dare implementazione al lavoro agile nella Pubblica amministrazione. La sperimentazione emergenziale ha portato a dover prescindere da una valutazione attenta delle diverse posizioni lavorative anche in termini di responsabilità e connessione tra le varie figure. Sono rimaste del tutto in secondo piano le finalità proprie dello strumento: il miglioramento della conciliazione vita-lavoro e l'aumento della produttività.

Il terzo abbaglio, conseguente, riguarda il presunto aumento di produttività delle Pubbliche amministrazioni. Chi produce statistiche sullo smart working emergenziale nella Pa da quali dati attinge? Al momento non possediamo una panoramica completa delle informazioni relative all'andamento della produttività collegata al lavoro agile nel 2020. E non la abbiamo per i motivi elencati sopra: è mancata la programmazione, è mancata la definizione dei target e degli obiettivi e sono mancati gli strumenti informatici per la raccolta e analisi dei dati e per il monitoraggio dei risultati raggiunti. Piuttosto abbiamo registrato lamentele da parte di imprese e cittadini che hanno sperimentato (comprensibili) ritardi nella loro interlocuzione con le amministrazioni pubbliche, a causa della mancanza di personale sul posto di lavoro. Dunque nessuno è in condizioni di dipingere un quadro attendibile dall'esperienza che abbiamo vissuto.

Veniamo alla quarta tesi propugnata dai difensori del lavoro da casa: il paragone con il settore privato, e in particolare con quello dell'high-tech. Del tutto fuorviante. Paragonare un ministero o, ancora peggio, un Comune a Google o Apple oppure alle imprese del settore bancario e assicurativo è sbagliato. Innanzitutto perché i servizi offerti differiscono radicalmente. In secondo luogo, perché le Pubbliche amministrazioni non rispondono alle logiche di mercato, centrate sullo scopo di lucro, ma alla logica dell'universalità dei servizi. Le aziende private possono anche eliminare il front office o l'interazione fisica con il cliente. Se lo facesse la Pubblica amministrazione, invece, priverebbe dell'accesso ai servizi ampie fasce della popolazione. C'è, inoltre, un ulteriore motivo per cui il confronto è improprio: molte delle aziende citate ricorrevano allo smart working, con regole e obiettivi prefissati, già ben prima della pandemia. Con il Covid hanno soltanto esteso questa modalità di lavoro, già strutturata, che adesso per la gran parte stanno abbandonando: segnaliamo come le principali banche e società di consulenza stanno richiamando in ufficio la maggioranza dei loro dipendenti, consentendo in modalità da remoto una parte minoritaria del tempo di lavoro, perché si è preso atto che lo sviluppo della cultura organizzativa e la crescita personale non possono prescindere dall'interazione fisica delle persone.

Immeritata e fuori luogo, infine – e passiamo al quinto punto – l'accusa di neoluddismo e di ritorno al passato. Grazie alla spinta del Piano nazionale di ripresa e resilienza, ma non solo, il governo sta attuando una delle più grandi rivoluzioni che il Paese abbia mai conosciuto. Per restare soltanto alla Pa, abbiamo sbloccato e digitalizzato i concorsi, semplificato le procedure ed eliminato i colli di bottiglia che potrebbero frenare le transizioni digitale ed ecologica, introdotto modalità di selezione del personale rapide e moderne, in linea con gli standard europei, creato un portale nazionale del reclutamento che già da ottobre consentirà a chiunque vorrà lavorare con la Pa di candidarsi con un clic.

L'infrastruttura necessaria per i progetti di trasformazione digitale, come il cloud e la condivisione dei dati, sta procedendo con forza e con l'appoggio di tutto il governo. In pochi mesi, abbiamo costruito l'impalcatura pubblica per sostenere la ripresa economica, che viaggia a ritmi che non vedevamo dagli anni sessanta. Ma questo cantiere ha bisogno di tutto il capitale umano disponibile, quello attuale – prezioso conoscitore della macchina amministrativa e quello nuovo. Le decine di migliaia di persone – giovani laureati e professionisti con maggiore esperienza – che saranno assunte nelle Pubbliche amministrazioni per il Piano nazionale di ripresa e resilienza (Pnrr) non potranno certo inserirsi efficacemente nel contesto lavorativo se metà dei loro colleghi sarà ancora in smart working, a casa. Come potrebbe avvenire l'indispensabile attività di training? Come alimentare lo spirito di squadra e la necessaria osmosi di competenze? Noi vogliamo arrivare in breve tempo alla possibilità di un vero smart working nella Pa, ma per farlo dobbiamo prima tornare alla normalità post-emergenziale.

«Normalità» non è una brutta parola: il Covid-19 dovrebbe avercelo insegnato. Le riforme che stiamo attuando servono proprio a proiettarci verso una nuova «normalità», dalla quale ripartire. Ma per entrarci dobbiamo necessariamente abbandonare modelli regressivi e improvvisati e lavorare con il motore a pieni giri a costruirne di nuovi. Lo smart working emergenziale è stato un passaggio utile ad aumentare la consapevolezza sui vantaggi del lavoro da remoto e ad accelerare l'alfabetizzazione digitale dei dipendenti pubblici. Ma adesso, per accompagnare la ripresa del Paese e assicurare a cittadini, imprese e famiglie servizi adeguati, bisogna tornare in presenza, anche per smaltire velocemente le montagne di arretrati che la pandemia ha contribuito ad aumentare. Davanti al rallentamento dei servizi e alle code agli sportelli, l'Italia che lavora e che produce non capisce affatto il dibattito sullo smart working alimentato dai guru della sociologia del lavoro e dell'innovazione tecnologica. Né lo comprende – e, anzi, lo considera un privilegio – quella parte significativa del pubblico impiego che non ha mai potuto usufruire del lavoro da casa: medici, infermieri, forze dell'ordine e in tempi più recenti il mondo della scuola, tutta la prima linea nella resistenza alla pandemia.

L'esperienza non sarà cancellata, al contrario: sarà una lezione.

Grazie alle riforme messe in campo dal governo, possiamo risolvere tutti i nodi emersi, definire le regole contrattuali e dotare la Pa dell'infrastruttura digitale adatta e sicura. Non sarà un percorso rapido, né semplice, ma dobbiamo procedere in questa direzione. Con una efficace azione riformatrice, il coinvolgimento delle parti sociali e di tutta la Pubblica amministrazione possiamo realizzare uno smart working che sia realmente un ulteriore strumento a disposizione per migliorare l'efficienza delle Pubbliche amministrazioni. Lo smart working, però, quello vero: dalla parte dei cittadini e dalla parte delle imprese.

«Il Foglio», 9 settembre 2021

DA BIAGI A BIAGI: È TEMPO DI UNO STATUTO DELLA PERSONA

Non può essere lasciato cadere l'invito di Mattia Feltri, indirizzato principalmente alla sinistra italiana, di riprendere in mano con decisione la questione del lavoro con l'obiettivo di riscrivere lo Statuto dei lavoratori degli anni settanta. Non tanto e non solo perché la litania del liberismo selvaggio promosso dalle destre negli ultimi decenni è largamente fuorviante, oltre che storicamente infondata. Basti pensare anche solo ai padrini politici della prima robusta flessibilizzazione del nostro mercato del lavoro (Romano Prodi con il «pacchetto Treu» del 1996/1997) e agli artefici del definitivo superamento dell'articolo 18 dello Statuto dei lavoratori (il Pd di Matteo Renzi con il suo «Jobs Act» di ispirazione obamiana).

L'urgenza del tema lavoro, la comprensione delle sue nuove forme e manifestazioni e la messa a punto di nuove e più effettive tutele, è infatti centrale in questa straordinaria fase di ripresa post-pandemica e di costruzione dell'Italia che verrà, grazie alle ingenti risorse legate al Piano nazionale di ripresa e resilienza. E non può che essere così almeno per chi – come farebbe oggi lo stesso Giacomo Brodolini, il padre politico dello Statuto dei lavoratori – ha sempre scelto di stare da una parte sola, dalla parte dei lavoratori. Perché lo Statuto dei lavoratori non può essere inteso – e certamente così non è nato – come una bandiera di questa o quella parte politica, ma piuttosto come risposta matura, e però storicamente condizionata nel suo strumentario tecnico e nel suo retroterra culturale, alle esigenze di tutela della libertà e della dignità della persona rispetto ai contesti produttivi e di lavoro del Novecento industriale e fordista.

Un nuovo ordine economico e sociale per un nuovo mondo

Dice molto bene Mattia Feltri: il lavoro crea identità e appartenenza. Va oltre il mercato e le relative dinamiche di scambio perché forma la persona e configura il sociale. Rivendica diritti, istanze di inclusione e di cittadinanza, ma anche libertà e responsabilità. Sul mercato del lavoro si scambia una «merce» del tutto particolare: una merce che pensa, impara, reagisce, si arrabbia, manifesta passioni, attrazioni, affettività, repulsioni, che sa essere razionale e irrazionale, che esprime le pulsioni insopprimibili del dono, della solidarietà e della partecipazione e che, dunque, mal si presta a modellizzazioni e astrazioni universalistiche.

Il nuovo lavoro, il lavoro che cambia, chiede rappresentanza politica. Alimenta, nella costruzione tecnica della professionalità e nella divisione sociale del lavoro, non solo un senso di comunità, ma anche dinamiche positive di coesione e solidarietà. Impossibile, insomma, rilanciare il nostro Paese e consegnare alle più giovani generazioni un senso di fiducia e di speranza nel futuro senza chiudere una volta per tutte, al di là di contrapposizioni formali e logiche di appartenenza politica, la gloriosa stagione di uno Statuto dei lavoratori ancora profondamente calato negli schemi produttivi e organizzativi del Novecento e avviarci definitivamente nella messa a punto di un nuovo ordine economico e sociale. Impossibile che possa emergere dall'asfittico limbo di un eterno «postfordismo» che segna la fine della società del lavoro salariato annunciata dalla analisi sociologica più di cinquant'anni fa, proprio mentre il Parlamento confezionava il testo della legge 300 del 20 maggio 1970, lo Statuto appunto.

Il mondo da allora è profondamente cambiato e non solo per le conseguenze di una incessante evoluzione tecnologica a basso tasso di occupazione e crescita, alla quale abbiamo reagito con risposte sin qui timorose e deboli, che hanno finito col condurci nelle sabbie mobili di una società dei salariati imbalsamati.

Non è un caso che sia oggi l'incerta e timida transizione ecologica appena avviata a preoccupare, più di ogni altro fattore, decisori politici e attori della rappresentanza di imprese e lavoro, per via del suo prevedibile impatto occupazionale su interi settori produttivi e cioè sulla vita e le prospettive lavorative di milioni di lavoratori dei settori tradizionali oltre che di quelli energetici. Impatto che, per non risultare devastante e sanguinoso, non può essere certo governato con formalismi giuridici come il blocco *sine die* dei licenziamenti e con una rigida tutela del posto di lavoro. Ed è qui che rimpiangiamo i generosi tentativi, compiuti con la legge Biagi, di ripensare in modo pragmatico l'organizzazione e la disciplina del mercato del lavoro, partendo dalla difesa non del «posto», ma della persona del lavoratore in carne e ossa, della sua professionalità e della sua occupabilità, mediante la predisposizione di politiche attive e moderni meccanismi di protezione sociale e di governo attivo delle inevitabili e continue transizioni occupazionali.

Occorre allargare lo sguardo e l'analisi economica ai fenomeni che rientrano nell'ambito degli atteggiamenti sociali, individuando nuovi filtri interpretativi e nuovi approcci adeguati alle scommesse di crescita e modernizzazione raccolte nel Pnrr: una nuova «cassetta degli attrezzi» che continui a ricercare la sintesi tra libertà, uguaglianza ed efficienza, ma che superi banalizzazioni e contrapposizioni anacronistiche.

L'errore di una difesa a oltranza dei feticci del passato

La lezione degli ultimi decenni, se andiamo oltre le letture normalizzanti delle recenti e numerose riforme del mercato del lavoro, etichettate in funzione di una sterile contrapposizione tra destra e sinistra, ci conferma che ciò di cui dobbiamo davvero preoccuparci non sono le turbolente transizioni in atto su scala globale e le radicali trasformazioni attese nella nostra società e nella nostra economia. Perché il vero problema è la difesa a oltranza dei feticci e dei vecchi e gloriosi arnesi del passato. L'attuale confusa e superficiale contesa sulle possibili linee di sviluppo dello smart working post-emergenziale ci pare ben rappresentare i profondi limiti di un dibattito pubblico, politico ma anche sindacale, sul lavoro, non solo lontano dai paradigmi di una inevitabile transizione digitale, ma ancora pesantemente ingabbiato da regole giuridiche e modelli culturali del Novecento (ne abbiamo parlato diffusamente in un recente working paper).

Da un lato si schierano quanti temono un ritorno al passato, rispetto a una forma di lavoro accolta con diffidenza prima della inaspettata popolarità causata dalla pandemia, e che tuttavia è formalmente centrata sul concetto di subordinazione che, per definizione giuridica, implica inevitabilmente la cessione al datore di lavoro di un «tempo di lavoro» che non può essere governato in autonomia e senza controlli come avviene invece per il lavoro autonomo professionale. Dall'altro lato si pongono coloro che, forti di talune oggettive criticità emerse durante questi mesi di sperimentazione di massa decisamente improvvisata, sollecitano una contrattualizzazione dello strumento e, soprattutto, nuovi ed effettivi criteri di misurazione ed esecuzione di una prestazione di lavoro che, in quando parametrata sul risultato, supera le logiche della grande invenzione del capitalismo, così come lo abbiamo conosciuto nei secoli passati, e cioè il mercato del tempo di lavoro.

Superare definitivamente contrapposizioni ideologiche e massimaliste sul lavoro, e le tante bandierine attorno a cui si è consumata la battaglia per contrastare l'inevitabile declino della società salariata, aiuterebbe il nostro Paese a sopportare senza ulteriori traumi, dopo la crisi del debito sovrano e lo shock della emergenza pandemica, la lunga e non facile transizione verso quella che abbiamo iniziato a chiamare la nuova normalità.

La sfida delle transizioni e il rischio di fratture sociali

Per chi si occupa da tempo delle trasformazioni del lavoro è sufficientemente chiaro che l'emergenza sanitaria non abbia fatto altro che accelerare – e anche rendere più nitide all'opinione pubblica e ai decisori politici – alcune tendenze da tempo in atto nel mercato del lavoro e comunemente ricondotte, in letteratura, al paradigma della quarta rivoluzione industriale. Tendenze «guidate» non tanto e non solo dagli inevitabili cambiamenti tecnologici, secondo una classica chiave di lettura di matrice marxista dei processi economici che tanto ha condizionato la riflessione anche recente sul lavoro, quanto piuttosto dai mutamenti sociali (demografici e ambientali, *in primis*) che hanno radicalmente trasformato i mercati del lavoro – da declinarsi oggi necessariamente al plurale – e che, come da tempo segnalato, caratterizzano la nuova modernità nei termini di una «società del rischio». Una società che nei fatti si colloca decisamente già oltre i contraddittori confini concettuali e terminologici della «società industriale» e del «lavoro produttivo» cristallizzati nello Statuto dei lavoratori degli anni settanta e rispetto alla quale fenomeni come le pandemie e altre catastrofi naturali sono tutt'altro che eccezionali o imprevedibili.

È la crisi della razionalità novecentesca del lavoro e delle sue regole giuridiche che contribuisce, insomma, alla creazione di un fossato sempre più profondo tra vincitori e sconfitti rispetto alle dinamiche economiche e sociali in atto. Dinamiche che azzerano quei «patti sociali» (più o meno espliciti) che nel corso del Novecento hanno garantito benessere, stabilità e sicurezza per la gran parte degli individui coinvolti. Dalle regole salariali a quelle democratiche, da quelle sul welfare a quelle sulla competizione e sulla azione dei mercati in condizioni di concorrenza.

È facile intuire che questo diventa il problema maggiore per il futuro della nostra società e delle prospettive di attuazione del Pnrr, soprattutto sul versante della transizione ecologica e di quella digitale. Di fronte a questa sfida – e alla conseguente minaccia di una sempre più profonda frattura sociale tra chi è prigioniero di forme di lavoro povero, per retribuzioni ma anche per contenuti e bassa professionalizzazione, e chi è dotato di robuste e ricercate professionalità – si tratta di pensare con coraggio ai contenuti di un nuovo patto sociale. Siamo convinti che questo patto avrebbe maggiori margini di successo dentro la cornice di uno Statuto di tutti i lavoratori, come progettato da Marco Biagi ben venti anni fa, per dare linee di sviluppo e moderne protezioni a tutte le forme di lavoro (subordinato, etero-organizzato e autonomo) e la forza propulsiva di una contrattazione collettiva di prossimità, come tale vicina ai bisogni reali e diversificati di persone e imprese.

Puntare alla piena occupazione come bene pubblico inderogabile

Ribaltiamo insomma la prospettiva con cui guardiamo al lavoro. Invece di tener fisso il salario di chi ha lavoro, e mobile il rapporto tra occupati e disoccupati, invertiamo le priorità. Puntiamo alla piena occupazione come bene pubblico inderogabile. Ci sono oggi le condizioni per scrivere uno Statuto professionale della persona da ricondurre a una strategia di sviluppo della carriera professionale, da intendersi quale moderna forma di «proprietà» del lavoro, capace di intercettare, in coerenza al pluralismo e alla frammentazione dei mercati transizionali, tutte le moderne espressioni del lavoro, fino al punto di includere nel ragionamento giuridico anche quanto si colloca oltre il (mercato del) lavoro produttivo: studio e formazione, lavoro sociale e di cura, volontariato, economia sociale.

Una prospettiva, quest'ultima, che non solo supera la contrapposizione tra mercati interni e mercati esterni del lavoro, su cui poggiava il sistema della stabilità del posto di lavoro, ma anche la rigida contrapposizione, tipica della visione industrialista, tra lavoro professionale e lavoro dipendente, tra sistema educativo/formativo e mercato del lavoro, tra vita, salute e lavoro, e, più in generale, tra tutto quanto è regolato da un contratto di lavoro dipendente rispetto ad altre attività e occupazioni che sono tuttavia in grado di accrescere l'occupabilità e le capacità delle persone.

È l'«utopia positiva», ieri possibile, oggi doverosa: il passaggio da una società a retribuzione fissa verso la società post-industriale centrata sulla connettività e sulle reti, da un mondo di salariati sempre sull'orlo dell'abisso della disoccupazione a un pianeta della piena occupazione, in cui i lavoratori partecipino ai rischi d'impresa. Non è più adeguato ai tempi un sistema che ha fatto del salario il feticcio, fisso, e dell'occupazione e del capitale umano la variabile di aggiustamento. La prospettiva deve essere ribaltata.

L'attenzione alle dinamiche reali dei mercati del lavoro impone, in ogni caso, di sottoporre a revisione critica l'idea stessa di lavoro attorno a cui è stato edificato nel tempo – in termini prevalentemente difensivi e di polemica contro il mercato – l'ordinamento posto dal diritto del lavoro attraverso la norma inderogabile di legge e di contratto collettivo. Può essere utile ricordare, in proposito, la lezione di Bruno Trentin sulla divisione tecnica del lavoro di epoca fordista e sulle conseguenze (dell'avvio) del tramonto del concetto di «lavoro astratto» di marxiana memoria. Una lezione largamente inascoltata. Per molti, di nuovo, un'utopia. Per noi uno snodo oggi obbligato per governare le dinamiche della quarta rivoluzione industriale e, come suggeriva lo stesso Trentin, per portare finalmente il lavoro a divenire sempre più conoscenza, manifestazione di creatività, partecipazione e libertà.

Dalla «libertà dal lavoro» alla «libertà del lavoro»

Non possiamo neppure dimenticare, rispetto ai comprensibili timori di intervenire su una normativa simbolica per le tutele del lavoro, che lo Statuto dei lavoratori è stato il punto di arrivo di un complesso processo di rivoluzioni industriali che non poteva non riflettere il paradigma produttivo del tempo ancora incentrato sulla contrapposizione tra capitale e lavoro. Una contrapposizione strutturale e programmatica teorizzata attraverso una organizzazione scientifica del lavoro che finiva il più delle volte con l'assimilare la persona del lavoratore alla macchina e con il considerare la forza lavoro salariata intercambiabile e standardizzata. Le prospettive dello sviluppo economico, invece, aprono oggi spazi inesplorati per valorizzare la dimensione soggettiva e creativa del lavoro e cioè la dimensione di senso e di partecipazione che deve accompagnare e integrare l'inevitabile dimensione economicista e di scambio.

Pur con tutte le paure e insicurezze che questo comporta, l'essere umano ha nelle sue mani – nell'utilizzo consapevole di tecnologie che riducono i lavori faticosi e ripetitivi e nella possibilità di una più equa distribuzione di una ricchezza mai conosciuta nella storia della umanità – un percorso verso la conquista non solo di quella libertà nel lavoro di cui si è sin qui occupata la legislazione protettiva del lavoro, ma anche della libertà del lavoro: l'affermazione della propria dignità e personalità attraverso il lavoro, tutt'altra cosa rispetto a una semplicistica liberazione dal lavoro suggerita da chi spinge per un reddito incondizionato di cittadinanza che prescinda dallo svolgimento di un mestiere o una professione. Nessuna presa di posizione da parte nostra tra gli opposti schieramenti che si confrontano sul futuro del lavoro e cioè tecno-ottimisti contro tecno-pessimisti. Semmai la convinzione che la tecnologia non sia un destino e che siano finalmente maturate le condizioni per ribaltare quella concezione industrialista del mondo, della società e del diritto che ha fatto delle persone e del lavoro niente altro che un semplice accessorio del sistema economico e uno strumento propulsivo della società dei consumi.

Il principio e il metodo da confermare

Tutto questo non significa cancellare le conquiste dello Statuto dei lavoratori, ma ricordarci che esso è stato, innanzitutto, espressione di un principio e di un metodo che non possiamo che confermare. Il principio è quello della centralità concreta della persona nei processi economici, perché il lavoro non è solo un fattore della produzione, ma soprattutto un bisogno della persona nella sua dimensione sociale e relazionale. Il metodo è quello della partecipazione e del confronto, anche dialettico e conflittuale se serve, ma pur sempre orientato al pieno sviluppo della persona e della società, per la soluzione condivisa dei problemi del lavoro.

L'attualità della legge 300, a più di cinquant'anni dalla sua approvazione, sta dunque nella conferma del principio e del metodo in essa contenuti. I limiti stanno invece nella necessità di proseguire nel non facile processo di adeguamento ai tempi per renderla maggiormente coerente ai cambiamenti tecnologici, ambientali e demografici che hanno profondamente mutato i mercati del lavoro e i metodi di produzione. Se la sfida dell'industrialismo stava nella tutela del solo lavoro dipendente, oggi la domanda che emerge dalla società è quella di protezioni universali che concorrano alla libertà del lavoro e non solo alla libertà nel lavoro di cui si è sin qui occupato lo Statuto. Perché, a ben vedere, il vero problema del lavoro oggi è la sempre più intollerabile frattura tra chi ha il privilegio di vivere il lavoro come libertà, crescita personale e gratificazione e chi invece ancora lo soffre come umiliazione, costrizione o pena.

In ogni caso, grazie allo Statuto dei lavoratori, l'attività lavorativa non solo ha registrato l'emersione di un (ancora) robusto apparato di tutele formali e di un articolato sistema di contrattazione collettiva, ma, soprattutto, è riuscita a liberarsi delle limitazioni imposte dall'essere considerata un mero fatto privato da affidare al solo diritto dei contratti.

L'intuizione di Biagi: un nuovo diritto per il lavoro

Per lo studioso del lavoro, di qualunque estrazione o convinzione ideologica o politica, questa acquisizione non può non rappresentare un punto di non ritorno. Per rendere effettivo per milioni di lavoratori in carne e ossa il principio etico-giuridico secondo cui il lavoro non è una merce, o meglio è quella «merce» particolare di cui parlavamo sopra, resta allora da ricostruire quello spazio dell'azione politica che pare oggi profondamente degradato e che, tuttavia, risulta imprescindibile per ripensare su basi più aderenti alla realtà gli snodi culturali, istituzionali e normativi di quella ampia parte della relazione tra l'economia e la società che è mediata dal lavoro o anche, sempre più spesso, dal problema della mancanza di un lavoro o di un lavoro decente.

Dopo le resistenze e i fallimenti degli anni passati è questa la stagione propizia per contribuire a scrivere un nuovo Statuto dei lavoratori. Un nuovo Statuto che, per quanto se ne parli da tempo, resta tuttavia ancora oggi poco più di una ipotesi progettuale, quella dello Statuto dei lavori di Marco Biagi, che porta le tutele formali del lavoro a ricongiungersi, tanto nel privato come nel settore pubblico, con i processi sociali di costruzione dei mestieri, delle competenze e delle professionalità al punto da configurare un nuovo diritto per il lavoro e per l'occupabilità di tutti. Non si tratta certo di rinnegare la componente tradizionale, nel suo nucleo essenziale, della tutela nel contratto di lavoro, ma di indirizzare la nostra attenzione anche alle continue transizioni occupazionali e soprattutto a quella libertà del lavoro di cui abbiamo parlato in precedenza. Una libertà da intendersi non in termini liberistici ma, almeno per chi ancora aspiri a una giustizia del lavoro, in chiave *liberal*, alla John Rawls per intenderci, con la semplice ambizione di concorrere pragmaticamente a rendere il nostro Paese più accettabile e giusto di come lo abbiamo trovato.

Le sfide e i rischi della transizione digitale ed ecologica impongono la ridefinizione della cornice, nel segno della coesione sociale. Il modello da seguire è quello del protocollo Ciampi-Giugni del 1993, che è riuscito ad agganciare e correggere alcune dinamiche dei processi di contrattazione collettiva ponendo fine alla stagione della «conflittualità permanente» e responsabilizzando per la prima volta la contrattazione collettiva, soprattutto al livello decentrato, rispetto alle istanze di efficienza e produttività e non solo a quelle, più tradizionali, di tipo distributivo. La rigida politica dei redditi degli anni novanta, che ancora condiziona le dinamiche contrattuali del nostro Paese, ha consentito di raggiungere l'obiettivo del risanamento dei conti pubblici e dell'ingresso dell'Italia nell'euro, ma ha esaurito la sua funzione e si è dimostrata irrilevante ai fini di una corretta allocazione dei fattori produttivi. La forbice tra salari contrattuali e quelli di fatto (in alto e in basso) si è aperta ulteriormente.

È necessario affrontare finalmente la questione salariale nel nostro Paese, tanto nel pubblico che nel privato, a condizione tuttavia di agganciare la contrattazione collettiva alle dinamiche della produttività in una prospettiva di reale partecipazione e di condivisione dei risultati.

Il nuovo patto sociale deve essere incentrato sulle competenze, la formazione e la riqualificazione professionale attraverso una maggiore e più convinta integrazione tra il sistema educativo, la formazione professionale e il mercato del lavoro. Un patto che, sulla scia di quanto già fatto per il lavoro pubblico con l'accordo governo-sindacati del 10 marzo scorso, metta al centro del confronto la costruzione sociale delle professionalità, dei talenti e dei mestieri. Un patto, ancora, che, nel valorizzare il ruolo adattivo e di prossimità della contrattazione collettiva in ragione delle diverse esigenze aziendali e settoriali, dovrebbe affrontare il nodo delle politiche attive e della formazione in chiave moderna, come gigantesca «ricarica delle batterie» del mondo del lavoro, e non in funzione meramente assistenziale e paternalistica. Accanto ai centri pubblici per l'impiego, vanno valorizzate le agenzie del lavoro e tutti gli attori privati accreditati per il sistema dei servizi al lavoro, tra cui i sistemi bilaterali espressi dai corpi intermedi per la formazione e per l'incontro tra la domanda e l'offerta di lavoro e per il welfare contrattuale.

Per cementare il bilateralismo e la condivisione delle strategie aziendali che si muovono nella direzione della trasformazione digitale ed ecologica si potrebbe, infine, pensare di dare finalmente attuazione all'articolo 46 della Costituzione con una legge in materia di partecipazione dei lavoratori e democrazia economica, in modo da superare alla radice, in una prospettiva di economia sociale di mercato, le spinte conflittuali che ancora tanto incidono sulla qualità delle nostre relazioni industriali.

Siamo a un bivio: cristallizzare la situazione attuale, senza peraltro garantire vera coesione sociale, oppure costruire davvero l'Italia del futuro, i nuovi mercati del lavoro e le nuove professionalità. È tempo di ri-formare il Paese.

«Huffington Post», 28 settembre 2021

NON SI TOCCA LA CASA DEGLI ITALIANI

«Il contribuente medio non si accorgerà di nulla: l'impegno che il governo prende è che nessuno pagherà di più o di meno. L'imposizione fiscale su case e terreni rimarrà invariata».

È stato il presidente del Consiglio, Mario Draghi, a fugare ogni dubbio ieri in conferenza stampa, dopo il via libera del Consiglio dei ministri al disegno di legge delega per la riforma del sistema fiscale. Il governo ha deciso esclusivamente di costruire «una base di informazione adeguata» sugli immobili presenti in tutto il territorio nazionale.

Un'operazione di trasparenza, di lotta al nero e al sommerso, che durerà cinque anni. Draghi è stato netto: «Se ne riparlerà dal 2026».

Possiamo affermare con orgoglio che la delega è un testo equilibrato, rispettoso delle numerose e significativamente diverse sensibilità delle forze politiche di maggioranza che sostengono il governo e che, in questi mesi di lavori preparatori, hanno contribuito, nelle competenti sedi parlamentari, a indicare priorità di azione e paletti invalicabili. Il ministro dell'Economia, Daniele Franco, ha saputo cucire sapientemente i desiderata e i *non possumus*.

Forza Italia ha presidiato con successo le questioni più spinose, a cominciare da quella particolarmente delicata della riforma, appunto, del catasto. Essenziale per combattere l'opacità, favorire l'emersione di immobili e terreni non accatastati, modernizzare gli strumenti di rilevazione e integrare le informazioni sui fabbricati attualmente presenti nel catasto, ma accompagnata (presidiata) dalla espressa previsione che le informazioni ottenute secondo il «nuovo catasto» «non siano utilizzate per la determinazione della base imponibile dei tributi la cui applicazione si fonda sulle risultanze catastali». Una norma che neutralizza ogni rischio fiscale della riforma.

Gli estimi, le rendite e i valori patrimoniali per la determinazione delle imposte rimangono quelli attuali. Nessun impatto si avrà sui redditi rilevanti per le prestazioni sociali.

Si tratta, dunque, di una riformulazione volta esclusivamente ad ammodernare il patrimonio informativo e statistico e testarlo con i dovuti tempi nei suoi possibili riflessi. Resterà in capo a un futuro governo e a una futura maggioranza politica nel 2026 il compito di valutare se e come impiegarlo nelle sue ricadute fiscali. Tenendo presente quanto ha sottolineato Draghi: l'obiettivo generale della delega è quello di ridurre il gettito complessivo, non di aumentarlo.

Ecco perché la mappatura spalmata in cinque anni e senza ricadute fiscali è una scelta intelligente e responsabile, ed è la più evidente tra le vittorie di Forza Italia, tra le molte incassate nel testo appena approvato, come l'abolizione dell'Irap.

Dopo il via libera del Parlamento, il governo avrà diciotto mesi per attuare la delega fiscale emanando i relativi decreti legislativi attuativi. Nessun esecutivo sostenuto dai voti di Forza Italia potrà avallare una riforma del catasto punitiva che sprema ancora di più il settore immobiliare o che si abbatta sul ceto medio con il solito alibi dell'equità nell'invarianza di gettito complessivo.

Noi terremo la barra dritta. La casa degli italiani non si tocca, né ora né mai.

«Il Giornale», 6 ottobre 2021

IL DEBITO È SOSTENIBILE SOLO CON LE RIFORME

Una tempesta in un bicchier d'acqua. Per davvero oppure no, uno dei partner del governo, la Lega, diserta il Consiglio dei ministri sul disegno di legge delega fiscale perché non ci sarebbe stato il tempo utile per studiare gli articoli della riforma del fisco. Una polemica che crea qualche fibrillazione politica, ma che certo non mette in discussione i tempi delle riforme del governo Draghi. Riduzione delle variazioni eccessive (salti) tra le varie aliquote Irpef, semplificazione dell'Ires, razionalizzazione dell'Iva al fine di ridurre l'evasione, riordino della giungla normativa e modernizzazione del catasto. Chiaro, ancora una volta, il messaggio del presidente Draghi: la riforma «non intende aumentare, ma diminuire il gettito complessivo». Una riforma fiscale a favore di cittadini e imprese, dunque. Una riforma per una crescita economica del nostro Paese che negli anni a venire dovrà essere sostenuta e duratura. E via così...

L'idea di continuare a sostenere la crescita con azioni espansive di politica economica, del resto, arriva anche dall'Europa. I ministri dell'Economia riuniti nell'Eurogruppo tenutosi in Lussemburgo lunedì 4 ottobre sono concordi nel ritenere che l'attuale rialzo dei prezzi dell'energia, con aumenti a doppia cifra, non avrà effetti permanenti sul tasso di inflazione che, è bene ricordarlo, nell'area euro è atteso salire al +3,4 per cento a settembre, il livello più alto degli ultimi tredici anni. Al contempo, resta evidentemente alta la preoccupazione dei ministri per gli impatti economico-sociali del rialzo dei prezzi energetici che potrebbero colpire cittadini e imprese. L'Eurogruppo, nelle conclusioni del suo presidente, l'irlandese Paschal Donohoe, prevede di tenere conto di questi rischi anche nelle sue azioni di politica di bilancio, ma al fine di garantire che questi non compromettano la ripresa in corso. Dunque, di nuovo centralità del tema crescita e del suo sostegno.

Rischi o, peggio ancora, pericoli che, se non governati adeguatamente, potrebbero minare il quadro macroeconomico delineato nella Nota di aggiornamento al Documento di economia e finanza (Nadef). Come indicato nella Nadef, con un Pil che salirà ben al di sopra delle nostre medie da zero virgola pre-Covid, avremo un rapporto debito/Pil che tornerà sul sentiero virtuoso della decrescita, attestandosi al 149,4 per cento nel 2022, al 147,6 nel 2023 e al 146,1 nel 2024. Uno scenario, quello della Nadef, che dovrà essere confermato già nella prossima legge di bilancio. Occorre agire per mettere in sicurezza la crescita economica, concentrando le risorse disponibili principalmente nel taglio delle tasse, per sostenere famiglie e imprese.

Crescita, e riduzione del debito, che potrebbero addirittura accelerare ancor di più rispetto allo scenario presentato nella Nadef, perché, grazie al Piano nazionale di ripresa e resilienza (Pnrr), gli investimenti e le riforme che saranno messi in campo, secondo un cronoprogramma ben definito con la Commissione europea, daranno stabilità all'azione politica, che è il presupposto della stabilità delle aspettative e del loro orientamento in un senso favorevole alla crescita economica. Ne consegue che il nostro debito pubblico risulta essere più sostenibile. Andiamo a vedere perché.

Cosa si intende esattamente per sostenibilità del debito pubblico?

Secondo una definizione del Fondo monetario internazionale comunemente accettata, un debito pubblico si definisce sostenibile se «uno Stato è in grado di far fronte alle proprie obbligazioni presenti e future senza dover richiedere assistenza finanziaria o incorrere in una situazione di default». Finora, il Tesoro italiano ha sempre onorato puntualmente tutte le proprie scadenze finanziarie. L'incertezza, quindi, riguarda soltanto le scadenze future. Per poter capire se e quanto il debito italiano è sostenibile, è necessario ricorrere a delle complesse analisi finanziarie, studiare la struttura del debito nelle sue diverse variabili (composizione, maturity media, rendimenti ecc.) e formulare delle ipotesi sugli scenari macroeconomici futuri. Un lavoro estremamente complesso.

In macroeconomia, l'espressione che si usa per valutare la sostenibilità del debito pubblico di un Paese è il cosiddetto *snowball effect*, ovvero la differenza tra il tasso di crescita nominale del Pil (dato dalla somma tra il tasso di crescita reale e il tasso d'inflazione) e il tasso d'interesse implicito del debito, identificabile solitamente nel rendimento medio. Per semplificare l'analisi, alcuni economisti hanno formulato delle teorie che utilizzano implicitamente lo *snowball effect*. Una delle più quotate è quella della «stagnazione secolare», proposta nel 1938 dall'economista Alvin Hansen e sviluppata in seguito da numerosi economisti, la quale ipotizza l'assenza «secolare», o di lungo periodo, di crescita dell'economia, dovuta a una assenza cronica della domanda. Secondo questa teoria, se l'economia si trova in una situazione di sottoccupazione secolare, la stagnazione fa in modo di evitare l'aumento dell'inflazione, contribuendo a tenere basso il livello di crescita nominale del Pil. Proprio l'assenza di inflazione consente alle banche centrali di mantenere i tassi d'interesse permanentemente bassi, creando spazi per lo sviluppo di politiche di bilancio basate sulla spesa in deficit.

Tale teoria, che ha iniziato a prendere piede nel nuovo millennio, grazie ai contributi di Larry Summers e Olivier Blanchard, è oggetto di discussione, anche per effetto dei risvolti dell'attuale crisi pandemica. Negli ultimi anni, in molti si erano illusi che l'inflazione non avrebbe più rappresentato un problema per l'economia internazionale. Con la recrudescenza inflazionistica in corso, tuttavia, l'ipotesi di una crescita che possa avvenire a «inflazione zero» per un prolungato periodo di tempo pone delle obiezioni alla teoria stessa.

Negli ultimi mesi, infatti, la fiammata sui prezzi, in particolare quella che sta riguardando i beni energetici, sta dimostrando che l'ipotesi della bassa inflazione permanente è, quanto meno, da mettere in discussione. Certamente, si potrebbe sostenere che un aumento dell'inflazione, a conti fatti, giova alla sostenibilità del nostro debito pubblico, dal momento che «gonfia» il Pil nominale e riduce, di conseguenza, il rapporto debito/Pil. Ma è altrettanto vero che quella che stiamo osservando è inflazione importata dall'estero e questo tipo di inflazione non fa bene all'economia perché riduce il potere d'acquisto di famiglie e imprese, costringendole a ridurre i loro consumi e gli investimenti e provocando, come effetto finale, una caduta del Pil. L'effetto netto potrebbe essere, quindi, negativo, e potrebbe mettere un freno all'eccezionale ripresa in corso.

Ma c'è un'altra considerazione da fare. Se è vero, infatti, che l'Italia ha un enorme problema di debito pubblico (ma su questo è in buona compagnia con Francia, Spagna e Belgio), è altrettanto vero che il nostro Paese può vantare un surplus commerciale invidiabile, derivante dall'elevato export del suo made in Italy, che è in grado di fare affluire dentro i confini nazionali ingenti risorse finanziarie. Una condizione, quella del surplus commerciale, che rende il profilo della nostra economia più simile a quello dei «virtuosi» Paesi del Nord (Germania e Olanda su tutti) che non a quello dei Paesi dell'area mediterranea, come Francia, Spagna, Grecia e Portogallo. Un dato, quello del surplus commerciale italiano, che è migliorato progressivamente negli ultimi anni, se si pensa che soltanto nel 2008 il nostro Paese registrava un deficit di oltre 78 miliardi di euro, per poi passare al pareggio nel 2013, mentre nel 2019 il saldo aveva assunto un segno positivo, pari a oltre 59 miliardi. In conclusione, mentre, l'Italia deve ripianare soltanto un deficit, quello di bilancio, altri Paesi ne devono ripianare due, quello di bilancio e quello commerciale.

Questi due deficit non sono slegati l'uno dall'altro, ma vincolati da un rapporto di causalità, almeno se si crede alla ipotesi dei *twin deficits* che si studia nella macroeconomia internazionale. Secondo questa ipotesi, il nesso di causalità tra i due deficit esisterebbe in quanto un Paese, che accresce il suo deficit di bilancio, deve necessariamente trovare risorse per finanziarlo e ciò è possibile soltanto in due modi: o incrementando il differenziale tra il risparmio del settore privato e gli investimenti (il che vuol dire che, a parità di risparmio, l'economia di un Paese dovrà subire un calo degli investimenti), oppure aumentando il deficit commerciale. Detto in altri termini, se le risorse generate dal commercio internazionale finanziano il deficit di bilancio, il disavanzo delle partite correnti cresce. Se il deficit di bilancio è, invece, finanziato dal risparmio del settore privato, si crea un effetto spiazzamento degli investimenti, soprattutto in una economia che si trova vicina alla piena occupazione. Per questo motivo, si dice che il deficit pubblico «causa» il deficit commerciale. Da qui l'uso dell'espressione *twin deficits*.

Un altro indicatore che è solitamente utilizzato per valutare la sostenibilità di lungo periodo del debito pubblico è quello della spesa per interessi in rapporto al Pil. Tuttavia, prevedere quale sarà la dinamica della spesa per interessi sul debito in un lungo periodo di tempo è difficile, soprattutto perché l'evidenza empirica mostra come questa dinamica sia molto variabile e dipendente dall'andamento dei tassi d'interesse. Per questo motivo, il ritenere che i tassi d'interesse e, di conseguenza, i rendimenti sui titoli di Stato (che ai primi sono correlati) rimarranno ai livelli attuali, cioè pari a zero o negativi, nei prossimi decenni, è pericoloso e fuorviante rispetto alla valutazione della sostenibilità del debito. Nel caso italiano, all'inizio degli anni novanta, la spesa per interessi pagati sul nostro debito rappresentava l'11 per cento circa del Pil, nonostante il rapporto debito/Pil fosse decisamente inferiore a quello attuale. Attualmente, la spesa per interessi ammonta a solo il 3,6 per cento del Pil. Ciò significa che oggi il Tesoro paga circa un terzo di quello che pagava nei primi anni novanta. Ancora, gli interessi sul debito, sempre nei primi anni novanta, rappresentavano ben il 43 per cento del gettito fiscale, mentre oggi questo valore è drasticamente sceso al 14 per cento. Tuttavia, come dicevamo sopra, questi valori dipendono dalla politica monetaria della Banca centrale, dall'inflazione e dalla crescita e potrebbero, quindi, tornare a salire in futuro. A fronte di questo rischio, grazie al Next Generation Eu, l'Italia nei prossimi anni sarà in parte coperta da questo pericolo perché finanzierà i suoi investimenti e progetti con debito europeo con rating tripla A. Il che ci garantisce che, almeno su questa parte di debito, i costi di emissione rimarranno più bassi relativamente a quelli che potrebbe sostenere il Tesoro per i nostri Btp, anche in caso di aumento dei tassi.

A giustificazione di quanto abbiamo appena scritto, il tasso d'inflazione dell'eurozona è previsto in rialzo e nel mese di settembre è atteso raggiungere il livello massimo degli ultimi tredici anni, al +3,4 per cento. Tredici anni fa, vale la pena ricordarlo, con un livello di inflazione simile a quello attuale, i tassi d'interesse nell'eurozona erano stati fissati dalla Bce al 4 per cento. Nel caso in cui dovessero tornare a quel livello, la spesa per interessi tornerebbe subito a crescere, per tutti i Paesi europei, considerando, tra le altre cose, che lo stock di debito e l'ammontare di titoli da emettere anno per anno (rollover) è, rispetto a tredici anni fa, di molto aumentato (sempre per tutti i Paesi europei). In questa eventualità, l'utilizzo del criterio del costo del servizio del debito in rapporto al Pil può essere controproducente.

Occorre ricordare, inoltre, che il Tesoro, negli ultimi anni, ha sfruttato ottimamente l'occasione offerta dalla politica dei bassi tassi d'interesse praticata dalla Banca centrale europea per allungare la duration del nostro debito a circa sette anni, contro i circa tre anni dei primi anni novanta. Questa scelta di debt management è stata fondamentale per la nostra finanza pubblica, perché ha portato la scadenza media dei nostri titoli di Stato a circa sette anni, cosicché il nostro debito è ora in grado di subire meno, dal punto di vista del costo finanziario, le conseguenze di shock avversi, quali l'aumento dello spread e dei tassi d'interesse. Tutto questo contribuisce a rendere più sostenibile il nostro debito pubblico.

Infine, se consideriamo, poi, il debito del settore privato italiano, esso, contrariamente a quello del settore pubblico, è ben al di sotto della media europea. Più nello specifico, il debito privato delle famiglie italiane è stato pari, nel 2019, al 41 per cento del Pil, mentre quello delle aziende italiane al 70 per cento del Pil. Tanto per fare un paragone, gli stessi valori relativi all'Olanda sono pari al 102 e 169 per cento, rispettivamente. Decisamente molto più alti. L'avere a disposizione un basso debito privato, accoppiato a uno stock crescente di risparmio privato, è indubbiamente da considerare come un ulteriore elemento di sostenibilità del debito pubblico.

È utile, allora, tradurre le semplici relazioni di contabilità pubblica descritte sopra in chiave di politica economica. Se l'Italia continuasse a consolidare le proprie finanze pubbliche, riprendendo il percorso virtuoso iniziato diversi anni fa con il raggiungimento di significativi surplus primari e che, prima della crisi da pandemia, l'aveva portata vicina al raggiungimento del pareggio di bilancio, la sua economia potrebbe registrare un surplus commerciale ancora più elevato. Oppure, a parità di questo, potrebbe aumentare i propri investimenti interni (spesa «buona»), che poi rappresentano la base per aumentare la produttività dell'economia e, quindi, il Pil. Un Pil più alto vuol dire un rapporto debito/Pil più basso.

Alla luce delle incertezze e dei rischi che l'economia dell'eurozona sta affrontando occorre, quindi, mettere in sicurezza la crescita usando al meglio tutte le risorse disponibili e accelerare sulle riforme. Due facce della stessa medaglia: le riforme corrono se l'economia cresce, altrimenti prevale la paura del cambiamento, l'immobilismo. Stando agli ultimi rilevamenti effettuati dalla Ragioneria generale dello Stato, emergerebbe, nelle pieghe del bilancio statale, un maggior spazio fiscale per 3-4 miliardi di euro, dovuto tanto al maggior gettito fiscale, quanto al minor tiraggio della spesa relativa ad alcune politiche di sostegno al reddito introdotte per fronteggiare la crisi pandemica.

Queste risorse inaspettate si sommerebbero ai 22 miliardi a disposizione del governo per la prossima legge di bilancio e vanno restituite a famiglie e imprese, senza sprecarle in spesa «cattiva», ma concentrandole tutte nel taglio delle tasse. Fare una politica di *front-loading* quest'anno per ridurre ampiamente il cuneo fiscale, la policy ritenuta dal Fondo monetario e dalla Commissione europea come la più favorevole alla crescita duratura del Pil, il miglior esempio di spesa «buona». Di pari passo con la legge di bilancio, usiamo, dunque, bene i diciotto mesi di tempo per completare la riforma fiscale con la scrittura dei decreti delegati per una revisione del fisco italiano che ci renda più europei, moderni ed efficienti. Insomma, le riforme per la crescita e la crescita per cambiare l'Italia.

Altra storia non c'è.

«Il Foglio», 10 ottobre 2021

IL VENTO NUOVO CHE SOFFIA NELL'UNIONE. PIÙ EUROPA, QUELLA SUGGERITA DA DRAGHI A JACKSON HOLE

Helmut Kohl amava dire: «Nel dubbio, per l'Europa». L'Europa che, come sosteneva un altro grande architetto dell'Unione europea, Jean Monnet, «sarà forgiata nelle crisi e sarà la somma delle soluzioni adottate per quelle crisi». Da economista e politico impegnato prima al Parlamento europeo, per quasi dieci anni, e poi in Italia anche in ruoli di governo, ho sempre ispirato la mia attività a questi due aforismi del processo di costruzione dell'Unione. Il cuore dell'europeismo.

Ripercorrendo alcuni dei momenti più difficili che l'Ue ha vissuto negli ultimi anni, e i passaggi da una crisi all'altra, tuttavia, ci accorgiamo che le soluzioni approntate sono state di differente impatto sul progresso della nostra casa comune. A volte ci hanno fatto fare dei passi avanti; in altre occasioni, magari, ci hanno imposto dei rallentamenti. Dei momenti di stallo. Dalla crisi dei Paesi baltici del 2008 alla tragica passeggiata Merkel-Macron a Deauville del 2010, fino all'importante discorso dell'allora presidente della Bce, Mario Draghi, a Jackson Hole nel 2014, il meeting annuale dei governatori delle banche centrali.

Ci ricordiamo bene quegli anni, quando le istituzioni europee bacchettavano i Paesi del Sud dell'Europa, le cicale, a colpi di zero virgola sui deficit di bilancio, mentre quelli del Nord, le formiche, accumulavano surplus di bilancia commerciale evitando di dare una spinta all'economia reale con politiche di reflazione della domanda interna.

Con quel discorso a Jackson Hole, Draghi rilanciò con forza il monito che, da presidente della Bce, aveva sempre ripetuto ai governi: non lasciate le banche centrali da sole. Chiedeva agli Stati di fare la loro parte con politiche di bilancio espansive, pur nel rispetto della sostenibilità di lungo periodo delle finanze pubbliche, in modo tale da accompagnare il meccanismo di trasmissione della politica monetaria all'economia reale.

In pratica, sollecitava i governi a dare la possibilità a famiglie e imprese di investire, mettendo in circolo la leva finanziaria.

Quel monito fondamentale del presidente della Bce allora non ebbe riscontro e le crisi dei primi due decenni di questo millennio hanno dimostrato tutta la debolezza dell'Unione europea. Ma, e qui è il punto di svolta, se la crisi del 2008-2011 ha ottenuto risposte miopi, quella pandemica sembra totalmente diversa.

Il Next Generation Eu, di fatto, altro non è che l'attuazione di quanto sostenuto da Draghi nel 2014 a Jackson Hole. Una sorta di spinta alla reflazione, alle riforme, agli investimenti, in maniera tale che le politiche monetarie non convenzionali delle banche centrali siano accompagnate da politiche di bilancio dei singoli Paesi, con risorse messe in gran parte a disposizione dall'Unione europea. Il giusto mix di politiche monetarie e di bilancio viene, dunque, realizzato non per autonoma scelta degli Stati, ma per il coraggio lungimirante, da vera statista, di Angela Merkel, che ha deciso di indebitare l'Ue.

Una decisione che, indubbiamente, non è stata semplice da prendere, mentre il continente e il mondo intero erano travolti da una pandemia che saturava le terapie intensive degli ospedali e mieteva oltre un milione di vittime in Europa.

Il cambio di passo avvenuto da aprile-maggio 2020 è frutto di tre eresie e di due rotture.

Prima eresia: il Temporary Framework. La Commissione europea, quasi a cuor leggero, rende compatibili gli aiuti di Stato contro le sue stesse regole sulla concorrenza per salvare le economie del Continente. Quasi un «liberi tutti». Contestualmente, attiva la *general escape clause*, ossia la sospensione del Patto di stabilità e crescita, di fatto smontando le regole con cui imponeva «i compiti a casa» e la politica di bilancio del «sangue, sudore e lacrime». Infine, terza eresia, mette a terra proprio quello che, qualche anno prima, Draghi sollecitava: politiche di bilancio espansive di ausilio all'azione delle banche centrali.

Tutto questo è stato a sua volta possibile grazie a due «rotture» fondamentali, queste sì di valenza storica. La prima risale al 26 luglio 2012, quando Draghi, pronunciando la famosa frase «la Bce è pronta a fare tutto il necessario a preservare l'euro. E credetemi: sarà abbastanza» salva in un colpo solo l'euro e l'Europa. Lo fa andando necessariamente e consapevolmente oltre il suo mandato di presidente della Bce.

La seconda «rottura» avviene quando Merkel, nel 2020, cambia idea. Viene meno la risolutezza ribadita più volte, fino a pochi mesi prima della decisione sul Ngeu, della posizione tedesca contraria a qualsiasi forma di indebitamento dell'Ue. Si comincia a parlare di «momento Merkel» e ci si indebita per reagire alla pandemia. In poco, pochissimo, tempo viene ipotizzato, deciso e attuato lo strumento che supera lo schema con il quale si era sempre operato, permettendo all'Unione europea di indebitarsi sui mercati finanziari per raccogliere risorse da assegnare ai Paesi membri sotto forma di loan e grant, e garantendo così, anche agli Stati più esposti al rischio di mercato, la tripla A del debito sottoscritto dalla Commissione europea. È una assoluta cesura con il passato.

Questo nuovo approccio, fuori dai canonici schemi eccessivamente rigidi dei compromessi al ribasso europei, ha messo in evidenza il seguente paradosso: l'Europa si sta salvando solo sospendendo le sue stesse regole. Un bellissimo esempio di libertà, fantasia, democrazia.

A questo proposito, in questi mesi è in corso un dibattito sulla riforma del Patto di stabilità. Se l'intento è quello di ritoccare queste regole e i relativi parametri, che negli ultimi anni sono stati fin troppo complicati e poco rispettati – come ricorda anche Marco Buti nel suo ultimo libro *The man inside* quando parla di «piramidi invertite» e lotta contro i «contratti completi» – rischiamo di ammazzare lo «stato nascente» del Next Generation Eu, tornando al passato.

Occorre cambiare paradigma. Per farlo, bisogna lasciarsi alle spalle l'eccessiva inflazione regolamentare esemplificata magistralmente dalla politica degli «zero virgola» su deficit e debito. Iper-regolazione che origina dalla fallace credenza secondo cui i guardiani dei Trattati dell'Unione europea siano in grado di codificare tutti i fenomeni economici.

Una supponenza che si focalizza sulla proliferazione di parametri quantitativi e perde di vista le buone regole. Quelle, cioè, compatibili con il funzionamento del libero mercato, basate sui principi anziché su numeri, cifre e soglie.

Occorre ripartire da Maastricht, riprendere le idee di Guido Carli nella definizione delle regole di bilancio: nella sua visione, avrebbero dovuto basarsi sulla tendenza all'obiettivo e non sulla rigida parametrizzazione dell'obiettivo stesso.

Occorre lanciare una riflessione più profonda che sfoci in una revisione dei Trattati e delle relative regole di politica economica.

Di nuovo Monnet: l'essenza delle esperienze che abbiamo vissuto ci conferma che l'Europa si forgia attraverso le crisi e attraverso le risposte alle crisi. E ancora Kohl: nel dubbio, sempre dalla parte dell'Europa. Per concludere: speriamo che non si torni banalmente al passato. Forti di questo potenziale stato nascente, di questo vento nuovo che soffia nell'Unione, possiamo osare e cambiare paradigma. Più Europa. Quella suggerita da Draghi a Jackson Hole.

«Il Foglio», 27 novembre 2021

LA RIVOLUZIONE DELLA PUBBLICA AMMINISTRAZIONE ALL'ULTIMO MIGLIO

Il mio sogno: una Pubblica amministrazione efficiente, efficace, gentile, dalla parte di cittadini e imprese, che sappia dialogare con tutti, per risolvere i problemi. A partire dai più fragili, dai più indifesi. Da quelli che, di fatto, vengono lasciati indietro, in coda, fuori dalla porta. Ecco, questo è il mio sogno: usare le nuove tecnologie per parlare con tutti, per rispondere ai bisogni di tutti. E non è solo un sogno...

Ma andiamo con ordine. La digitalizzazione e la modernizzazione della Pubblica amministrazione sono due facce della stessa medaglia. La transizione digitale della Pa, affidata alle mani esperte del ministro Vittorio Colao, può contare su 6,14 miliardi di euro del Piano nazionale di ripresa e resilienza (Pnrr), dedicati principalmente alla creazione di una rete infrastrutturale per i dati moderna e sicura, al cloud (una «nuvola informatica», un servizio per accedere a tutti i dati archiviati), all'interoperabilità delle banche dati (che devono dialogare tra loro) e alla digitalizzazione dei servizi al cittadino.

La transizione amministrativa, che coinvolge le oltre 32 mila amministrazioni pubbliche del Paese, compete al dipartimento della Funzione pubblica che ho l'onore di guidare e può avvalersi di 1,27 miliardi di euro del Pnrr, cui si aggiungono 2,34 miliardi dedicati al potenziamento organizzativo del sistema giudiziario. Nel complesso, attraverso i due filoni d'intervento complementari, il Piano disegna per la Pubblica amministrazione una rivoluzione «gentile» da 9,75 miliardi di euro (integrati con 1,4 miliardi di fondi nazionali), centrata sulle competenze, sulla semplificazione e digitalizzazione dei processi, sull'innovazione organizzativa. Serve perfetta sincronia tra tutti gli interventi perché le risorse non vadano sprecate.

Un'Italia digitale a macchia di leopardo

La Pubblica amministrazione è un mosaico complesso, articolato tra livello centrale, regionale e locale e frammentato in una pluralità di soggetti titolari di funzioni pubbliche differenti per dimensione, missione e profilo organizzativo. Anche a causa di questa complessità, l'utilizzo delle tecnologie digitali si è diffuso a macchia di leopardo. Alcuni enti locali hanno deciso di sviluppare internamente servizi digitali, altri si sono rivolti a società *in house* o a fornitori di mercato. Il risultato è un colorato quadro di approcci e soluzioni tecnologiche differenti, con livelli disomogenei in termini di efficienza e sicurezza.

Abbiamo certamente aree geografiche o singole esperienze di innovazione in cui la digitalizzazione e la tecnologia vengono utilizzate dalla Pubblica amministrazione per erogare servizi più efficienti, ma oggi non ci si può accontentare di qualche «macchia» di eccellenza. Anche perché il Pnrr ci consente di completare finalmente il quadro: da un lato, dotando la Pa di piattaforme tecnologiche avanzate per garantire servizi evoluti e un accesso secondo il principio *once only* (nessuno deve chiedere al cittadino dati che sono già in possesso delle amministrazioni); dall'altro lato, potenziando le competenze digitali dei dipendenti pubblici e attuando programmi di upskilling (per maturare nuove competenze nello stesso ambito) e di reskilling (per ampliare le proprie capacità, in modo da poter crescere anche in ruoli diversi). Tecnologie e formazione devono camminare insieme.

Semplificazioni e formazione asset del cambiamento

Il Pnrr prevede l'individuazione, la semplificazione, la reingegnerizzazione e la digitalizzazione di 600 procedure amministrative in settori sensibili per le attività di cittadini e imprese, dall'ambiente all'energia, dagli appalti alla salute. Per far sì che questo esercizio sia il più condiviso ed efficace possibile, lanceremo, nelle prossime settimane, una consultazione pubblica aperta a cittadini e imprese. La semplificazione deve diventare lo sport nazionale, partecipato, sentito e, soprattutto, utile a rimuovere le incrostazioni che hanno finora frenato la crescita. Altrettanto cruciale è la formazione.

Da gennaio, infatti, partirà il più grande piano formativo del personale pubblico mai realizzato in Italia, basato sulle competenze chiave per trasformare in realtà i progetti e la visione del Piano. Competenze digitali, amministrative e manageriali. Saranno coinvolti partner d'eccezione, pubblici e privati, nazionali e internazionali. Ed è già «a bordo» il sistema universitario italiano, grazie a un protocollo d'intesa siglato il 7 ottobre con la ministra dell'Università, Maria Cristina Messa, per laureare tutti i dipendenti pubblici che lo vogliono. Abbiamo dato il via a uno straordinario programma di upskilling per tutta la Pubblica amministrazione, rilanciando e rafforzando, al contempo, la Scuola nazionale dell'amministrazione (Sna) e Formez Pa.

Questa gigantesca «ricarica delle batterie» del lavoro pubblico – che può contare su uno sforzo finanziario altrettanto eccezionale: quasi un miliardo di euro fino al 2026, tra fondi Pnrr e fondi strutturali – è indispensabile per migliorare la qualità dei servizi offerti dalle amministrazioni e si salda con l'inevitabile «cambio del sangue» che sarà assicurato alla Pa grazie alle nuove assunzioni: 100-120 mila l'anno soltanto per il ripristino del turnover al 100 per cento, a cui si aggiungeranno altre decine di migliaia di ingressi a tempo determinato legati al Pnrr.

Anche in questo caso abbiamo innovato, coniugando semplificazioni, tecnologie e investimento sul capitale umano per realizzare inPA, il portale nazionale del reclutamento, costruito sul modello di LinkedIn e alimentato con oltre 6 milioni di profili e curricula anche attraverso intese specifiche con il mondo dei professionisti, ordinistici e non ordinistici. Formazione e nuove competenze sono la leva delle transizioni amministrativa e digitale.

Cambiare i modelli di fornitura

Per spianare la strada alla digitalizzazione della Pa e assicurarsi che si traduca in un miglioramento della qualità della vita di cittadini e imprese, dunque in un vettore di competitività del Paese, vanno ripensati anche i modelli di fornitura delle amministrazioni pubbliche, in modo da allineare i fabbisogni alla spesa e di evitare agli enti la necessità di sovrastrutturarsi e di moltiplicare gli adempimenti. È bene che le amministrazioni adottino un nuovo modello di sourcing basato sul paradigma *as a service*, ossia ricorrere a soluzioni di cloud pubblico, cloud privato e infrastrutture tradizionali *on-premise* (programmi informatici installati e gestiti attraverso computer locali).

Una scelta responsabile per garantire elevati standard di interoperabilità e di sicurezza, risolvere il tema della sovranità del dato, essendo l'infrastruttura localizzata presso l'utente o presso un data center scelto, e permettere di assicurare la giusta flessibilità per regolare automaticamente le esigenze di calcolo, di storage (lo spazio di memoria) e le ricadute economiche. In sintesi, è meglio modificare la struttura di contabilità pubblica per meglio favorire il ricorso a forme contrattuali «a servizio», adeguate alle nuove esigenze delle amministrazioni.

Una nuova governance per il dialogo centro-periferia

Intervenire sugli acquisti, però, non basta. Per ottimizzare i programmi di spesa in tecnologia della Pubblica amministrazione, serve un modello di governance capace di agevolare e di estendere la transizione amministrativa e digitale in tutto il territorio nazionale, anche nelle aree dove il cambiamento è più difficile. Alla dimensione verticale della collaborazione tra gli attori ai diversi livelli istituzionali (europeo, nazionale, intermedio e locale), è utile affiancare una dimensione orizzontale di meccanismi di coordinamento e collaborazione tra enti afferenti allo stesso livello. Strumenti tecnologici di cooperazione, così come incentivi economici alle «gestioni associate» degli enti locali, potrebbero essere quanto mai utili in questa fase. Il dialogo tra centro e periferia è cruciale per affrontare le transizioni. Condividere le best practice già presenti rafforza la collaborazione tra gli enti pubblici, anche extra regionali, e aiuta a superare gli ostacoli per la loro evoluzione digitale. Senza una governance adeguata la digitalizzazione della Pa resta un esercizio di stile, e non si sostanzia in un beneficio per i cittadini.

L'ultimo miglio

Per tutte queste ragioni, è importante completare al più presto in Italia quei progetti di digitalizzazione avviati da tempo a cui manca poco per diventare «sistema». Si tratta di percorrere «l'ultimo miglio» innescando le due ruote dentate – quella della transizione digitale e quella della transizione amministrativa – affinché l'ingranaggio possa spingere la Pubblica amministrazione all'efficienza e alla soddisfazione degli utenti. Questo approccio consente, inoltre, di valorizzare ciò che di buono è stato realizzato in passato: completare e integrare le innovazioni tecnologiche già introdotte e agevolare la reingegnerizzazione dei processi, senza distruggerli, è una delle più importanti lezioni di creazione di valore all'interno della Pubblica amministrazione, che per dimensione e frammentazione non è avvezza a trasformazioni veloci e cambi di direzione repentini.

L'obiettivo del progetto «ultimo miglio» è individuare e risolvere i moltissimi nodi che rendono inefficiente e inefficace la macchina burocratica attraverso la rivisitazione delle procedure e l'uso intelligente dei dati amministrativi. Il freno alla digitalizzazione non è solo nell'infrastruttura informatica. Le banche dati parlano tra loro, e permettono alle amministrazioni di conoscere in tempo reale quanto necessario solo se i processi dell'azione pubblica sono già progettati per l'interoperabilità e se sono orientati da dati amministrativi raccolti e mantenuti con la cura necessaria; se i linguaggi sono tra loro coerenti; se esistono regole condivise d'interscambio delle informazioni, a partire dalla tutela della riservatezza e della sicurezza dei dati personali. Vale per ciascuna impresa e vale per la Pubblica amministrazione: non conta molto avere le informazioni se non sono affidabili, aggiornate, coerenti, protette.

Il progetto «ultimo miglio» mira a far emergere e a risolvere le contraddizioni interne alle applicazioni e ai sistemi informativi delle amministrazioni pubbliche con un approccio dal basso, semplificando e reingegnerizzando le procedure dei singoli procedimenti amministrativi e testando la qualità dei dati e delle informazioni pubbliche per estrarne il massimo del valore.

Un esempio di «ultimo miglio» è la possibilità, attraverso Anpr, l'Anagrafe nazionale della popolazione residente, non solo di richiedere e ottenere on-line quattordici certificati anagrafici ma anche di permettere a ciascuno di verificare e modificare, direttamente via web, i propri dati anagrafici, di cambiare il domicilio o la residenza, di interagire con un'anagrafe finalmente integrata. Altre iniziative, nel quadro del progetto «ultimo miglio», possono essere completate nei prossimi mesi: il domicilio digitale, l'identità digitale (Spid) per i minorenni, la piattaforma per le notifiche, che manderà in pensione le notifiche cartacee rendendo digitali le comunicazioni tra Pubblica amministrazione e cittadini.

Ulteriori traguardi da raggiungere riguardano la piena digitalizzazione dei Suap (Sportelli unici per le attività produttive) e dei Sue (Sportelli unici per l'edilizia), prevista dal Pnrr per offrire realmente a cittadini e imprese un'interfaccia unica, a prescindere dalla suddivisione delle competenze tra amministrazioni diverse.

Sono tutti esempi di una digitalizzazione che non distrugge il lavoro svolto negli ultimi anni, ma si realizza in modo virtuoso attraverso la semplificazione delle procedure amministrative e l'interscambio automatico dei dati, finalmente possibile grazie a una governance chiara. Gli ambiti potenziali di azione sono innumerevoli, dato che le amministrazioni pubbliche operano secondo decine di migliaia di procedure e procedimenti. Dall'utilizzo dei dati sanitari a quello dei dati anagrafici, dalle banche dati della giustizia a quelle della motorizzazione civile, dalla previdenza alla sicurezza sul lavoro, il patrimonio informativo delle Pubbliche amministrazioni è un'immensa miniera di piccole e grandi opportunità di semplificazione. Il nostro compito è coglierle, senza indugi.

Per concludere, non esistono formule magiche, ma esistono momenti magici. Quello che sta vivendo l'Italia, dal punto di vista della crescita economica dopo la crisi legata alla pandemia, lo è. Perché non si tratti soltanto di una congiuntura astrale favorevole, di un attimo fuggente, ma di una reale e duratura modernizzazione del Paese a partire dalla Pubblica amministrazione, servono il massimo impegno e la massima collaborazione, a tutti i livelli. Occorre lo «sforzo corale» a cui ha fatto appello il presidente della Repubblica, Sergio Mattarella.

Non più solo macchie di leopardo. L'Italia deve correre, unita, senza lasciare nessuno indietro. Adesso si può, non è più solo un sogno. Come recita il vecchio detto, «quando si sogna insieme è la realtà che comincia».

«Huffington Post», 31 dicembre 2021

LA NUOVA EUROPA RINASCE DA GUIDO CARLI. RISCRIVERE LE REGOLE DI FINANZA PUBBLICA

L'Europa si è sempre forgiata nelle crisi. Così è avvenuto con il Trattato Ceca del 1954, che, insieme al Trattato di Roma del 1957, ricomponeva le lacerazioni della Seconda guerra mondiale; così è avvenuto con il Trattato di Maastricht del 1991, che suggellava, con la creazione della moneta unica, l'avallo politico alla riunificazione tedesca e la fine della guerra fredda. E così sta avvenendo con il Next Generation Eu, che sta ricomponendo i rapporti tra gli Stati membri, grazie alla scelta di emettere debito comune per contrastare le conseguenze indotte dalla pandemia.

Questi momenti storici, di rottura dell'ordine precostituito, hanno visto prevalere la dimensione politica, volta a cercare soluzioni pragmatiche, su quella tecnocratica, volta a definire regole rigide. Durante la discussione sui parametri del Trattato di Maastricht, il ministro del Tesoro Guido Carli negoziò una clausola che consentiva agli Stati di impegnarsi in un percorso di avvicinamento tendenziale alla soglia obiettivo del rapporto debito/Pil (60 per cento). Analogamente, e non a caso, per gestire la fase critica della pandemia, l'Unione europea ha flessibilizzato le sue regole, introducendo il Temporary Framework, che sospende la normativa sugli aiuti di Stato e attivando la *general escape clause* che sospende il Patto di stabilità e crescita, per poi istituire il Ngeu.

Unico inciampo a questo processo di integrazione «forgiata nelle crisi», preconizzato da Jean Monnet, è stata la gestione della crisi del 2008-2012. In quel momento, la politica, per scarsa comprensione dei meccanismi di trasmissione degli shock finanziari all'economia reale, lasciò il passo alla tecnocrazia. Il risultato fu che, mentre gli Stati Uniti, in sole sei settimane, iniziarono a risolvere i problemi del loro sistema bancario, attraverso il Quantitative Easing abbinato a un programma di garanzie pubbliche (Tarp), per coprire la Federal Reserve dai rischi eccessivi accumulati nel suo bilancio, la Bce aumentò i tassi di interesse, mentre il vertice franco-tedesco di Deauville dell'ottobre 2010 mise in dubbio la sostenibilità dei debiti pubblici, paventando la partecipazione degli investitori privati a possibili perdite sui titoli di Stato. Una scelta che precipitò, dopo la crisi greca, quella di Irlanda, Portogallo, Spagna e, infine, Italia. Ci vollero innumerevoli vertici, un drammatico, quanto poco democratico, cambio di governo in Italia e la creazione del Mes, ottenuto in cambio dell'impegno dei Paesi in crisi a sottomettersi all'austerity, per consentire a Mario Draghi di pronunciare il suo famoso «Whatever it takes» nel luglio 2012, e per decidere, nel novembre 2014, sulla scia del consenso ottenuto al vertice di agosto dei banchieri centrali a Jackson Hole, l'avvio del Quantitative Easing europeo. Il superamento delle regole avvenne così a ben sei anni di distanza dall'inizio della crisi, al prezzo di tre anni di recessione e di una deflazione senza precedenti in Europa.

Oggi è fondamentale evitare il ripetersi di quegli errori. Per farlo, occorre ritrovare la centralità della politica, per riscrivere in maniera intelligente le regole di finanza pubblica. In questa direzione si colloca la proposta di Mario Draghi ed Emmanuel Macron. Per i due presidenti, le regole di bilancio devono essere modificate e semplificate per non imbrigliare Ngeu, il primo esperimento di quello stimolo fiscale su scala continentale che Mario Draghi aveva già auspicato da presidente Bce, e che è posto alla base della ripresa europea, soprattutto nel sostegno alle due politiche principali per il futuro dell'Unione: transizione verde e digitale.

La proposta di Draghi e Macron rilancia l'idea di Carli: la sostenibilità delle finanze pubbliche, obiettivo imprescindibile per assicurare il corretto funzionamento di una economia di libero mercato e l'indipendenza della Bce, deve essere garantita attraverso un percorso di riduzione di deficit e debito che avvenga nel rispetto del principio della tendenza graduale all'obiettivo, tenendo conto dei «fattori rilevanti» (debito privato, sistema pensionistico, mercato del lavoro ecc.) specifici di ogni Paese, e non attraverso il pedissequo rispetto di rigidi e omogenei parametri quantitativi.

Altra questione fondamentale attiene alla necessità di scorporare dal calcolo del deficit gli investimenti legati alle transizioni ecologica e digitale. Della *golden rule* si parla da anni, ma finora è mancato il consenso sui meccanismi di verifica degli investimenti rispetto agli obiettivi da raggiungere. A tale riguardo, la proposta di Draghi e Macron può essere l'uovo di Colombo: per certificare la pertinenza degli investimenti scorporati dal deficit rispetto agli obiettivi si può usare lo schema di governance del Ngeu, che impone un sistema di verifica periodica degli obiettivi, già applicato ai Pnrr in corso di esecuzione. Tutto ciò può essere fatto a Trattati invariati.

Se poi Ngeu diventasse il meccanismo benchmark di riferimento per gli investimenti in beni pubblici europei, la Ue avrebbe trovato il modo per supportare strutturalmente sia le grandi transizioni, che vanno ben oltre il 2026, sia gli shock cui dovrà far fronte, creando una capacità di bilancio finanziata da debito comune emesso sui mercati. Quest'ultima soluzione richiederebbe una modifica dei Trattati, anche per introdurre un ministro delle Finanze unico e completare l'unione bancaria e quella dei mercati dei capitali, un rafforzamento dell'area euro auspicato anche dai ministri delle Finanze nel loro messaggio di celebrazione del ventennale della moneta unica. Ma, proprio perché l'Ue è forgiata nelle crisi, discutere di tale modifica non può e non deve essere un tabù. L'accordo sulla revisione delle regole di finanza pubblica dovrebbe, dunque, prevedere come ultimo atto l'impegno a seguire un percorso di riforma complessiva della politica di bilancio comune, da ratificarsi entro il 2026, anche sulla base delle conclusioni della Conferenza sul futuro dell'Europa.

Come creare il consenso necessario a queste riforme? Il punto di partenza deve essere il rispetto della sostenibilità delle finanze pubbliche, che deve avvenire non in maniera rigida, ma tenendo conto del principio di «tendenza all'obiettivo» di Carli e dei fattori specifici di ogni Stato membro. Passare dalla riduzione dell'eccesso di debito pari a 1/20 (regola di incerta gerarchia, in termini di fonti del diritto comunitario) a 1/40 o 1/50 può aiutare, certo, ma non risolvere il problema. Così come diverse proposte accademiche circolate in questi mesi contribuiscono al dibattito tecnico sulle regole ma non portano a una soluzione, che deve essere necessariamente politica. In altri termini occorre un cambio di paradigma tale da garantire flessibilità nell'utilizzo del debito «buono» – per usare un termine caro a Draghi – ovvero quello relativo alle spese per investimenti, verificati tramite il meccanismo di governance Ngeu, in cambio dell'impegno stringente al contenimento di una parte di spesa corrente, che spesso del debito rappresenta, invece, il lato «cattivo».

Un tale meccanismo di controllo della spesa garantirebbe uno stimolo continuo agli investimenti per tutto il periodo delle grandi transizioni digitali ed ecologica, agevolando la crescita e, in un circolo virtuoso, il percorso di rientro, strettamente controllato, del debito.

Dunque, è necessario passare dal Carli di Maastricht allo spirito di Carli evocato da Draghi e Macron, per superare le regole delle tecnocrazie e riscoprire il valore fondamentale delle scelte politiche. Un passaggio che Italia e Francia hanno già fatto e che anche Olaf Scholz sembra disposto a fare, in cambio di opportune garanzie. Questo processo di riforma delle regole di bilancio non potrebbe, infatti, prescindere dal coinvolgimento della Germania così da chiudere il «triangolo virtuoso dei Trattati» tra i tre grandi Stati fondatori della Ue, con la sottoscrizione di quello tra Italia e Germania, già precorso dalla Dichiarazione congiunta tra Confindustria e Bdi lo scorso settembre.

Con l'augurio che il nuovo cancelliere tedesco ricordi le parole di Helmut Kohl: «Nel dubbio, per l'Europa».

«Il Sole 24 Ore», 2 gennaio 2022

DALLA RIELEZIONE DI MATTARELLA
ALLA GUERRA IN UCRAINA

IL BUON GOVERNO DOPO IL COLLE

Il presente ci assorbe, con tutta la sua complessità: Covid, pandemia, crisi, inflazione, prossime scadenze istituzionali. Un peso che rischia di inchiodarci all'oggi, impedendoci di immaginare il domani. Lasciarsi paralizzare sarebbe un grave errore. Dobbiamo, invece, sforzarci di ragionare con due teste, quasi come Giano bifronte, la divinità capace di guardare sia il passato, sia il futuro. Anche perché abbiamo gli strumenti per riprogettare seriamente l'avvenire: il programma del Piano nazionale di ripresa e resilienza e i fondi per attuarlo. Va aggiunto l'ultimo elemento, fondamentale: il coraggio.

Sulla base di questo assunto, presentiamo oggi il più grande piano di formazione dei dipendenti pubblici mai realizzato nella storia di questo Paese. Una campagna che, a partire da questo mese, coinvolgerà, per tutta la durata del Piano, l'intero universo dei 3,2 milioni di «volti della Repubblica», come li ha definiti il presidente Mattarella, e che porterà molti non laureati a conseguire la laurea, tanti già laureati il diploma di master e corsi di specializzazione, e tutti ad acquisire le competenze necessarie a sostenere le transizioni che il Paese deve affrontare, *in primis* quella digitale. Un'enorme «ricarica delle batterie» del lavoro pubblico, a cui speriamo possa seguire un parallelo piano per il lavoro privato. In nome del futuro.

Gestire e attuare i progetti Pnrr e aumentare in modo strutturale la capacità amministrativa della Pa sono i due effetti diretti del Piano. Ma è facile comprendere quale impatto possa avere un processo formativo che coinvolge una platea così ampia in un Paese che, secondo l'Ocse, è ancora all'ultimo posto in Europa nella classifica del capitale umano. Dove solo il 42 per cento delle persone di età compresa tra i sedici e i settantaquattro anni possiede almeno competenze digitali di base, contro il 58 per cento della Ue. Dove esistono carenze nelle abilità verbali, di ragionamento e quantitative, mediamente più significative che nel complesso degli altri Paesi. E dove è più elevato il cosiddetto *skill mismatch*, cioè il disallineamento tra le competenze trasmesse ai giovani dal sistema formativo e quelle richieste dal mercato. Un gap che rappresenta una delle principali cause della disoccupazione, soprattutto a lungo termine, oltre che un ostacolo alla crescita del Pil e alla competitività delle imprese.

Sennonché, la campagna di formazione si compie in quella che si definisce come l'era postfordista, dove si archivia definitivamente la catena di montaggio in ambito industriale, e non solo la produzione ma anche la stessa offerta di servizi, pubblici e privati, diventa sempre più sartoriale, cioè tarata sui bisogni del cliente-utente. Questa trasformazione ha conseguenze straordinarie per il lavoro e la formazione.

La prima è la velocità con cui le conoscenze acquisite diventano obsolete. Negli anni novanta del secolo scorso, chi frequentava l'università sapeva che la metà delle nozioni apprese nel corso di laurea sarebbero risultate superate in un tempo medio di quindici-venti anni. Questa prospettiva si è ridotta a quattro-sei anni, ed è sempre più disallineata rispetto ai lavori emergenti.

Vuol dire accettare che le nozioni apprese durante i percorsi universitari e di specializzazione post-laurea saranno presto insufficienti e inadeguati, e sarà necessario aggiornarsi continuamente. Un sistema formativo permanente è l'unico modo per fronteggiare la *skill obsolescence*, che colpisce in particolare i lavoratori più anziani della Pa.

La seconda conseguenza è il superamento della distinzione classica tra formazione umanistica e formazione scientifica. Vuol dire che è necessario aumentare la dimensione creativa della formazione tecnico-scientifica e potenziare le competenze digitali della formazione umanistica. Si tratta, pertanto, di riformulare i nostri percorsi educativi, basandoli sullo sviluppo delle «meta-competenze», ossia le capacità che ci permettono di apprendere velocemente e di adeguare il nostro bagaglio di saperi tecnici e specialistici, anche per fronteggiare i sempre più numerosi e repentini cambiamenti che intervengono nell'arco di una vita lavorativa.

Una terza conseguenza delle trasformazioni in atto riguarda la crescente ampiezza della sfera decisionale sul lavoro. Oltre alle abilità proprie dei diversi settori nei quali opereranno, i nuovi lavoratori pubblici e privati dovranno essere capaci di affrontare problemi complessi e di assumere decisioni, facendo leva su pensiero critico, creatività e intelligenza emotiva, resistenza allo stress, precisione e attenzione ai dettagli, capacità di guidare gruppi di lavoro e di coordinarsi con gli altri, orientamento al servizio e alla negoziazione e flessibilità. E più di tutto, capacità di adattarsi continuamente al cambiamento.

Queste attitudini si definiscono con il termine di *soft skill*. Si tratta di abilità trasversali, che sono collegate alla personalità, all'educazione, alla cultura e alle esperienze dei singoli. Tali attitudini sono necessarie non solo per i vertici burocratici e aziendali, ma sono sempre più richieste lungo tutti i gradini della struttura organizzativa.

Per queste ragioni la formazione è la leva per uno switch organizzativo e culturale. Che riguarda la Pubblica amministrazione in quanto funzione dello Stato e in quanto parte dei processi di trasformazione sociale. Ieri settore rifugio a bassa produttività e bassi salari, domani catalizzatore dinamico della crescita del Paese.

Per accompagnare e sostenere un cambiamento durevole, dunque, non bastano le riforme per norma. Occorre che le persone che vivono ogni giorno la vita lavorativa dei nostri enti pubblici si sentano parte di un progetto ambizioso di cambiamento che arriva per il meglio. Un progetto che vede proprio i nostri tre milioni e duecentomila dipendenti pubblici protagonisti e destinatari di investimenti su di loro e sulle loro competenze.

Prima di tutto, ci siamo impegnati a rafforzare la capacità amministrativa e progettuale delle Pubbliche amministrazioni, per soddisfare la domanda di personale per permettere loro di affrontare la sfida del Piano nazionale di ripresa e resilienza. L'obiettivo è quello di garantire, in prima istanza, il turnover fisiologico, per troppo tempo soffocato dal blocco delle assunzioni. Dopo oltre un decennio caratterizzato da un'emorragia di dipendenti pubblici con un ritmo medio di quasi -1 per cento annuo (con un saldo netto di addetti negativo di oltre 300 mila unità, soprattutto ai danni delle amministrazioni locali), ora assistiamo a un cambio di passo: almeno 500 mila ingressi per cinque anni, 100 mila l'anno, pari al numero di dipendenti pubblici che andranno in pensione, secondo le stime della Ragioneria generale dello Stato. Con una attenzione particolare riservata ai settori, enti locali in testa, che si sono maggiormente impoveriti negli ultimi dieci anni a causa del blocco del turnover e che necessitano di un rafforzamento del personale adeguato alle esigenze della nuova Pa. Accanto alle assunzioni a tempo indeterminato, inoltre, nella Pubblica amministrazione entreranno a tempo determinato altre decine di migliaia di professionisti ed esperti legati all'attuazione dei progetti del Pnrr. I più meritevoli, a fine Piano, avranno la possibilità di accedere al pubblico impiego a tempo indeterminato, grazie a una riserva del 40 per cento dei posti nei concorsi pubblici.

A questi flussi in ingresso occorre accompagnare lo sviluppo delle professionalità dello stock di dipendenti già in servizio, attraverso una articolata strategia di riforma del lavoro pubblico che abbiamo già messo in campo: progressioni di carriera più fluide, nuovi contratti, creazione della quarta area dedicata alle «elevate professionalità», retribuzioni più alte, progressione di carriera e mobilità legate anche alla formazione.

Insomma, nei prossimi cinque anni assisteremo a un vero e proprio «cambio del sangue» della Pubblica amministrazione, che consentirà alla nostra burocrazia di riscattarsi anche rispetto ai tagli subiti nello scorso decennio.

Come dimostrato da una recente ricerca dell'Ocse (*Engaging Public Employees for a High-Performing Civil Service*, 2016), sulla scia della crisi finanziaria del 2008, i budget per la formazione sono stati tra i primi a essere tagliati. Nel 2019, in Italia, il numero medio di ore di formazione per dipendente pubblico è stato di un giorno all'anno, cioè otto ore lavorative. Una miseria. Tali riduzioni nel bilancio della formazione, tuttavia, se sostenute nel lungo termine, rischiano di ridurre la capacità della Pubblica amministrazione di rinnovare e aggiornare le competenze di cui ha bisogno. Dopo anni di tagli al pubblico impiego, in termini di numero degli addetti e spesa in formazione, possiamo oggi voltare pagina. Lo abbiamo innanzitutto concordato con i sindacati, all'atto di insediamento di questo governo, con la firma il 10 marzo 2021 del Patto per l'innovazione del lavoro pubblico e la coesione sociale, e lo abbiamo anche fatto, assicurando sul Pnrr circa un miliardo di risorse per la formazione dei dipendenti pubblici. Oggi i contratti nazionali del pubblico impiego, in fase di rinnovo (il 21 dicembre è stata siglata la preintesa sul contratto per il comparto funzioni centrali, tradizionalmente apripista per tutti gli altri), raccolgono la sfida di creare opportunità di crescita per chi investe nella propria professionalità.

Ma, oltre alle misure già in atto, occorre avere in mente una strategia di investimento sulle persone più ampia e duratura, che svolga due funzioni cruciali: la prima è colmare il più rapidamente possibile il gap accumulato negli anni che ha via via portato al depauperamento delle competenze delle persone per fare fronte alle sfide di questa precisa fase storica. La seconda è creare le condizioni per cambiare lo schema di gioco in maniera strutturale, abbandonando del tutto l'idea della vecchia Pa che ha barattato scarsi investimenti in competenze in cambio della sicurezza del posto di lavoro. Quella sicurezza non è in discussione, ma l'attrattività del lavoro pubblico deve fondarsi anche e soprattutto sull'orgoglio di poter mettere i propri talenti a servizio di un grande progetto di trasformazione della cosa pubblica e di poter vedere i propri talenti crescere, ampliarsi, rinnovarsi e ricevere, per questo, le giuste ricompense in termini di opportunità di carriera.

La formazione dei dipendenti è un pilastro di qualsiasi strategia incentrata sulle competenze: reskilling (ovvero maturare nuove competenze più aderenti alle nuove sfide della Pa, potendo anche cambiare un po' mestiere) e upskilling (ampliare le proprie capacità così da poter crescere e professionalizzare il proprio contributo) assumono ancor più importanza nella Pubblica amministrazione, viste le sfide che la attendono.

Inoltre, data l'elevata velocità del progresso tecnologico (transizione digitale ed ecologica), investire nell'apprendimento è ormai parte fondamentale del lavoro di un funzionario pubblico. L'apprendimento permanente sarà essenziale non solo, quindi, per i progressi di carriera, ma anche per mantenere e migliorare le competenze della Pubblica amministrazione.

Reinvestire nella formazione dei dipendenti pubblici richiederà non solo l'attivazione di programmi specifici, ma anche la capacità di riappropriarsi della cultura dell'apprendimento nei valori dell'organizzazione, responsabilizzando i dirigenti pubblici. Un ruolo cruciale sarà giocato dagli stessi enti, chiamati a disegnare la formazione per i propri dipendenti in chiave integrata con le strategie di sviluppo complessive dell'amministrazione – coerentemente con quanto previsto dal Piano integrato di attività e organizzazione (Piao) – e puntando a creare, attraverso l'investimento in competenze, valore per i cittadini.

Due gli ambiti di intervento per intervenire sullo stock di capitale umano della Pa. Uno riguarda lo sviluppo delle competenze digitali di base. In dodici mesi, il programma di formazione che avvieremo a gennaio, in collaborazione con grandi player pubblici e privati, anche internazionali, darà la possibilità a tutti i dipendenti pubblici, sia quelli delle amministrazioni centrali, sia quelli degli enti locali, di effettuare un «salto di livello», partendo dal proprio grado di conoscenza degli strumenti digitali: dal livello base all'intermedio, dall'intermedio all'avanzato. In una fase successiva, il programma verrà esteso anche alle competenze trasversali e, per i dirigenti e i ruoli direttivi, alle competenze manageriali. Progressivamente, il piano comprenderà lo sviluppo delle competenze previste in tutti gli altri ambiti del Pnrr (transizione amministrativa, transizione ecologica ecc.).

L'altro pilastro del Piano, invece, consentirà a tutti i dipendenti pubblici che lo vorranno di usufruire di un incentivo per l'accesso all'istruzione terziaria. Non solo la Pa si appresta, quindi, ad assumere personale sempre più qualificato ma, coerentemente con le prospettive di upskilling, investe anche sulla formazione universitaria di chi già lavora al suo interno.

I laureati nella Pa sono il 41,1 per cento del totale. Difficile dire se siano tanti o pochi, perché dentro il lavoro pubblico ci sono mestieri e funzioni diversi, che richiedono profili di istruzione differenziati: si pensi, a titolo di esempio, alla varietà dei livelli di istruzione richiesti nelle professioni sanitarie. Al netto di alcune componenti delle Pubbliche amministrazioni più tradizionalmente *labour intensive* (si pensi alle forze di polizia, vigili urbani e forze armate), colpisce, però, che la quota dei laureati sia sotto media anche in amministrazioni quali i ministeri (29 per cento, mentre gli enti pubblici economici, anche quelli che erogano servizi all'utenza, quindi molto operativi, sono sopra media, con quasi il 50 per cento laureati) e il comparto Regioni ed enti locali (30 per cento).

È evidente, dunque, che per qualificare la Pa non basta assumere nuovi profili altamente professionalizzati. Occorre anche occuparsi di chi c'è, offrendo formazione e accesso alla laurea e ai master, a cui agganciare lo sviluppo di carriera e il miglioramento retributivo coerentemente con quanto previsto dalla nuova «quarta area» nei contratti.

Che sia lo scatto in avanti della Pa a incarnare la postura civile, dinamica ed essenziale, fatta di impegno a investire su di sé, di cui la società e la politica hanno bisogno, rende gli effetti indotti di questa gigantesca «ricarica delle batterie» del lavoro pubblico una prova di autenticità del riformismo. Non sono, da soli, i soldi dell'Europa a cambiare l'Italia, ma la capacità dell'Italia di mettersi in discussione e guardare al futuro.

Ricordando la lezione di Rilke: «Il futuro entra in noi, per trasformarsi in noi, molto prima di essere accaduto».

«Il Foglio», 10 gennaio 2022

PATTO DI STABILITÀ, SERVONO NUOVE REGOLE ORIENTATE ALLA CRESCITA

Il dibattito sulle regole del Patto di stabilità e crescita (Psc) ricorda la lettera rubata di Edgar Allan Poe: tutti cercano la soluzione per assicurare la sostenibilità delle finanze pubbliche, eppure ce l'hanno già davanti agli occhi. Si chiama Next Generation Eu. Quello è il metodo, quella è la strada, quello è il modello di governance. Perché il vecchio mondo legato ai parametri rigidi e al trionfo della meccanica delle regole, con funzioni reputate salvifiche, semplicemente non esiste più. Il succedersi delle crisi ha eroso la fiducia cieca in quel paradigma. E la lezione è stata evidente: non esistono numeri magici che garantiscano, al tempo stesso, stabilità e crescita.

Della governance economica europea si parlerà, ancora, nella riunione dell'Eurogruppo di domani. Dopo economisti come Francesco Giavazzi e Charles-Henri Weymuller, e rappresentanti delle istituzioni europee (European Fiscal Board, Meccanismo europeo di stabilità), sono stati i presidenti Draghi e Macron, nel loro recente intervento sul «Financial Times», a rilanciare la discussione.

È difficile prevedere quale potrebbe essere l'eventuale punto di caduta del confronto. Nella consapevolezza che il nostro futuro (specialmente per l'Italia) non può passare per un ritorno alle vecchie regole, Bruxelles potrebbe prorogare ulteriormente la sospensione del Psc, sebbene questo scenario appaia poco realistico. In alternativa, i capi di Stato e di governo potrebbero indicare nuovi criteri interpretativi alle regole esistenti, flessibili ma prudenti nel tutelare la sostenibilità delle finanze pubbliche dei ventisette membri dell'Unione. Quest'ultimo schema potrebbe, altresì, spingersi fino all'impegno vincolante di riscrivere i Trattati e, quindi, le regole di politica economica.

Per tutte queste ragioni, il dibattito, che dovrà sfociare in un accordo all'unanimità, si presenta particolarmente complesso. Se da un lato, infatti, Italia e Francia propongono che le nuove regole europee debbano favorire la crescita di lungo periodo e, tramite questa, la sostenibilità di lungo termine delle finanze pubbliche, dall'altra 8 Paesi, guidati dall'Austria, avversano qualsiasi modifica delle attuali regole del Psc. Tra questi due estremi si colloca la Germania del cancelliere Scholz. Nell'accordo della coalizione socialista-liberal-verde che lo sostiene, si legge, infatti, che qualsiasi riforma delle regole deve mirare a tre obiettivi: garantire la crescita, mantenere la sostenibilità del debito e assicurare gli investimenti ambientali. Inoltre, il neoministro delle Finanze Lindner ha messo sul tavolo negoziale, come contropartita, il completamento dell'Unione bancaria, che prevede, come punto critico per l'Italia, la riduzione dell'esposizione ai debiti sovrani delle banche.

Su una cosa, però, i Paesi membri dell'Ue dovrebbero essere tutti concordi: senza finanze pubbliche sostenibili e regole credibili e applicabili che le sovraintendano, i governi sarebbero costretti a intervenire nell'economia in maniera preponderante e continua, limitando il funzionamento del libero mercato sul quale l'Unione è fondata. Crescita economica e sostenibilità delle finanze pubbliche, tuttavia, non sono due obiettivi antitetici, ma complementari. La soluzione ce l'abbiamo già ed è quella di rendere permanente il meccanismo di governance introdotto con il Next Generation Eu. Anziché il bastone della rigidità delle regole, delle procedure di infrazione e dei meccanismi sanzionatori, peraltro mai applicati, è più efficace usare la carota dei fondi condizionati alle politiche economiche virtuose. L'introduzione in via permanente di un unico Pnrr europeo, sostitutivo dei ventisette Pnrr nazionali, rappresenta la vera proposta europeista di policy che indurrebbe i Paesi dell'Unione ad adottare strategie e investimenti coordinati e, auspicabilmente, decisi da un unico ministro delle Finanze Ue.

Di conseguenza, i governi, coerentemente con la strategia europea per la crescita, dovrebbero mettere in campo, soprattutto, gli investimenti necessari ad attuarla, scorporandoli con l'introduzione di una *golden rule*.

Con una maggior crescita indotta da una spesa qualificata per investimenti di scala europea, accompagnata dalle riforme, e il controllo della spesa improduttiva assicurata dal meccanismo di governance, la sostenibilità delle finanze pubbliche sarebbe assicurata naturalmente, senza la necessità di rigide regole e opinabili parametri quantitativi di varia natura. Il raggiungimento dei target in termini di deficit e debito avverrebbe nel rispetto del principio di tendenza all'obiettivo, intuizione che fu di Guido Carli nel 1991 durante il negoziato sul Trattato di Maastricht. Se abbiamo trovato il modo per convergere e diventare tutti virtuosi, ne deriva che le regole scritte per i non virtuosi non hanno più senso. E che la lettera rubata è qui, tra le nostre mani.

«Corriere della Sera», 16 gennaio 2022

STABILITÀ E REPUTAZIONE. COSA CI REGALA LA RICONFERMA DELLA COPPIA MATTARELLA-DRAGHI

Enuncio un paradosso. L'Italia, attraverso il voto di ieri del Parlamento, ha dato un poderoso segnale di cambiamento, proprio confermando l'assetto istituzionale che le ha garantito, e la sta sospingendo ad avere, un ruolo di leadership nell'Unione europea. Non mutare la guida duale, saper resistere ad aspirazioni pur legittime di personalità e forze politiche, con una loro particolare visione del presente e futuro del Paese, è la testimonianza più convincente della maturità recentemente raggiunta in questi tempi difficili.

L'Italia ha superato, non senza sofferenza e fibrillazioni, la logica di fazione. E il prevalere del «particulare» guicciardiniano, dannazione italica da epoche remote, ha lasciato il posto a quel senso di responsabilità, a un ethos comune, che viene prima della lotta politica e consente coesione sociale e slancio creativo a una nazione consapevole della propria storia e dignità.

Ripercorro alcune parole-chiave. Stabilità: la capacità di resistere a forze e sollecitazioni esterne. Credibilità: saper ispirare fiducia, ottenere credito e riconoscimento. Reputazione: la stima e la considerazione in cui si è tenuti da altri.

Nell'ultimo anno, Sergio Mattarella alla presidenza della Repubblica e Mario Draghi da lui voluto al timone del governo, sostenuto dai partiti dell'unità nazionale, hanno assicurato all'Italia tutte e tre le qualità. Ci hanno reso più stabili e più credibili, e hanno migliorato la nostra reputazione, dopo anni di riforme annunciate e non realizzate, di fragilità strutturali mai davvero aggredite, di sbandamenti anche geopolitici, che hanno rischiato di farci smarrire l'ancoraggio ai nostri valori europeisti e atlantisti.

Stabilità, credibilità e reputazione erano cruciali un anno fa, quando il Paese doveva lavorare per presentare alla Commissione europea un Piano nazionale di ripresa e resilienza all'altezza della situazione e organizzare la campagna vaccinale per arginare la diffusione del Covid-19. Mattarella e Draghi, con il governo di cui mi onoro di far parte, ci hanno guidato con equilibrio e con saggezza attraverso quelle tappe cruciali. Possiamo rivendicare di aver centrato tutti gli obiettivi e, grazie all'asset economico invisibile della credibilità recuperata, siamo riusciti a garantire all'Italia una crescita da boom economico nel 2021: probabilmente +6,5 per cento, insieme alla Francia il risultato migliore in Europa.

Domani l'Istat ufficializzerà il dato, ma intanto possiamo gioire, perché questo aumento del Pil assicura all'anno in corso uno slancio più che positivo. Nonostante le tensioni inflattive e il caro energia, nonostante la crisi in Ucraina, nonostante la pandemia ancora in corso. Ombre che si addensano sul futuro.

Ecco perché la stabilità, la credibilità e la reputazione sono cruciali anche adesso. Chi meglio di loro, Mattarella e Draghi, può assicurarle ancora, senza disperdere il lavoro svolto, ma, anzi, raccogliendone i frutti? Chi altri, se non Mattarella e Draghi, potrebbe portarci a centrare i 102 obiettivi (di cui 66 riforme) fissati nel Pnrr per quest'anno e ottenere le due tranche da 40 miliardi di euro complessivi? Lo sanno le cancellerie europee, lo sanno gli investitori, lo sanno gli italiani. Se ne sono convinti ieri anche i grandi elettori, dopo qualche passo falso e alcune tensioni in tutti gli schieramenti. Hanno scelto, abbiamo scelto, la stabilità, la credibilità e la reputazione, *in primis* delle istituzioni. Abbiamo pensato al bene del Paese.

Così va letta la rielezione di Mattarella: un successo per l'Italia, per il Parlamento, per la stabilità dell'azione del governo, che può proseguire più forte e legittimato di prima. Intorno alla figura del capo dello Stato, tra i più amati della storia della Repubblica, si può davvero ritrovare l'unità nazionale. Ce lo ha ricordato lui stesso nel discorso di fine anno, alla luce delle prove difficili affrontate: «Ho percepito accanto a me – ha detto il 31 dicembre – l'aspirazione diffusa degli italiani a essere una vera comunità, con un senso di solidarietà che precede e affianca le molteplici differenze di idee e di interessi».

Con Mattarella abbiamo votato il volto reale della Repubblica unita e solidale. E abbiamo concretamente applicato il principio sacro per ogni buon allenatore: «Squadra che vince non si cambia». Ora ci spetta il compito di essere all'altezza della generosità di Mattarella, con gratitudine e fiducia, e della straordinaria forza di governo di Draghi. Dobbiamo continuare a vincere. Non è vero che non cambia nulla. È la prova che siamo cambiati, e in meglio, noi italiani.

«Il Foglio», 30 gennaio 2022

BASTA PROPAGANDA SU MES, SIATE RAGIONEVOLI: RAFFORZA L'ITALIA

Dal mio discorso del 9 dicembre 2020 di fronte ai colleghi della Camera dei deputati.

Il Parlamento italiano, votando in maniera unanime sul quinto scostamento di bilancio per combattere la «pandemia economica», diede al Paese un grande segnale di coesione, di condivisione, di unità, di forza e di speranza. Era un voto per l'Italia e mi onoro di aver lavorato per quel risultato. Oggi, invece, mi addolora costatare che in Aula non ci sia quello stesso spirito, nel dare pieno mandato al presidente del Consiglio per il prossimo Eurosummit.

Purtroppo è prevalsa la propaganda, lo spirito di parte, di schieramento, piuttosto che di unità. Ma così si indebolisce il Paese, non vince nessuno, è un gioco a somma negativa e l'Italia rischia di rimanere isolata.

Il tema del contendere è la riforma del cosiddetto Fondo Salva-Stati. Per scienza e coscienza, secondo la formula di Ippocrate (in questo Paese malato forse Ippocrate ci sta anche bene), penso che il nuovo Mes (seppur imperfetto e ancora intergovernativo) sia migliore di quello creato in quel lontano e infausto 2012 (anno dell'Unione bancaria malamente costruita, del Fiscal Compact e della crisi finanziaria dei debiti sovrani, ma anche, per fortuna, anno del «Whatever it takes» di Mario Draghi), e che l'Europa di oggi sia migliore di quella di allora, un'Europa che nel dolore della pandemia, ha finalmente trovato una strada solidale, comunitaria, del «ci si salva tutti insieme».

Nel 2012 era un'Europa calvinista, dei «compiti a casa», del debito come «colpa» (nell'accezione tedesca), delle cicale e delle formiche, delle pesanti condizionalità, con il Mes e la sua natura intergovernativa, costruito in fretta e furia, a rappresentare quella cultura e quella miopia di allora.

Oggi, invece, siamo dentro una nuova fase e un nuovo paradigma. Il «nuovo Mes» rappresenta il ponte tra la vecchia Europa di egoismo e la nuova Europa solidale che sta per nascere. L'hanno chiamato «momento Hamilton», «momento Merkel», io lo chiamerei «momento Europa», dei nostri Padri fondatori. Con il vecchio Mes, si è fatta nascere la linea di credito pandemica per salvare le vite; con il nuovo Mes si farà nascere quel fondo per salvare le banche, che vuol dire salvare le economie e i risparmi dei cittadini.

Con il backstop mettiamo fine alle conseguenze di quella tragica passeggiata a Deauville di Merkel e Sarkozy del 18 ottobre 2010, che provocò la crisi dei debiti degli Stati sovrani: «Se un Paese si trova in stato di insolvenza, chi detiene i suoi titoli di Stato dovrà pagarne le conseguenze subendo un taglio del loro valore nominale».

L'errore di Merkel e Sarkozy verrà cancellato grazie al nuovo Mes che ha tutti i difetti di questo mondo, ancora intergovernativo, poco trasparente, ma il nuovo Mes, con il suo salva-banche, metterà fine a quel tragico errore dell'asse franco-tedesco del «private sector involvement». Per queste ragioni, io non voterò contro la riforma del Trattato. Io voterò in dissenso dal mio partito. Il no alla riforma non sarà in mio nome.

Veniamo al presente. La riforma del Mes (Meccanismo europeo di stabilità) è ormai una vicenda vecchia di anni e non ancora conclusa. Per l'entrata in vigore del Trattato che lo regola, infatti, è necessaria la ratifica di tutti i 19 Paesi membri dell'eurozona. All'appello mancano la Germania, che è in attesa di un pronunciamento della sua corte di Karlsruhe che dia il via libera al provvedimento di legge già votato del parlamento tedesco e l'Italia.

Da noi il dibattito è stato irrazionalmente, come abbiamo visto, molto acceso, tra chi da una parte, dicendo sì al Mes, ha detto sì all'Europa, alla moneta unica, alle quattro unioni, in particolar modo a quella bancaria e alla necessità di avere un fondo di garanzia per poter finanziare il meccanismo di risoluzione delle banche europee; dall'altra chi ha sostenuto il no, appellandosi a ragioni di limitazione della sovranità nazionale e invocando lo spauracchio del «commissariamento europeo» nei confronti del nostro Paese.

Quel dibattito sta proseguendo anche in questi giorni. Le paure sono le stesse, ma è il contesto della governance economica europea a essere radicalmente cambiato. Infatti, con l'avvento del Next Generation Eu, l'Europa, semplicemente, non è più la stessa di prima. Questo strumento, assieme alla sospensione temporanea delle regole del Patto di stabilità e crescita e all'introduzione di un Temporary Framework sugli aiuti di Stato, segna un vero e proprio spartiacque tra la «vecchia» e la «nuova» Europa.

Diciamolo chiaramente: la riforma del Mes va approvata al più presto e non deve fare paura proprio perché il contesto è mutato. Ma perché dire di sì adesso a questa ratifica? Il paradigma della condizionalità dell'erogazione dei fondi in cambio di riforme è stato definitivamente sdoganato proprio dai fondi arrivati con il Next Generation Eu e dopo un anno di sperimentazione possiamo ragionevolmente affermare che questo meccanismo di governance economica sta funzionando. Potrebbe funzionare ancora meglio se proprio il Mes venisse utilizzato in forma sussidiaria e per coadiuvare i fondi del Ngeu, in maniera da dare un utilizzo concreto ai circa 500 miliardi di euro attualmente giacenti nelle casse dello strumento e investiti sui mercati finanziari, neanche il Mes fosse una normale banca d'affari.

Come il Mes sanitario era stato pensato per finanziare l'emergenza pandemica europea ora il Mes nel nuovo modello di governance europea deve servire per finanziare la ripresa delle economie finanziando beni pubblici su scala europea. D'altronde, è stato lo stesso presidente del Mes Klaus Regling a proporre di impiegare più efficacemente i fondi dello strumento che governa, all'interno di una visione olistica della governance europea che comprenda anche la riforma del Patto di stabilità e crescita. Possibile solo a condizione che prima il processo di ratifica del Trattato sia concluso. Per questo dobbiamo affrettarci. La ratifica del Mes è un passaggio indispensabile alla luce del dibattito in corso sulla governance economica e arricchirebbe la cassetta degli attrezzi dei policy maker europei dotando l'Unione europea di una capacità di bilancio aggiuntiva. E chiudere, così, un pezzo di storia dell'Unione certamente non esaltante. Ma, si sa, l'Europa «sarà forgiata nelle crisi e sarà la somma delle soluzioni adottate per quelle crisi».

«Il Foglio», 22 febbraio 2022

IL CATASTO SPIEGATO A CHI NON LO VUOL CAPIRE, ANCHE A DESTRA

«Fare politica economica significa tre cose: analisi della realtà, rifiuto delle sue deformazioni, impiego delle nostre conoscenze per sanarle». La lezione indimenticabile di Federico Caffè è citata nel documento conclusivo dell'indagine conoscitiva sulla riforma dell'imposta sul reddito delle persone fisiche e altri aspetti del sistema tributario, approvata dalle commissioni Finanza di Camera e Senato il 30 giugno 2021. Alle parole di Caffè sono accostate quelle di Luigi Einaudi: «Conoscere per deliberare».

A entrambi gli insegnamenti si ispira l'articolo 6 del disegno di legge sulla delega fiscale, «Principi e criteri direttivi per la modernizzazione degli strumenti di mappatura degli immobili e la revisione del catasto dei fabbricati»: una misura esclusivamente di carattere programmatico e conoscitivo, che non comporta alcuna riforma dell'attuale sistema catastale, alcun aumento o modifica degli estimi, alcuna variazione delle tasse.

Non si tratta, pertanto, di un intervento finalizzato a tassare la proprietà immobiliare, tantomeno la prima casa, ma a modernizzare un sistema ormai vicino a compiere un secolo di vita.

Ecco un contributo in cinque punti per fare chiarezza.

1. Il quadro di partenza

Secondo l'ultima edizione de «Gli immobili in Italia», a cura del ministero dell'Economia e dell'Agenzia delle entrate, gli immobili nel nostro Paese sono circa 64,4 milioni, di cui 57,1 milioni di proprietà di persone fisiche. Le unità non riscontrate nelle dichiarazioni dei contribuenti sono quasi 2,1 milioni. La gestione delle banche dati catastali e lo svolgimento dei relativi servizi sono stati affidati dal 1999 all'Agenzia del territorio, dal 2012 incorporata nell'Agenzia delle entrate.

Il nostro sistema estimativo catastale risale alla legge 1249/1939 e le modifiche introdotte successivamente non ne hanno modificato l'impianto strutturale. Il dossier del Servizio studi della Camera relativo al ddl ricorda il tentativo del 2014 (legge 23) con cui si delegava al governo una revisione della disciplina relativa al catasto dei fabbricati: la delega, il cui termine di esercizio è scaduto nel giugno 2015, è stata attuata solo in parte, limitatamente alla ridefinizione delle competenze e del funzionamento delle commissioni censuarie.

La legge finanziaria per il 2005 aveva, invece, disciplinato la facoltà di adeguare parzialmente le rendite catastali ai valori di mercato da parte dei Comuni: vi hanno fatto ricorso 17 Comuni, tra cui Roma e Milano, su circa 8.000.

In materia di classamento degli immobili, l'Ufficio parlamentare di bilancio, nel testo presentato in audizione presso la Commissione parlamentare per l'attuazione del federalismo fiscale il 20 ottobre 2021, ha rilevato che «l'eccessiva ampiezza delle zone censuarie, che non riflette correttamente l'attuale eterogeneità del patrimonio immobiliare, e l'obsolescenza della definizione delle categorie catastali sono proprio i principali fattori che condizionano la rappresentatività dell'attuale sistema di rendite rispetto ai valori patrimoniali reali».

A febbraio 2020, nel documento conclusivo, la Commissione parlamentare di vigilanza sull'anagrafe tributaria rilevava

> l'obsolescenza del sistema estimativo catastale, in quanto fondato su una base normativa, mai sostanzialmente modificata, risalente al 1939, costruita in un contesto assai differente dall'attuale, e su una revisione generale degli estimi del catasto edilizio urbano risalente al periodo 1988-1989 (dm 20 gennaio 1990) [...]. Da una parte la necessità di semplificazione nei confronti dei cittadini e delle imprese – continuava il documento – e dall'altra l'esigenza di assicurare equità nella contribuzione patrimoniale, unitamente all'innovazione tecnologica e di uso delle banche dati, suggeriscono di arrivare alla creazione di un «cassetto» che contenga tutti i dati relativi a ogni singolo immobile.

2. I contenuti dell'articolo 6

In due commi l'articolo 6 declina i principi e criteri direttivi per l'esercizio della delega in materia di catasto, che prevede una semplice integrazione di dati – da completare non prima del 2026 – senza alcun effetto sulla modalità di calcolo della base imponibile dei tributi immobiliari. L'obiettivo generale della norma, come ha spiegato il presidente del Consiglio Mario Draghi, il 5 ottobre 2021, dopo l'approvazione del ddl in Consiglio dei ministri, è quello di «costruire una base di informazione adeguata»: «Il contribuente medio non si accorgerà di nulla: l'imposizione fiscale su case e terreni rimarrà invariata».

Il comma 1 indica i principi e criteri direttivi sulla base dei quali i decreti delegati dovranno rafforzare e modernizzare i meccanismi di individuazione e di controllo delle consistenze dei terreni e dei fabbricati. In primo luogo si dovranno prevedere strumenti, da porre a disposizione dei Comuni e dell'Agenzia delle entrate, per facilitare e accelerare l'individuazione ed eventualmente il corretto classamento di tre fattispecie: gli immobili attualmente non censiti o che non rispettano la reale consistenza di fatto, la relativa destinazione d'uso ovvero la categoria catastale attribuita; i terreni edificabili accatastati come agricoli; gli immobili abusivi. In secondo luogo si dovranno prevedere strumenti e modelli organizzativi che facilitino la condivisione dei dati e dei documenti, in via telematica, tra l'Agenzia delle entrate e i competenti uffici dei Comuni, nonché la loro coerenza ai fini dell'accatastamento delle unità immobiliari.

Il comma 2 stabilisce che il governo è delegato ad attuare un'integrazione delle informazioni presenti nel catasto dei fabbricati in tutto il territorio nazionale, da rendere disponibile a decorrere dal 1° gennaio 2026, e fissa i seguenti principi e criteri direttivi da seguire nell'esercizio della delega:

– prevedere che le informazioni rilevate non siano utilizzate per la determinazione della base imponibile dei tributi la cui applicazione si fonda sulle risultanze catastali né, comunque, per finalità fiscali (lettera a);

– attribuire a scopo informativo a ciascuna unità immobiliare, oltre alla rendita catastale determinata secondo la normativa attualmente vigente, anche il relativo valore patrimoniale e una rendita attualizzata in base, ove possibile, ai valori normali espressi dal mercato (lettera b);

– prevedere meccanismi di adeguamento periodico dei valori patrimoniali e delle rendite delle unità immobiliari urbane, in relazione alla modificazione delle condizioni del mercato di riferimento e comunque non al di sopra del valore di mercato (lettera c);

– prevedere, per le unità immobiliari riconosciute di interesse storico o artistico adeguate riduzioni del valore patrimoniale medio ordinario, che tengano conto dei particolari e più gravosi oneri di manutenzione e conservazione nonché del complesso dei vincoli legislativi rispetto alla destinazione, all'utilizzo, alla circolazione giuridica e al restauro di tali immobili (lettera d).

Come ricorda Claudio Togna in un intervento del 6 marzo su «L'Occidentale», riconoscendo di aver cambiato idea dopo una prima reazione difensiva preventiva, già «tutta l'Amministrazione finanziaria conosce in tempo reale entrambi i dati: 1) il valore reddituale dell'immobile (e cioè quanto può rendere se affittato) su cui viene parametrata la rendita catastale "reddituale" (fornito dagli uffici catastali); 2) il valore commerciale dell'immobile desunto dalle Conservatorie dei registri immobiliari (Agenzia fiscale del territorio - Servizio di pubblicità immobiliare)». Con l'articolo 6 – rileva Togna – ora «si rende "strutturale" il raccordo tra l'Agenzia del territorio e l'Agenzia delle entrate. Niente di più. Non vi è nell'articolo 6, in effetti, alcun elemento da cui far discernere, automaticamente, la tassazione della prima casa». Un'interpretazione di sistema della norma, e in particolare della lettera b) – aggiunge Togna – porterebbe a escludere anche che la rendita catastale attualizzata ai valori normali e presi dal mercato divenga un elemento di una più complessa fattispecie dell'obbligo tributario, dovendosi integrare con le passività inerenti in forma strutturale al cespite. Lo stesso adeguamento periodico dei valori patrimoniali e delle rendite delle unità immobiliari urbane, in relazione alla modifica delle condizioni del mercato di riferimento, sembra rendere ancora più evidente che la futura rendita catastale «tenderà a inserirsi in una sorta di "statuto personale del contribuente" in cui verranno considerate, in ossequio al principio costituzionale della capacità contributiva, anche le eventuali passività inerenti e strutturali a cespite».

È lampante la differenza rispetto alla delega del 2014, che faceva leva sull'adeguamento contestuale delle aliquote d'imposta per assicurare l'invarianza del gettito fiscale: l'articolo 6 vieta espressamente di utilizzare i dati acquisiti per la determinazione della base imponibile dei tributi ed esclude la rilevanza di tali attività ai fini della rilevazione della capacità contributiva.

I decreti legislativi non potranno mai contraddire la delega e nessun atto amministrativo potrà cancellare la norma primaria, secondo cui l'affiancamento dei valori di mercato al valore catastale non può essere usato per far pagare le tasse.

3. Gli obiettivi della mappatura

In sintesi, la riforma consentirà, dal 2026, di ottenere questi risultati:

– attualizzare un catasto vecchio di ottantatré anni, superando l'obsolescenza della definizione delle categorie catastali, che è tra i principali fattori che condizionano la rappresentatività dell'attuale sistema, e mettendo fine alla modalità adottata, per esempio dal governo Monti nel 2011, di applicare arbitrariamente e orizzontalmente un coefficiente di rivalutazione fisso degli estimi catastali per il calcolo del valore di ciascun immobile censito;

– realizzare la mappatura degli immobili, che «non ci serve per aumentare le tasse, ma per capire lo stato del patrimonio immobiliare», come ha affermato il ministro dell'Economia, Daniele Franco, in sede di audizione;

– individuare le «case fantasma» (cioè non accatastate) ovvero quelle per le quali i proprietari non pagano alcuna tassa, consentendo di avere un fisco più equo e trasparente, facendo per esempio pagare di meno «chi ha un immobile in un'area interna che ha subito una caduta di valore»;

– combattere l'evasione di gettito che deriva dalle migliaia di immobili e terreni abusivi, nonché quei terreni agricoli su cui si è edificato, che gravano anche sulle spalle di chi paga il dovuto, su cui si ribalta una serie di costi, come la tassa raccolta rifiuti e varie imposizioni comunali;

– impedire qualsiasi aumento di imposte o tributi a carico degli italiani che rispettano la legge.

4. Perché adesso

In ambito europeo, la necessità di una riforma catastale per aggiornare i valori era stata segnalata il 5 luglio 2019 nella raccomandazione del Consiglio per l'Italia. Il Piano nazionale di ripresa e resilienza indica la riforma fiscale tra le azioni chiave per dare risposta alle debolezze strutturali del Paese e, a pagina 28, fa esplicito riferimento alla Country Specific Recommendation del 2019 sulla necessità di «una riforma dei valori catastali non aggiornati». L'intervento normativo con il ddl delega provvede all'integrazione informativa senza effetti fiscali e, dunque, senza attuare il contenuto della raccomandazione.

L'urgenza di una mappatura è, comunque, evidente leggendo il rapporto *Statistiche catastali del 2020* dell'Osservatorio del mercato immobiliare dell'Agenzia delle entrate. Le attività di fotoidentificazione hanno fatto emergere oltre 1,2 milioni di unità immobiliari urbane non censite in catasto. L'ultimo rapporto Istat *SDGs 2021. Informazioni statistiche per l'agenda 2030 in Italia* stima che nel 2020 il fenomeno dell'abusivismo edilizio si traduca in 17,7 costruzioni abusive ogni cento autorizzate, con una abissale differenza geografica: al Nord 6,1 per cento, al Centro il 17,8 per cento e al Sud il 45,6 per cento.

In sintesi, l'articolo 6 del disegno di legge delega fiscale, correttamente attuato, permetterà a ogni contribuente tra quattro anni di conoscere sia il valore fiscale sia quello patrimoniale della sua casa, adeguato alle condizioni di mercato. Solo nel 2026, in base ai dati raccolti e sistematizzati con gli strumenti previsti, il Parlamento e il governo avranno una fotografia aggiornata dei valori e potranno valutare se e in che modo realizzare una riforma del catasto, che comunque non produrrà, lo ribadisco, un aggravio tributario per chi già paga il dovuto. «Abbiamo un catasto del Novecento, non equo, e con la norma non c'è nessun aumento delle tasse», ha sottolineato il presidente di Confindustria, Carlo Bonomi, intervenendo a sostegno dell'articolo 6.

Il governo Draghi si è preoccupato di un'unica esigenza, degna di un Paese moderno: dotare i futuri decisori di una base dati per poter prendere in futuro decisioni informate.

5. La casa non si tocca, né ora né mai

Al punto 11 della proposta di riforma del fisco datata 26 maggio 2021 e depositata da Forza Italia nelle commissioni parlamentari, si legge: «La revisione del catasto va perseguita in una logica di ammodernamento senza comportare una tassazione occulta. In merito alla tassazione immobiliare si rigetta qualsiasi forma di reintroduzione dell'Imu sulla prima casa». Questo è il principio politico che l'articolo 6 del disegno di legge delega fa valere, neutralizzando ogni effetto fiscale dell'intervento sul catasto. Gli estimi, le rendite e i valori patrimoniali per la determinazione delle imposte rimangono quelli attuali. Nessun impatto si avrà sui redditi rilevanti per le prestazioni sociali. Si tratta, dunque, di una riformulazione volta esclusivamente ad ammodernare il patrimonio informativo e statistico e testarlo con i dovuti tempi nei suoi possibili riflessi.

Il 4 ottobre 2021, alla vigilia del Consiglio dei ministri in cui la delegazione di Forza Italia al governo ha approvato il disegno di legge delega su cui, invece, la Lega si è astenuta, il vicepresidente del partito, Antonio Tajani, sottolineava con chiarezza in un'intervista che «Forza Italia contrasterà ogni intervento che possa alzare le imposte», riconoscendo che «Draghi ha assicurato che non ci sarà un euro di aumento. La casa non si tocca».

Il 6 ottobre, all'indomani del varo in Cdm, in un'altra intervista, Tajani aggiungeva: «Ci siamo molto impegnati per evitare un aumento delle tasse e abbiamo fiducia in Draghi. È nostra la battaglia per abbassare le tasse, sulla casa, su Irpef e Irap e si va nella giusta direzione se fino al 2026 non ci saranno aumenti. È anche una nostra vittoria. Vigileremo in Parlamento sulla legge delega, per evitare tentativi surrettizi da sinistra».

Esattamente la posizione dei ministri di Forza Italia. «Come chiesto da noi e confermato da Draghi – le parole di Mariastella Gelmini – le tasse sulla casa non aumenteranno».

Nessun esecutivo sostenuto dai voti di Forza Italia potrà avallare, anche dopo il 2026, una riforma del catasto punitiva che sprema ancora di più il settore immobiliare o che si abbatta sul ceto medio con l'alibi dell'equità nell'invarianza di gettito complessivo. Noi terremo la barra dritta. La casa degli italiani non si tocca, né ora né mai.

«Il Foglio», 8 marzo 2022

NON BASTA UNA PACE QUALSIASI NÉ UNA PACE CONTRO. BISOGNA LAVORARE A UNA PACE «PER»

Vent'anni fa, il 28 maggio 2002, a Pratica di Mare si realizzò un sogno che oggi, ai nostri occhi segnati dal dolore di una nuova guerra nel cuore d'Europa, appare un miraggio. Quel giorno i leader dell'Alleanza atlantica, nella base dell'Aeronautica militare a circa 30 chilometri dalla capitale d'Italia, adottarono formalmente la Dichiarazione di Roma, inaugurando il «Consiglio a venti» che comprendeva anche la Russia. Subito dopo, con l'arrivo del presidente russo Vladimir Putin, cominciò il vertice allargato Nato-Russia.

Indimenticabile la foto della stretta di mano tra l'allora premier italiano Silvio Berlusconi, che giocò un ruolo strategico, Putin e il presidente degli Stati Uniti George W. Bush. Un'immagine fortemente evocativa, con cui sembrò materializzarsi una nuova era di alleanze, e non più di contrapposizione e di sfida sul piano globale. Dando vita al Consiglio Nato-Russia, i capi di Stato e di governo dei Paesi della Nato si impegnarono «a costruire insieme una pace duratura e inclusiva nell'area euro-atlantica sui principi della democrazia e della sicurezza cooperativa, e partendo dal principio che la sicurezza di tutti gli Stati della comunità euro-atlantica è indivisibile».

A Pratica di Mare, a meno di un anno dagli attentati dell'11 settembre, venne, in sintesi, riconosciuta l'urgenza di superare le logiche logore del passato e di lasciarsi definitivamente alle spalle il confronto-scontro tra blocchi contrapposti. Nasceva l'idea, forte, quasi rivoluzionaria, di improntare a unitarietà di intenti e di azioni la risposta dell'Alleanza e della Federazione Russa alla rinnovata complessità della sicurezza internazionale, legata alla globalizzazione delle sfide, dal terrorismo al narcotraffico, passando per la pirateria informatica. Sfide che richiedevano reazioni efficaci, anche sul fronte della non proliferazione e della prevenzione del traffico di armi. Certo, nemmeno negli anni dieci del XXI secolo le posizioni tra gli alleati Nato e la Russia furono sempre coincidenti. Tuttavia allora si partiva dalla medesima *koiné*, da un linguaggio e da un convincimento comune: ovvero che a stimoli uguali per tutti dovessero corrispondere reazioni unitarie, che tra Nato e Russia si fosse costituito un capitale di conoscenza reciproca da non disperdere e che i meccanismi di interazione instaurati dovessero mantenere la propria utilità, talvolta prescindendo dai risultati che di volta in volta era possibile conseguire. In breve, esisteva un *acquis* tra Nato e Russia che fu possibile sviluppare, anche con iniziative comuni in seno al G8.

Da allora ne è passata di acqua sotto i ponti. Gli alleati della Nato decisero di sospendere la cooperazione civile e militare con Mosca nell'aprile 2014, a seguito dell'intervento russo in Crimea. Ma oggi, mentre vediamo i carri armati russi entrare in Ucraina, le città bombardate e milioni di civili in fuga, ci sembra più urgente che mai una dimensione paneuropea della sicurezza, dall'Atlantico fino agli Urali, come preconizzata da Charles de Gaulle nel 1959, e codificata nei «quattro spazi» comuni del vertice Ue-Russia del novembre 2003 durante la presidenza italiana del Consiglio europeo e con Romano Prodi alla guida della Commissione. Perché la sicurezza è un bene indivisibile: non può – né deve – essere costruita «contro» qualcuno. Non è un gioco a somma zero.

La «somma zero» ci riporta alla dottrina della *Mutual assured destruction* degli anni sessanta. Dobbiamo recuperare la parte migliore della nostra storia, nella consapevolezza che il «bene pubblico» più prezioso – ma anche più raro – nella comunità internazionale è la fiducia reciproca. Nel 2023 ricorderemo i cinquant'anni della Conferenza sulla sicurezza e sulla cooperazione in Europa (Csce), convocata a Helsinki il 3 luglio 1973 – in piena guerra fredda – come tentativo di ripresa del dialogo Est-Ovest. Quest'anno ricordiamo i trentacinque anni del Trattato Inf (Intermediate-Range Nuclear Forces Treaty), firmato nel dicembre 1987 da Ronald Reagan e Michail Gorbačëv per mettere fine alla vicenda degli euromissili, e da cui gli Stati Uniti si sono ritirati nell'agosto del 2019. Abbiamo bisogno di rifondare l'architettura paneuropea di sicurezza su basi autentiche di sovranità europea.

Le crisi, d'altronde, sono sempre un'occasione per imprimere una svolta. «L'evoluzione è deriva, devianza, creazione, ed è interruzioni, perturbazioni, crisi», scriveva il filosofo francese Edgar Morin in *Dove va il mondo?*. È successo con la pandemia e avverrà anche con la guerra in Ucraina. Nel fare i conti con la storia, l'Unione europea è costretta a cambiare paradigma, ed evolvere verso una maggiore integrazione che, senza depotenziare la sovranità degli Stati membri, investa su un governo politico dotato, su alcune specifiche materie, del potere democratico di agire indipendentemente dagli interessi dei singoli governi nazionali. Ciò significa puntare a una divisione verticale della sovranità, che da una parte salvaguardi l'autonomia degli Stati e dall'altra realizzi un trasferimento di potere verso un centro condiviso. Significa concepire un sistema multilivello in cui l'autorità dei governi e la volontà dei cittadini concorrano bilanciandosi in un'architettura istituzionale complessa. Significa, ancora, alzare l'asticella della sfida oltre l'egoismo dei vecchi e dei nuovi nazionalismi. Come abbiamo affrontato la pandemia con modelli nuovi, così ora abbiamo bisogno di modelli altrettanto nuovi per far fronte alla guerra in Europa.

Come ci ricordava il presidente della Repubblica, Sergio Mattarella, in un suo recente intervento, l'Unione europea non può continuare a fare affidamento soltanto sul proprio status di «potenza normativa»: non è pensabile che la sola forza, pur vigorosa, del mercato unico ci permetta di restare al passo delle sfide attuali. Per essere davvero garante della nostra autonomia strategica, e per far fronte alle discontinuità epocali del mondo attuale, oggi l'Europa deve ergersi a superpotenza: economica, militare, energetica, tecnologica. Non è sufficiente produrre norme e prescrivere comportamenti. Perché gli arbitri non vincono mai la partita.

Risolvere questa incompiutezza della costruzione europea – di un'Europa che da mercato deve diventare anche uno spazio geopolitico di principi e valori condivisi – sarà al centro del vertice informale dei capi di Stato e di governo che il presidente francese Emmanuel Macron ha deciso di organizzare per oggi e domani a Versailles sul tema di un nuovo modello di crescita e di investimenti per l'Unione europea.

L'Ue, che nel rispondere alla pandemia da Covid-19 ha ritrovato unità e solidarietà, capacità di reazione alle avversità comuni e spirito di innovazione, è viva e vegeta, a dispetto di chi la credeva e voleva morente. Questo passaggio fondamentale del nostro percorso di integrazione è stato definito come il «momento Hamilton» dell'Europa, in analogia al momento storico che ebbe come protagonista l'allora segretario al Tesoro americano, Alexander Hamilton. Colui che, alla fine del Settecento, riuscì a mutualizzare il debito accumulato dalle 13 colonie americane, per far ottener loro l'indipendenza dal Regno Unito, trasformandolo in debito pubblico federale e ponendo, così, le basi per la nascita degli Stati Uniti d'America. Similmente, anche se in Europa le cose sono un po' diverse, l'aver cambiato idea sul debito comune, cancellando le rigidità delle precedenti posizioni, ha portato alla creazione del Next Generation Eu (Ngeu), un pacchetto finanziario da 750 miliardi di euro, che ha l'obiettivo di accompagnare gli Stati membri fuori dall'emergenza Covid-19 e di ricostruire un'Unione europea più verde, più digitale, più coesa e più inclusiva.

L'invasione russa dell'Ucraina spinge ora l'Unione europea verso un'altra imprevista fase storica, completamente nuova, che richiederà un secondo «momento Hamilton», un Next Generation Eu 2 finalizzato a finanziare un rinnovato impegno dell'Unione. Collegato, questa volta, all'*hard power* e all'autonomia strategica della Ue (difesa, cybersicurezza, immigrazione, indipendenza energetica e tecnologica nei settori strategici). Come ha detto esplicitamente ieri in Parlamento il presidente del Consiglio, Mario Draghi, l'Unione europea, oggi, ha tre priorità strategiche: clima, energia e difesa. È importante che le regole di bilancio del futuro riflettano questa visione e che il contesto regolatorio venga rivisto a 360 gradi e a tutti i livelli, europeo, nazionale e regionale. Con l'addio al potere di veto, allargando gli spazi decisionali a maggioranza.

Data la complessità e l'interdipendenza del mondo in cui viviamo, è impossibile fare fronte alle sfide di domani con le regole di ieri. La fase che si è aperta con la crisi ucraina richiede impegni senza precedenti per finanziare investimenti pubblici di livello europeo e, con essi, per inaugurare una nuova governance economica, nel tentativo di rispondere al più presto, e meglio, a un ordine geopolitico che si è completamente capovolto nel giro di poche ore. Non è un caso che alla vigilia del vertice che si apre oggi a Versailles il dibattito sugli eurobond, *in primis* per finanziare le spese energetiche, sia tornato centrale.

Pensavamo al 2022 come all'anno in cui l'Unione europea avrebbe messo un punto fermo su quanto acquisito con le riforme di governance innescate dall'emergenza pandemica. Immaginavamo un lento e graduale ritorno alla nuova normalità post-Covid, sociale e finanziaria. Non sarà così. L'anno in corso potrebbe, infatti, trasformarsi nell'ennesimo nuovo capitolo per il futuro della Ue, costretta dalla terribile circostanza della guerra, per la seconda volta in soli due anni, a dover aumentare la propria spesa pubblica e a ricorrere a un maggior livello di indebitamento, proprio con l'emissione di eurobond. Perché, con lo scoppio del conflitto in Ucraina, è evidente che saranno necessari investimenti ingenti per finanziare beni pubblici europei in grado di garantire l'autonomia strategica dell'Unione: dal rafforzamento della capacità militare, alla sicurezza delle forniture di energia; dalla costruzione di infrastrutture necessarie per assicurare l'indipendenza del mix energetico, all'approvvigionamento di materie prime o componentistica fondamentale per le catene del valore (ad esempio: microchip, semiconduttori, batterie e materie rare) e per le drammatiche condizioni di milioni di profughi ucraini che stanno lasciando il loro Paese. I cittadini dell'Ue hanno, ormai, capito che i rischi geopolitici, siano essi militari, energetici, sanitari o tecnologici, devono essere affrontati su scala europea e non più a livello nazionale, inadatto ad affrontare le conseguenze di una guerra scoppiata al confine orientale europeo e, più in generale, le nuove sfide globali.

In tale contesto, la Commissione europea ha recentemente pubblicato le linee guida di bilancio per il 2023. Dalla lettura del documento, molto probabilmente concepito prima dello scoppio della guerra, si evince che l'attenzione di Bruxelles è focalizzata, quasi esclusivamente, sull'analisi della dinamica dei debiti pubblici nazionali accumulati negli ultimi due anni e sulla riattivazione dei vincoli di bilancio sospesi nel 2020 per effetto della general escape clause. La percezione che se ne ricava è quella che lo scoppio della guerra abbia, in seguito, costretto la Commissione a rivedere parzialmente il documento, prima di renderlo pubblico, preferendo tuttavia «congelare» momentaneamente il quadro di regole esistenti piuttosto che iniziare a progettare un nuovo cambio di paradigma: fornendo ai governi linee guida che rinviano, a maggio la scelta se prorogare ulteriormente o meno la general escape clause attualmente vigente fino a fine 2022, e a ottobre ogni decisione sulla riapertura delle procedure sui disavanzi eccessivi nel quadro del Patto di stabilità e crescita.

Ciò permetterebbe alla Commissione di guadagnare tempo prezioso per formulare una proposta di riforma della governance economica adattata al mutato scenario geopolitico, in un momento, lo ricordiamo, in cui i leader dell'Ue hanno avviato la discussione sulla riforma del Patto di stabilità e crescita e, complessivamente, sulla nuova governance economica. Da un lato è evidente l'esigenza di utilizzare, nella maniera più flessibile, arrivando fino a prorogarli, tutti gli strumenti attivati dall'Unione negli ultimi due anni – come la sospensione del Patto, l'introduzione del Temporary Framework sugli aiuti di Stato, l'introduzione del Ngeu, per il quale si rende necessario un aumento della dotazione finanziaria, dal momento che il valore dei progetti era stato calcolato ai prezzi del 2021, quando i tassi di inflazione erano ben al di sotto dall'attuale 5,8 per cento – e il coordinamento tra le politiche di bilancio e la politica monetaria della Bce. Dall'altro, però, tutto questo non basta.

Non basta perché, così come è stato fatto, durante la pandemia, per i lockdown imposti dai governi con l'intento di garantire a tutti il bene pubblico «salute», adesso, con le sanzioni alla Russia, abbiamo il dovere di adottare misure che correggano le distorsioni che le sanzioni stesse creano alla normale dinamica concorrenziale, per effetto della quale è il mercato a selezionare chi vince e chi perde. Nella crisi da pandemia, infatti, le regole della concorrenza sono state sospese per volontà diretta dello Stato e miliardi di euro sono stati stanziati nei bilanci pubblici sia per sostenere le imprese e i lavoratori europei in crisi sia per rilanciare le economie del Vecchio Continente. Specularmente, le sanzioni alla Russia si configurano come strumento per salvaguardare il bene pubblico europeo forse più prezioso – la pace in Europa – e per dimostrare la piena e totale solidarietà al popolo ucraino.

Dopo settant'anni di pace e prosperità in Europa è, altresì, ormai chiaro a tutti che l'Ue dovrà, d'ora in avanti, rivedere completamente le dimensioni, i modi e le sinergie relative alle spese per la propria difesa comune. I governi dell'Unione hanno, infatti, concordato di spedire mezzi militari a Kiev, e il Fondo europeo per la pace (istituito il 22 marzo 2021) acquisterà armi per 450 milioni di euro in favore dell'Ucraina, un acquisto collettivo che è il primo nel suo genere. Certamente, questo strumento va nella direzione giusta, quella di creare una difesa comune europea. Benché importante per l'alto obiettivo che si pone e, cioè, per preservare la pace, prevenire i conflitti e rafforzare la sicurezza internazionale, esso appare, indubbiamente, solo come un primo passo verso traguardi più ambiziosi.

Sappiamo bene che, per avere una vera politica europea di difesa comune, è necessaria una revisione dei Trattati, ma, in una prima fase di transizione, è auspicabile, se non addirittura improrogabile, un effettivo rafforzamento della cooperazione tra Stati in questo settore.

Talmente elevata è la complessità, talmente alti gli oneri finanziari necessari per realizzare una politica industriale comune nel settore della difesa, che la sommatoria dei costi da sostenere per mantenere ventisette difese nazionali sarebbe di gran lunga superiore a quella di avere un'unica difesa europea, e che i benefici derivanti da una strategia comune concordata a livello europeo sarebbero incommensurabilmente maggiori di quelli derivanti dal mantenimento di ventisette strategie distinte.

Il modello teorico di riferimento è quello del «monopolio naturale» sviluppato negli anni settanta dall'economista William Baumol, il quale afferma che, in alcuni settori industriali, la particolare struttura dei costi di produzione rende più efficiente una produzione fatta da un'unica impresa piuttosto che da una pluralità di imprese (il concetto matematico di subadditività delle funzioni di costo). Questo principio vale anche per la produzione dei beni pubblici di scala europea, dal momento che le reti energetiche, informatiche, di sicurezza ecc. sono tutti esempi di monopoli naturali caratterizzati da elevate economie di scala e rendimenti di scala crescenti, oltre che da funzioni di costo subadditive.

Benefici che, dunque, per l'Unione europea non sarebbero solo economici ma, soprattutto, geopolitici. Ne deriverebbe, per questa via, un più forte ruolo strategico che un'unione della difesa assumerebbe nello scacchiere globale. Anche i più grandi Paesi dell'Ue, come la Germania, la Francia e la stessa Italia, se presi singolarmente, si configurano soltanto come potenze regionali, in rapporto a superpotenze quali gli Stati Uniti, la Cina o la stessa Russia. Altra cosa è, invece, l'Unione europea considerata nel suo insieme. L'Ue su questo tema non è all'anno zero: nonostante molto resti ancora da fare, esistono già collaborazioni, consorzi e accordi a geometria variabile tra Paesi membri. In quest'ottica deve essere letto, ad esempio, lo storico cambio di passo deciso recentemente dalla Germania del neocancelliere Olaf Scholz, il cui governo ha deciso di stanziare la cifra monstre di 100 miliardi di euro per la propria difesa nel bilancio 2022.

Una scelta audace e rivoluzionaria, quella tedesca, proprio perché adottata da un Paese la cui eredità della Seconda guerra mondiale aveva impedito per decenni di ricreare una potenza militare, ma che ora può fare da apripista a un'iniziativa da coordinare a livello europeo. Altri Paesi, infatti, stanno seguendo il modello tedesco. L'Olanda, ad esempio, si è impegnata in un programma finanziario volto ad aumentare la spesa relativa alla difesa, in maniera da farla convergere verso gli obiettivi concordati in sede Nato.

A parte la difesa comune, è possibile che il conflitto in Ucraina possa accelerare anche le iniziative per coordinare a livello europeo la spesa dei singoli Stati, per finanziare i costosissimi progetti necessari per assicurare l'indipendenza energetica, quali l'approvvigionamento e lo stoccaggio comune di fonti energetiche tradizionali e alternative. Progetti il cui costo è talmente elevato, nell'ordine di grandezza delle centinaia di miliardi di euro, che meglio possono essere sostenuti a livello Ue, attraverso un potenziamento del suo bilancio, sul modello dei fondi creati con il Ngeu e, quindi, attraverso l'indebitamento sui mercati tramite eurobond.

Ancora più urgente è, poi, l'accoglienza dei milioni di cittadini profughi ucraini che stanno scappando dal proprio Paese verso gli Stati dell'Ue. Una prima intesa tra i ministri dell'Interno dei Ventisette garantirà una protezione temporanea, ma il flusso – parliamo di 800 mila profughi attesi solo per l'Italia – va organizzato e gestito.

Come abbiamo visto, la crisi ucraina, con i suoi già dolorosi risvolti civili e i rischi di destabilizzazione dell'ordine mondiale, chiama l'Europa a una responsabilità decisiva in difesa della pace e della libertà dei popoli, e rende indifferibile e urgente un'accelerazione nel processo di costruzione compiuta del progetto federale, di cui un'autentica politica economica unitaria, una difesa comune e una politica energetica coordinata sono pilastri fondamentali.

L'occasione richiede una riforma della governance economica che tenga in considerazione un approccio olistico e unitario e che preveda una riforma delle regole di bilancio europee in chiave evolutiva rispetto al quadro normativo attuale, che crei adeguati spazi di bilancio necessari al finanziamento degli investimenti in beni pubblici europei sul modello Ngeu, finanziato attraverso nuove risorse proprie di bilancio dell'Unione e l'emissione di eurobond.

Subito dobbiamo permettere l'entrata in vigore dell'accordo modificativo del Trattato che istituisce il Meccanismo europeo di stabilità (Mes) al quale affidare proposte concrete per un utilizzo dei suoi fondi in funzione di stabilizzazione anti-ciclica, al fine di creare uno strumento comune per la gestione delle conseguenze della guerra in Ucraina.

Per affrontare la crisi pandemica da Covid-19, dal 2020 in poi, l'Unione europea ha messo in campo strumenti eccezionali. Ora serve lo stesso coraggio di allora, la spinta evolutiva che nasce dalla perturbazione. Adesso serve un Next Generation Eu 2 per l'*hard power* e l'autonomia strategica della Ue, ma, più di ogni altra cosa, serve un grande investimento in fiducia e inclusione. Certamente bene, in questa fase, i Consigli europei di consapevolezza, contrasto e sanzione. Ma non basta una pace qualsiasi, né una pace «contro».

Occorre lavorare fin da ora a una pace «per». Una pace per ricomporre quella casa comune europea che era cinquant'anni fa al centro degli atti di Helsinki, una pace per giungere a un disarmo autentico, come quello che ci portò, trentacinque anni fa, a rimuovere gli euromissili e gli SS20, una pace per recuperare lo spirito di Pratica di Mare e quella spinta propulsiva che venne incanalata in istituzioni comuni, come il Consiglio Nato-Russia. Serve un sogno, un'utopia, forse una follia. Un nuovo orizzonte, con nuove leadership a Mosca: tutti nella Nato, tutti nell'Unione europea. Di fronte a fatti mai visti, servono pensieri mai fatti.

«Huffington Post», 10 marzo 2022

COSÌ VOGLIAMO PROIETTARE QUESTA CITTÀ NEL FUTURO

Quella di Venezia è una storia di resilienza millenaria, di ammirevole e instancabile allenamento alla sostenibilità: economica, ambientale, tecnologica, paesistica, artistica, culturale, sociale. Durante i suoi milleseicento anni, la vita di questa meravigliosa città è consistita nel dotarsi di una base economica sufficiente a garantire la sua artificialità, per contrastare la trasformazione in mare o in terra. Per non morire, anzi, per prosperare. Oggi siamo a un bivio. Per sopravvivere, Venezia ha bisogno di ricostruire una base economica, compatibile con la propria peculiarità, tale da permetterle di continuare a vincere la sfida. Non può vivere di sussidi, non può perseverare nella monocoltura turistica che sta portando il centro storico sotto la soglia dei 50 mila abitanti.

La Fondazione Venezia capitale mondiale della sostenibilità nasce dalla convinzione che la forza di questa storia di resilienza – la continua e vincente ricerca di un equilibrio tra una comunità umana, in origine fatta di pescatori e agricoltori come molte altre, e il suo ambiente, una laguna come tante – possa e debba servire per costruire il futuro e contrastare i rischi epocali che minacciano la sopravvivenza della città. Sia quella fisica, messa in pericolo dall'innalzamento medio del mare, sia quella della comunità, provata dall'emorragia demografica. Come Giano bifronte, il dio romano degli inizi, bisogna avere la capacità di stare nel presente con uno sguardo rivolto al passato e l'altro all'avvenire.

Venezia deve diventare la più antica città del futuro, un modello per il mondo. Acqua, verde, tecnologie, cultura: questo il mix tra radici e innovazione intorno al quale si può rilanciare la base economica della città. Lo dobbiamo a chi verrà dopo di noi. Sostenibilità, oggi, non vuole dire più fermare, intralciare e «conservare». Già l'articolo 1 della Legge speciale per Venezia (legge 171/1973) sintetizzava la questione nei termini che definiremmo di sostenibilità integrata: «La Repubblica garantisce la salvaguardia dell'ambiente paesistico, storico, archeologico e artistico della città di Venezia e della sua laguna, ne tutela l'equilibrio idraulico, ne preserva l'ambiente dall'inquinamento atmosferico e delle acque e ne assicura la vitalità socioeconomica nel quadro dello sviluppo generale e dell'assetto territoriale della Regione». Serve una cultura della sostenibilità che intrecci heritage e tecnologia. Il faro è il motto della Fondazione Cini preso da Gustav Mahler: «La tradizione non è culto delle ceneri, ma custodia del fuoco».

Nelle sue tre fasi storiche, Venezia ha saputo offrire diverse declinazioni del concetto di sostenibilità. Nel passato remoto, con la trasformazione di un villaggio di pescatori in una potenza mondiale capace di esiti artistici, architettonici e paesistici oggi riconoscibili nell'*urbs* lagunare, bene culturale tra i più preziosi del patrimonio mondiale, Venezia ha realizzato un modello di sostenibilità integrata ante litteram, fondato sulla continua evoluzione del rapporto tra la città e il suo ambiente fisico: quello lagunare «costruito» e «ricostruito» anche con ciclopiche difese a mare e deviazioni di fiumi, e quello del suo «Stato di terra» al quale regala un regime idraulico di eccellenza con il suo Magistrato alle acque. In questo ambiente difeso e artificiale, Venezia ha trovato i fondamenti del suo successo economico, marittimo e portuale che le hanno consentito di ritrovare sempre nuovi e più fruttosi equilibri ambientali, sociali, istituzionali.

Nel XX secolo la comunità veneziana si è espansa al di là della laguna che ne segnava i confini medioevali e ha affrontato la modernità nello sviluppo di Porto Marghera, mentre ha aggiornato la sua difesa dal mare con le paratie mobili del Mose. Negli stessi anni è avvenuta la sublimazione del centro storico a bene da conservare, avviando quel processo di semplificazione della base economica verso la monocoltura turistica.

Nel presente, Venezia si trova a dover fronteggiare sfide epocali, anticipando problemi che presto si manifesteranno anche in altre parti del mondo. La prima è quella alla sua stessa sopravvivenza fisica: l'Ipcc, Intergovernmental Panel on Climate Change, stima un aumento medio della temperatura di 2,1-3,5 gradi, che per Venezia significherebbe un innalzamento del livello del mare di 44-76 centimetri entro fine secolo, al quale andrà aggiunta una subsidenza naturale di circa 2 millimetri all'anno della piattaforma geologica su cui la città si fonda. La seconda sfida riguarda la creazione di una comunità inclusiva, sicura e resiliente, parte vitale di una più ampia città funzionale, capace di farsi carico della valorizzazione del bene culturale Venezia. Oggi il centro storico è, nei fatti, immerso in una più grande città quotidiana che coinvolge la terraferma anche oltre Mestre, fino a Padova e Treviso, ospitando attività produttive di pregio, costrette a difendere il loro spazio espressivo da un prevalente uso turistico che ha eroso anche parte del patrimonio edilizio un tempo residenziale.

Se la realtà ti si presenta in forme mai viste, servono pensieri mai pensati. Questo è ciò che si propone di fare la Fondazione: pensieri mai pensati per mostrare al mondo che il miracolo veneziano continuerà, combinando ancora gli obiettivi di «salvaguardia» dell'*urbs* con quelli di «rivitalizzazione» della *civitas*, la cui vitalità è la miglior garanzia della sostenibilità della conservazione del patrimonio storico, artistico e architettonico.

Dobbiamo a Marco Alverà nel 2020 la paternità dell'idea di un'iniziativa dedicata alla sostenibilità di Venezia e del suo territorio, idea che all'inizio del 2021 è stata sposata dalla Regione Veneto e dal Comune e altri soggetti, dalla Fondazione Cini alle università, al mondo imprenditoriale locale. Il 12 marzo di un anno fa la Giunta regionale ha firmato la delibera per la costituzione del progetto Fondazione, interessando la presidenza del Consiglio dei ministri. A luglio, in concomitanza con il G20 dell'economia a Venezia, è stata sottoscritta la presa d'atto dei membri del partenariato. Lunedì scorso è avvenuta la definizione della governance con la presentazione a Palazzo Ducale: ho l'onore di essere stato indicato presidente della Fondazione dal premier Mario Draghi e di essere affiancato dal sindaco Luigi Brugnaro e dal governatore del Veneto Luca Zaia in qualità di vicepresidenti.

La scommessa è straordinaria, ma non più di quelle che Venezia ha già saputo dimostrare di vincere. Ecco i primi progetti chiave che la Fondazione intende sostenere: il polo dell'idrogeno e delle energie alternative a Porto Marghera; la decarbonizzazione e la circolarità; VeniSIA, acceleratore di startup sui temi della sostenibilità; la creazione di un polo di riferimento mondiale per il dibattito scientifico e culturale sulla sostenibilità; un piano per il rilancio delle attività produttive direzionali, nazionali e internazionali, di Venezia storica; un piano per il rilancio di commercio e residenzialità locale, anche favorendo l'inclusione sociale; il potenziamento di Venezia come città campus internazionale, modello Boston, specializzata in studi e ricerche sulla sostenibilità. In un'ottica di sostenibilità integrata, occorrerà poi completare il sistema Mose per renderlo compatibile col pieno esercizio dell'attività portuale anche a barriere mobili alzate. Quell'attività portuale in laguna e fuori laguna, all'esito del concorso d'idee voluto dal governo, che deve tornare a essere parte integrante e qualificante della base economica della nuova Venezia sostenibile. Una città non più solo palcoscenico, ma luogo di produzione. Chiamerò subito altre cento aziende: dal metaverso all'agricoltura sostenibile, dalla moda all'editoria, la cultural heritage sarà non un peso, ma il nostro capitale da cui ripartire. L'obiettivo di fondo è costruire una grande Venezia, quella già percepita come area metropolitana di crescita europea, nella quale sia garantita la sostenibilità, anche economica e sociale, della Venezia storica.

La Fondazione sarà un catalizzatore di progettualità complementari alla leva strategica del Pnrr. Delle occasioni che il Piano offre al territorio si parlerà diffusamente lunedì 21 marzo, quando il tour «Italia Domani - Dialoghi sul Piano nazionale di ripresa e resilienza» promosso dalla presidenza del Consiglio farà tappa a Venezia, alle Procuratie Vecchie. Insieme a me, con Brugnaro e Zaia, saranno presenti per dialogare con cittadini, studenti, imprese e associazioni i ministri dell'Economia, Daniele Franco, e dell'Università, Maria Cristina Messa, nonché Francesco Giavazzi, consigliere economico del premier.

Ai primi «cantieri» se ne aggiungeranno altri, promossi da tutti coloro che vorranno contribuire, da protagonisti, alla resilienza di Venezia, la più antica città del futuro.

«Il Gazzettino», 16 marzo 2022

«VIVE LA FRANCE!» ORA TOCCA A NOI

«Non sono più il candidato di uno schieramento, sono il presidente di tutte e di tutti. Alla rabbia e al disaccordo darò una risposta». Dal Campo di Marte dove ha festeggiato la rielezione, Emmanuel Macron ha promesso alla Francia: «Nessuno sarà lasciato indietro. I prossimi cinque anni non saranno una continuazione di quelli precedenti. Si apre un'era nuova. Dobbiamo liberare le forze creatrici, culturali, imprenditoriali. Dobbiamo promuovere l'invenzione collettiva di un metodo rifondato, al servizio dei giovani, del Paese».

Insieme al presidente, il popolo francese ha di nuovo scelto l'Europa. Era il 2017 quando Macron, nel celebre discorso alla Sorbona, evidenziò quale fosse l'opzione:

> Potete decidere di lasciare a ogni elezione un po' più di spazio ai nazionalisti, a quanti detestano l'Europa e, tra cinque, dieci o quindici anni ce li ritroveremo anche nell'Ue, più potenti. O potete scegliere di assumervi le vostre responsabilità, ovunque, e di far avanzare questa Europa prendendone tutti i rischi: tocca a noi farlo, tocca a noi perché le cicatrici che segnano il nostro continente sono le nostre cicatrici.

Cinque anni dopo – dopo una pandemia, dopo una drammatica crisi economica e sociale, nel mezzo di una nuova guerra che scuote le coscienze di tutti noi e ipoteca pesantemente il nostro futuro – la seconda vittoria di Macron appare con ancora maggior evidenza come una decisione epocale da parte della Francia: la decisione di far avanzare questa Europa. Un'Europa che non è più quella del 2017 – sangue, sudore e lacrime, parametri rigidi, austerity – ma quella del Next Generation Eu, capace di indebitarsi per raccogliere sui mercati 750 miliardi di euro e destinarli ai ventisette Stati membri per la ripresa e la resilienza. Un'Europa che può e deve crescere ancora, dimostrandosi all'altezza delle sfide del presente.

È già tutto scritto. Ripartiamo dalla strada indicata da Macron nel 2017: «Sei sono le chiavi della sovranità futura dell'Europa. La prima chiave, fondamento di ogni comunità politica, è la sicurezza. [...] In materia di Difesa, il nostro obiettivo deve essere quello di raggiungere una capacità di azione autonoma europea, complementare alla Nato». Allora la minaccia più grave era il terrorismo, nelle forme tradizionali e in quelle cyber. Oggi il conflitto russo-ucraino, con le sue atrocità, ripropone urgentemente l'esigenza di una cultura geostrategica, di un budget e di un esercito comuni.

Cinque anni fa Macron richiamava l'obiettivo della transizione ecologica e accennava alla creazione di «un mercato europeo dell'energia» che avrebbe dovuto accelerare l'investimento sulle interconnessioni tra i Paesi europei. Oggi questa necessità è diventata impellenza, insieme all'obbligo di guardare al Mediterraneo e all'Africa per diversificare le nostre fonti di approvvigionamento e ridurre o azzerare la dipendenza energetica dalla Russia.

Al Consiglio europeo informale di Versailles del 10-11 marzo, voluto proprio da Macron, la spinta nella direzione di una maggiore integrazione europea è stata già palese. A breve si capirà se l'esito finale sarà quello di un secondo Next Generation Eu finalizzato a finanziare un rinnovato impegno dell'Unione, stavolta rivolto all'*hard power* e all'autonomia strategica dell'Ue su difesa, cybersicurezza, energia, clima e tecnologie. Oggi la Francia ha la responsabilità storica di portare a compimento il proprio semestre di presidenza del Consiglio dell'Unione europea – mancano solo cinquanta giorni lavorativi alla sua conclusione, il 1° luglio – ponendo le basi per l'esercizio di un'autentica sovranità europea: ovvero – per citare il presidente Draghi il giorno della firma del Trattato del Quirinale, il 26 novembre 2021 – «la capacità di disegnare il futuro come vogliamo noi, attraverso una gestione condivisa delle sfide comuni». Sappiamo che da qui alla fine del semestre francese ci attendono scadenze molto importanti: la presentazione di un nuovo piano per l'autonomia energetica, REPowerEu a metà maggio (e l'auspicabile adozione della proposta italiana di un price cap sull'importazione di gas dalla Russia); la sua discussione al Consiglio europeo straordinario il 30-31 maggio; una possibile revisione dei Pnrr nazionali per dare priorità ai progetti necessari per ridurre il gap di autonomia energetica, soprattutto dalla Russia. E, infine, la presentazione da parte della Commissione delle prime formali proposte di revisione delle regole fiscali europee.

Ci sono puntelli importanti che sostengono questo disegno complessivo. Il Trattato del Quirinale è lo strumento politico che permette di rafforzare la cooperazione tra i nostri due Paesi (e di superare storiche frizioni) proprio su difesa, energia e clima, affiancandosi al Trattato franco-tedesco di Aquisgrana del 2019 e potenziando nei fatti il nucleo centrale dell'Ue. Il nuovo mandato a Macron ci offre una ampia area di compartecipazione alle politiche europee, partendo dal parallelismo dei meccanismi fra i due Trattati di cooperazione.

Nella triangolazione tra Francia, Italia e Germania sta il propulsore della nuova Europa, anche dal punto di vista delle regole di bilancio. L'asse tra Macron e Draghi per una riforma del Patto di stabilità e crescita, esplicitato con l'intervento dei due leader sul «Financial Times» il 23 dicembre 2021, è destinato ora a riproporsi con forza: se prima la flessibilità sollecitata sugli investimenti per la crescita serviva a garantire la ripresa europea a lungo termine, adesso appare indispensabile per la stessa salvezza dell'economia del Vecchio Continente. Il Patto di stabilità è ormai un feticcio dal valore apotropaico: norme scritte venticinque anni fa, prima della crisi finanziaria e prima della pandemia, inasprite dieci anni orsono con drammatiche conseguenze, e disapplicate ormai da due anni perché non in grado di supportare l'Europa nel momento in cui le politiche fiscali servirebbero di più. Non a caso, fra qualche settimana sarà quasi inevitabile confermarne la sospensione anche per il 2023. Eppure, il passaggio da un modello di *fiscal regulation* alla tedesca – basato sull'automatismo delle regole e su un marcato decentramento decisionale – rispetto a uno di *fiscal capacity* alla francese – imperniato su scelte discrezionali, flessibili e accentrate di politica economica – sembrava già all'inizio degli anni duemila un punto di equilibrio non duraturo. Lo riconosceva il compianto Jean-Paul Fitoussi, nel suo *La règle et le choix*, nel 2002: «Occorre urgentemente ritornare, con riforme pragmatiche e graduali a una forma di governo in cui le scelte dominano le regole. [...] Rimasta in mezzo al guado, [...] l'Europa appare oggi come un luogo vuoto della sovranità, un governo delle regole e non della scelta [...] per dirla in una frase, la governance di uno spazio ha bisogno di vera sovranità».

Anche la Conferenza sul futuro dell'Europa – finora una incompiuta – si carica di senso nel momento in cui la posta in gioco alternativa è la disintegrazione dell'Ue. Le istituzioni sono come organismi viventi: non possono restare immobili. Evolvono o regrediscono. Oggi, dopo le urne, Macron potrebbe riproporre integralmente le sue parole del 2017 riferite alla nascita dell'Europa: «L'idea ha trionfato sulle rovine, il desiderio di fraternità ha trionfato sulla vendetta e sull'odio. Fu la lucidità dei padri fondatori a trasformare questa lotta secolare per l'egemonia europea in cooperazione fraterna o in rivalità pacifica. Dietro alla Comunità per il carbone e l'acciaio o al mercato comune si trovava la promessa di pace, prosperità e libertà che ha attraversato la nostra storia».

Ecco, domenica il popolo francese ha scelto l'integrazione contro la disintegrazione, l'europeismo al posto del sovranismo, l'impegno per la pace alla guerra riproposta ferocemente nel nostro continente dalla Russia di Putin.

Adesso tocca a noi.

Tocca a noi perché il risultato francese si proietta nella nostra vita pubblica e s'impone come un nuovo paradigma politico, chiamando i partiti ad assumere una responsabilità storica. Il centrodestra deve decidere se continuare a proporsi come potenziale maggioranza di governo senza uscire dall'ambiguità di un sostanziale scetticismo o, peggio, ostilità nei confronti di una compiuta integrazione europea. Nel mondo di oggi, con lo scenario internazionale rivoluzionato dalla guerra in Ucraina e dalla pandemia, l'Europa non è un orpello da indossare o da nascondere a seconda delle convenienze del momento. È una scelta di base, centrale e dirimente, della proposta politica.

La piena adesione di Matteo Salvini al progetto sovranista di Marine Le Pen, ribadita nel commento a caldo del voto, pone alla coalizione una pregiudiziale sempre più difficile da sormontare. Non meno privo di ambiguità è il silenzio di Giorgia Meloni, quasi che la vittoria di Macron su Marine Le Pen ponesse una riflessione molto ponderata prima di scegliere da che parte stare. Ma l'idea di un primato dello Stato sull'Unione e della legge nazionale su quella sovranazionale – idea sintetizzata nell'ambiguo vessillo dell'«Europa delle nazioni» – condanna l'Ue all'incompiutezza di un modello intergovernativo che è incompatibile con le scelte di politica fiscale, energetica, estera e militare a cui i governi sono chiamati.

Senza una compiuta integrazione in questi ambiti, lo ricordavano sia Enrico Letta sia Mara Carfagna su queste pagine, è ormai evidente che nessuno Stato europeo in futuro sarà certo di poter garantire ai propri cittadini i diritti politici, economici e sociali sviluppati negli ultimi settant'anni, sintesi delle tre culture da cui l'Europa nasce, quella liberale, quella cristiana e quella socialista. La cosiddetta

«Europa delle nazioni», in altri termini, è destinata ad avere come unica scelta autonoma possibile quella della potenza (non europea) dominante dalla quale farsi proteggere, e di cui giocoforza adottare il modello culturale di riferimento, con buona pace dell'illusorio ideale sovranista da cui nasce.

Ha ragione Antonio Tajani a sottolineare che «il populismo perde, ma cinque anni di presidenza hanno reso troppo forti le estreme. Per costruire il futuro – è la logica deduzione del vicepresidente del mio partito – l'Ue ha bisogno di un centrodestra europeista, popolare, liberale e cristiano». «Se no, no!», aggiungiamo noi.

Non sono tempi per ipocrisie o tatticismi elettorali. La crisi geopolitica, che torna a dividere il mondo in due blocchi, chiama la coscienza della classe dirigente al coraggio di riconoscere che scegliere la democrazia oggi vuol dire promuovere l'Europa, che della prima è la naturale evoluzione e il pieno compimento. Questa scelta non può essere allo stesso tempo proclamata a parole e smentita da equivoci e doppiezze, né può essere il frutto di una valutazione di convenienza fatta a posteriori, come l'ha intesa il leader del Movimento cinque stelle, Giuseppe Conte, che, dopo aver esibito un'improbabile terzietà nella sfida dell'Eliseo, ieri ha scoperto che la rivale di Macron era «una destra di ispirazione xenofoba». Sul carro dei vincitori non c'è più spazio per l'opportunismo, perché i vincitori oggi coincidono con i più responsabili.

Quanto questo sia vero lo dimostrano le lacerazioni e i dubbi che dividono il centrosinistra su temi decisivi come le responsabilità della guerra, il diritto dell'Ucraina a difendersi, l'adesione alla Nato, il primato della democrazia liberale. Le preoccupazioni elettorali del Pd scontano dolorosamente le contraddizioni di un'alleanza innaturale tra riformisti e massimalisti, tra atlantisti e nostalgici del comunismo, tra difensori della democrazia rappresentativa e inguaribili fan del populismo.

Lo scenario internazionale richiede oggi scelte precise per preservare le conquiste dei nostri padri, dalla liberazione alla ricostruzione, scelte che una parte del sistema politico, per convinzione o per convenienza, fatica a compiere, da ambo le parti degli schieramenti. Occorre, allora, prendere atto che la democrazia bipolare, costante incompiuta della Seconda Repubblica, è morta dentro il sistema dei partiti fondati sulle ideologie e non risponde a ciò che si muove fuori da essi. Vale anche per la Francia, come abbiamo visto: le antiche divisioni tra destra e sinistra non rappresentano più nulla. E in Italia i più recenti vincoli di appartenenza e di alleanza tra le forze politiche aprono divisioni difficilmente ricomponibili nell'attuale sistema, e rischiano di togliere al nostro Paese forza propulsiva nella costruzione della nuova Europa che si sta definendo dopo la rielezione del presidente Macron.

Una legge elettorale che non aiutasse il quadro politico a dismettere questo bipolarismo «bastardo» e a riposizionarsi attorno alle nuove opzioni strategiche qui descritte sarebbe un imbroglio per i cittadini e porterebbe qualunque maggioranza verso l'ingovernabilità e la paralisi. Per questo il voto francese è una sveglia anche per noi. Da una parte sola, dalla parte dell'Europa.

«Huffington Post», 26 aprile 2022

PRODUTTIVITÀ, SALARI E CRESCITA: È L'ORA DI UN PATTO SOCIALE EUROPEO

L'Europa è a un bivio della storia. Ce lo ha ricordato il presidente Mattarella, descrivendo un Vecchio Continente in mezzo al guado, stretto tra il rischio di «una regressione» e «la capacità di sopravvivere ai mali del proprio passato e di superarli definitivamente». È da qui che dobbiamo partire per analizzare il nostro presente: due anni di pandemia, una crisi sociale ed economica da superare, una guerra imprevista che rievoca i peggiori incubi del Novecento, nuove sfide da affrontare con tempestività e responsabilità: l'indipendenza energetica, la sicurezza e la difesa comune.

La lezione del biennio 2020-2022 è che non c'è interesse nazionale fuori dall'Ue, non c'è sovranità possibile, se non europea. Per questa ragione, le questioni economiche cruciali che agitano il dibattito pubblico in Italia – il lavoro, i salari, il potere d'acquisto, l'inflazione, la crescita – devono essere affrontate con uno sguardo bifronte: all'interno, certamente, ma anche e soprattutto all'Europa. Senza semplificazioni, scorciatoie e opportunismi ideologici. Nel segno della coesione sociale e di un nuovo patto tra governo, imprese e sindacati. Come accadde con il protocollo Ciampi-Giugni del 1993.

L'emergenza salariale, oltre i dualismi

Nessuno nega l'esistenza di una emergenza salariale, evidente già prima della pandemia e del conflitto russo-ucraino. Nella incerta fase attuale – come ho evidenziato con Michele Tiraboschi nel saggio *Salari e nuova questione sociale: la via maestra delle relazioni industriali* appena pubblicato su «Adapt» – il dibattito italiano si è irrigidito su due posizioni, che prospettano soluzioni opposte e inconciliabili. Da un lato si propone, a fronte della crescita dell'inflazione e della perdita del potere di acquisto da parte dei lavoratori, un generalizzato aumento dei salari a carico delle imprese, come «corrispettivo» di un nuovo impegno dello Stato a sostenere il sistema produttivo. Dall'altro si risponde che il sistema delle imprese è già pesantemente colpito dalla crisi energetica e dagli aumenti dei costi di produzione derivanti dalla difficoltà di approvvigionamento delle materie prime e, pertanto, non dispone di risorse per erogare aumenti salariali.

Incuranti dei fallimenti del passato, che ancora oggi pesano sulle prospettive di sviluppo e tenuta sociale, entrambi gli schieramenti hanno un solo punto in comune: la proposta di maggiore spesa pubblica, e dunque di soluzioni a carico dello Stato e delle future generazioni, senza peraltro indicare le relative coperture. La divisione radicale tra i due orientamenti sta solo nell'individuazione dei beneficiari: i lavoratori o le imprese.

Il nodo della produttività

Nel 2020 le retribuzioni stabilite dalla contrattazione nazionale hanno continuato a crescere molto lentamente: +0,7 per cento su base tendenziale nel settore privato non agricolo e +0,6 per cento nel complesso dell'economia. Un problema ormai cronico, di cui sono ben note le possibili soluzioni. Nel medio periodo i salari reali si possono alzare soltanto aumentando la produttività ed evitando che il valore aggiunto venga trasferito altrove. La comparazione con le dinamiche salariali di Paesi come Francia e Germania mostra chiaramente come negli ultimi decenni la produttività italiana non sia cresciuta, diversamente da quanto avvenuto di là dalle Alpi. Prima della crisi pandemica, tra il 2000 e il 2020, la produttività era aumentata solo dello 0,33 per cento in media all'anno nel nostro Paese, contro l'1 per cento in Germania e lo 0,94 per cento in Francia.

In Italia, grazie alla contrattazione collettiva, i salari nominali sono cresciuti parallelamente all'inflazione, con salari reali invariati nonostante nessun aumento di produttività. La stagione eccezionale che viviamo ha aumentato le vulnerabilità e le situazioni di disagio anche per chi ha un'occupazione. A queste persone non si può rispondere solo in termini di fredda razionalità economica. Le forzature, però, non servono, men che mai un muro contro muro tra governo e attori sociali che disperde il bene più prezioso nelle situazioni di emergenza: quello della coesione sociale. Occorre un metodo condiviso che unisca economico e sociale dentro un disegno unitario, capace di contenere dentro un unico percorso le inevitabili misure di tipo emergenziale con misure di medio e lungo periodo in grado di dare risposte strutturali e durature, in linea con il Pnrr.

L'esigenza di un patto sociale

Ancora una volta è essenzialmente una questione di metodo e di buona politica, per tenere insieme crescita e giustizia sociale. Bisogna evitare che l'emergenza salariale e anche quella occupazionale, già segnalata dai numerosi tavoli di crisi, alimenti tensioni sociali. La diffidenza verso forme di concertazione vecchio stampo è comprensibile, ma è la storia del nostro Paese a dimostrare come le svolte epocali in economia – dalla fine della scala mobile alla partecipazione all'unione monetaria – siano avvenute attraverso assunzioni di responsabilità tra governo e attori sociali.

Oggi serve un patto sociale basato su tre assi: sistema contrattuale, politica industriale e fiscalità. Il modello da seguire è quello del protocollo Ciampi-Giugni del 1993 che è riuscito ad agganciare e correggere alcune dinamiche dei processi di contrattazione collettiva ponendo fine alla stagione della «conflittualità permanente» e responsabilizzando per la prima volta la contrattazione collettiva, soprattutto al livello decentrato, rispetto alle istanze di efficienza e produttività e non solo a quelle, più tradizionali, di tipo distributivo. Questo modello, invecchiato rispetto alle proposte, è però ancora attuale nel metodo, e lo dimostra quanto avvenuto nel lavoro pubblico con il Patto per l'innovazione del lavoro pubblico e la coesione sociale sottoscritto il 10 marzo dello scorso anno con Cgil, Cisl e Uil e che ora sta trainando positivamente i rinnovi contrattuali del settore.

L'equivoco del salario minimo

La correlazione tra lavoro povero e legge sul salario minimo banalizza un problema reale, che è quello delle attività senza contratto o senza mercato. Chi mal cita la bozza di direttiva europea sul tema dimentica di sottolineare come il testo non vada nella direzione di imporre un salario minimo legale o di rendere efficaci *erga omnes* i contratti collettivi. Certo non lo esclude, ma si riferisce chiaramente ai Paesi con basso tasso di copertura della contrattazione collettiva. Non è il caso del nostro. Poiché il salario minimo non affronta il nodo dei bassi salari derivanti dalla bassa produttività, la misura applicata in Italia finirebbe per ridurre l'occupazione, almeno l'occupazione regolare.

I possibili interventi, dal taglio del cuneo alla partecipazione

La riduzione strutturale del cuneo fiscale e contributivo è, al contrario, un obiettivo da perseguire, per esempio attraverso una detassazione semplificata di tutte le indennità (lavoro notturno o festivo e prefestivo) e di tutti i premi definiti da accordi aziendali o interaziendali (filiere e territori), in modo tale da incidere positivamente sulla produttività senza alimentare inflazione. Chi condivide queste scelte di spesa ha, tuttavia, il dovere di indicare le coperture. Il tema delle risorse, necessariamente sul tavolo del patto sociale, impone a maggior ragione di attuare urgentemente e coerentemente la riforma del reddito di cittadinanza contenuta nella legge di bilancio per il

2022, a partire dal coinvolgimento delle agenzie private del lavoro, con l'obiettivo di evitare inefficienze e disincentivi all'impiego.

In questo scenario appaiono ragionevoli misure tampone a tutela del potere d'acquisto dei lavoratori, come un intervento sull'extragettito non solo delle società energetiche, ma anche sull'Iva, immaginando, per esempio, una riduzione su un paniere di beni di prima necessità a favore delle fasce più deboli.

Nel medio periodo la via maestra per aumentare la produttività resta il rilancio della contrattazione di secondo livello e la connessione tra salari e andamento di impresa. L'eccezionalità del momento che viviamo suggerisce, inoltre, di intervenire in modo deciso sul welfare aziendale. Una soluzione ottimale per abbattere il cuneo fiscale, perché, per definizione, non è reddito da lavoro.

Tra le forme di decontribuzione per le imprese si potrebbe, invece, ampliare la sperimentazione avviata in passato sulle forme di partecipazione dei lavoratori. Tema che, assieme a una rivisitazione degli assetti contrattuali, ben potrebbe essere oggetto dell'auspicato patto sociale, con una successiva legislazione (non divisiva, come quella sull'articolo 39) di attuazione dell'articolo 46 della Costituzione, con un focus specifico su forme di partecipazione economica dei lavoratori, ossia meccanismi di *profit sharing* e *gain sharing* di cui la contrattazione di produttività è un esempio.

Patto sociale come bene pubblico europeo

Torniamo all'Europa. La strada di un nuovo patto sociale per migliorare le condizioni di lavoro e il funzionamento dei mercati del lavoro europei si inserisce nel quadro di riforme costruito dall'Unione durante la pandemia, con la messa in campo dei 750 miliardi di euro del Next Generation Eu, e deve rappresentare la cornice entro la quale inserire gli interventi del Pnrr.

Un nuovo patto sociale, dunque, che sostenga le innovazioni e le transizioni necessarie – amministrativa, digitale, ecologica – per raggiungere un maggior livello di produttività e di crescita, a livello italiano ed europeo, e che favorisca il progetto di integrazione. Tutto sulla scia di un nuovo europeismo, incarnato dalla proposta di revisione del Patto di stabilità avanzata dai presidenti Draghi e Macron sul «Financial Times», capace di superare il quadro di regole e parametri rigidi attualmente in vigore, non più adatti ad affrontare le sfide di una società profondamente diversa da quella degli anni novanta. La nuova Europa nata con il Next Generation Eu potrebbe rafforzarsi già a breve, sulla scia del Consiglio europeo informale di Versailles del 10-11 marzo, promuovendo un secondo Ngeu per finanziare gli investimenti necessari a dotare l'Unione di una più forte autonomia strategica, sia in campo energetico sia in campo militare. Un patto sociale per più crescita, più produttività, più salari e più coesione sociale si configura, oggi, come un bene pubblico europeo. Un gioco a somma positiva, vantaggioso per tutti, che al bivio della storia impedisca all'Europa di imboccare la via della regressione e permetta, invece, di superare definitivamente i mali del passato. Insieme.

«La Stampa», 3 maggio 2022

OGGI GUIDO CARLI STAREBBE DALLA PARTE DI DRAGHI E MACRON, PER LA NUOVA EUROPA

Comincio la mia riflessione, in questi tragici momenti, che toccano la nostra vita di italiani e di europei, ricordando Guido Carli e l'Europa.

Tanto ha fatto Carli per l'Europa. Potremmo anche dire: «Tutto».

Fu Carli, fin dal secondo dopoguerra, ad avallare e negoziare i «vincoli esterni» che hanno, di fatto, obbligato l'Italia a delegare, a istituzioni internazionali e sovranazionali, rilevanti quote di sovranità, con lo scopo di migliorare l'economia e l'efficienza del Paese.

Attraverso i suoi molti incarichi, da negoziatore per l'adesione italiana agli Accordi di Bretton Woods a presidente del Mediocredito Centrale, da governatore della Banca d'Italia a ministro del Tesoro, è stato indubbiamente tra i principali protagonisti della trasformazione dell'Italia da società chiusa, a economia protetta, a società aperta, a economia di mercato.

Quest'anno si celebra il trentennale del suo capolavoro negoziale «europeo»: il Trattato di Maastricht, di cui – da ministro del Tesoro nel settimo governo Andreotti – fu tra i firmatari per l'Italia il 7 febbraio 1992. Le contrapposizioni tra Stati membri erano, allora come ora, molto aspre, ma il nostro Paese diede prova di grande lungimiranza e unità, nella convinzione che l'Europa potesse rappresentare un'opportunità imperdibile per la modernizzazione del Paese.

Nella sua autobiografia *Cinquant'anni di vita italiana*, Carli scriveva come l'Italia avesse ricevuto con il Trattato «una nuova occasione per ritentare l'impresa ripetutamente fallita in questi decenni: innestare l'economia di mercato nel tessuto vivente, nelle fibre della società, introdurla a mentalità della classe dirigente, favorire la nascita di una nuova classe dirigente»: è la stessa opportunità che ci troviamo oggi di fronte con il Next Generation Eu.

A trent'anni da Maastricht, possiamo dire che il percorso di integrazione monetaria ha contribuito al recupero della credibilità in materia di finanza pubblica in un Paese affetto da azzardo morale cronico.

Durante il negoziato, i tedeschi, il cui rigorismo si era esacerbato sul finire del 1991, spingevano per inserire rigide soglie parametriche nel testo. Anziché il rispetto pedissequo di una soglia, Carli propose, e riuscì a ottenere, l'introduzione del criterio della tendenza a un obiettivo soglia. Un merito storico di cui ha beneficiato tutta l'Europa.

Qui vengo al cuore del mio discorso: che cosa farebbe oggi Carli per l'Europa?

Non ho alcun dubbio: starebbe dalla parte di Draghi e Macron, sosterrebbe lo spirito aleggiato al Consiglio europeo informale di Versailles del 10-11 marzo, sosterrebbe il disegno di un'Europa sovrana su energia e sicurezza attraverso un nuovo indebitamento comune. Un nuovo «momento Hamilton». Un Next Generation Eu 2 che, stavolta, non dovrebbe essere ripartito tra ventisette Stati come avvenuto per rispondere alla crisi provocata dalla pandemia, ma dovrebbe servire a raccogliere fino a 2.000 miliardi per rafforzare la sovranità europea nei settori strategici che la guerra in Ucraina ha drammaticamente messo in risalto come punti di fragilità del processo di integrazione: energia e difesa, appunto!

Il 9 maggio, lunedì prossimo, l'Europa è a un bivio. Citando il presidente Mattarella, quello tra «una regressione della sua storia» e «la capacità di sopravvivere ai mali del proprio passato e di superarli definitivamente». Ci saranno due discorsi lunedì: quello violento di Putin a Mosca, nella Piazza Rossa, per le strumentali celebrazioni della vittoria russa sui nazisti; quello di Macron a Strasburgo, all'Europarlamento, per la cerimonia conclusiva della Conferenza per il futuro dell'Europa, dove il presidente francese pronuncerà parole sull'Unione che ci attendiamo ancora più forti di quelle pronunciate alla Sorbona il 26 settembre del 2017. Revisione dei Trattati, sovranità europea, difesa comune, politica estera comune, rivoluzione digitale e ambientale.

Da un lato, a Mosca, l'involuzione insanguinata e la tragica regressione della guerra, un disegno di egemonismo da parte di un'autocrazia, inefficiente e violenta come tutte le autocrazie. Dall'altro lato, a Strasburgo, un progetto di crescita, di inclusione, di diritti, di democrazia e libertà.

Guido Carli ci ha insegnato dove stare: da una parte sola, quella della nuova Europa. Un'Europa capace di resistere agli «istinti animali» (per riprendere l'espressione che usò per definire le forze della società italiana che remavano contro l'efficienza) per far prevalere la responsabilità collettiva. Un'Europa pronta a modificare i suoi Trattati per rafforzarsi, come ha chiesto Draghi il 3 maggio a Strasburgo evocando un «federalismo pragmatico», e come prevede la risoluzione approvata dal Parlamento europeo il 4 maggio con l'avvio di una nuova Costituzione europea.

Nessuno Stato si salva da solo, non c'è sovranità possibile se non europea. «Nel dubbio, per l'Europa», ci ammoniva Helmut Kohl.

Oggi Carli starebbe al fianco di Mario Draghi, il miglior interprete di questo spirito del tempo, *Zeitgeist*, il suo miglior erede. Per un'Europa più forte, più ricca, più giusta e – in ultima analisi – più sovrana. Per quell'Europa che è nelle strade di Buča e nei tunnel di Mariupol, come ha detto ancora questa mattina la presidente dell'Europarlamento Roberta Metsola. Ha ragione: non c'è alternativa all'Europa, baluardo della democrazia liberale, della pace e della libertà. È questo che Guido Carli aveva capito prima degli altri.

Ora tocca a noi. Il futuro dell'ordine democratico globale è sulle nostre spalle. Dobbiamo difendere la politica della speranza. «Whatever it takes». «L'Europa sarà forgiata nelle crisi e sarà la somma delle risposte a quelle crisi», diceva Jean Monnet. Oggi è il tempo delle risposte.

Discorso in occasione della XIII edizione del
Premio Guido Carli, Roma, 6 maggio 2022

L'EUROPA SI REGGE SOLTANTO SU UN PATTO TRA ROMA, PARIGI E BERLINO

Nel 1946 Konrad Adenauer disse che «la salvezza della Germania e la salvezza dell'Europa sono la stessa cosa». Questa frase mi ha accompagnato, settantasei anni dopo, nella mia prima missione bilaterale da ministro della Pubblica amministrazione del governo Draghi, il 16 e il 17 maggio a Berlino.

Viviamo tempi complessi. Dopo due anni di pandemia e di crisi economica e sociale, i vaccini ci avevano fatto intravedere la luce della ripresa. Non avevamo sbagliato un colpo. Nel 2020 l'Unione europea aveva dato vita al suo «momento Hamilton», indebitandosi sui mercati per 750 miliardi di euro per finanziare i Piani di ripresa e resilienza dei ventisette Stati membri. Nel 2021 l'Italia aveva saputo organizzare una campagna vaccinale straordinaria e attuare con coraggio una strategia che ha garantito il massimo livello di sicurezza sanitaria con il massimo livello di apertura delle attività economiche. La crescita del Pil del 6,6 per cento, seconda solo a quella della Francia, ha testimoniato la bontà delle scelte dell'esecutivo, il grande senso di responsabilità degli italiani e la forza del nostro tessuto produttivo.

Dallo scorso febbraio la guerra in Ucraina e la tensione con la Russia hanno, però, di nuovo coperto di nubi il cielo d'Europa, rivelandone le fragilità e i nodi irrisolti: l'integrazione incompiuta, la dipendenza energetica, l'assenza di una politica comune di sicurezza e di difesa, le eccessive rigidità dei processi decisionali. Nonostante questo, l'Unione ha saputo approvare finora cinque pacchetti di sanzioni nei confronti della Russia e oggi ha presentato REPowerEu, il maxi piano energetico per rendere l'Ue più indipendente dalle forniture russe entro il 2030. Le risposte arrivano, non bisogna essere ingenerosi.

«L'Europa sarà forgiata nelle crisi e sarà la somma delle soluzioni adottate per rispondere a quelle crisi», diceva Jean Monnet. «La federazione europea non ci si presentava come un'ideologia, non si proponeva di colorare in questo o in quel modo un potere esistente. Era la sobria proposta di creare un potere democratico europeo», spiegò Altiero Spinelli, autore con Ernesto Rossi del Manifesto di Ventotene.

Adenauer, Monnet, Spinelli. Un tedesco, un francese, un italiano, tutti storici protagonisti del sogno europeo. Oggi è dalla triangolazione tra Italia, Francia e Germania che bisogna ripartire per costruire la nuova Europa. Il Trattato del Quirinale ha saldato l'asse tra l'Italia di Draghi e la Francia di Macron. In autunno sarà adottato dal presidente Draghi e dal cancelliere Scholz il piano d'azione italo-tedesco, attualmente in corso di negoziato, che si occuperà di rafforzare la cooperazione tra Italia e Germania. Un capitolo sarà dedicato alla Pubblica amministrazione.

La pandemia ci ha insegnato che nessuno si salva da solo: la salvezza è nell'Europa. Vale lo stesso per le nuove sfide epocali che dobbiamo raccogliere con urgenza, quelle che Macron aveva già individuato nel suo discorso alla Sorbona del settembre 2017 e che ha riproposto il 9 maggio all'Europarlamento, in perfetta sintonia con le parole di Draghi pronunciate il 3 maggio scorso, sempre a Strasburgo. Un comune sentire che non è più solo italo-francese, nel solco del Trattato del Quirinale, ma che oggi appartiene a un più ampio nucleo propulsivo di avanguardie europee. Ne è la riprova la recente iniziativa attorno a cui si sono aggregate Germania, Italia,

Spagna, Paesi Bassi, Belgio e Lussemburgo affinché la Conferenza sul futuro dell'Europa non sia un punto di arrivo, ma di partenza, verso forme più avanzate di integrazione, senza escludere proposte condivise di revisione dei Trattati. Sovranità europea, autonomia energetica, sicurezza comune: in una sola parola, la volontà comune di disegnare assieme il nostro futuro, senza che esso venga predeterminato da potenze straniere o attori esterni.

La mia missione a Berlino si è inserita nel momento di massimo impegno della presidenza tedesca del G7 ed è cominciata da un incontro con la Commissione affari europei del Bundestag proprio nel giorno in cui Bruxelles ha diffuso le previsioni economiche di primavera, con stime di crescita nettamente ridimensionate rispetto alle precedenti, sia per l'Italia sia per la Germania. Ho voluto rassicurare i colleghi parlamentari tedeschi: l'Italia manterrà gli impegni assunti nel Piano nazionale di ripresa e resilienza. Il Pnrr è un contratto, e i contratti si rispettano. Come abbiamo fatto finora, anche perché l'Italia è il Paese che più ha beneficiato della solidarietà e della credibilità europea.

Con Markus Richter, Segretario di Stato al ministero federale degli Interni, con delega alla funzione pubblica, che ho incontrato presso l'Ambasciata d'Italia assieme all'ambasciatore Armando Varricchio, abbiamo posto le basi per una cooperazione rafforzata tra Italia e Germania in materia di riforma e innovazione della Pubblica amministrazione, anche nel quadro del futuro piano d'azione italo-tedesco. Quattro le priorità individuate: promozione delle competenze digitali dei lavoratori pubblici, potenziamento della mobilità tra i due Paesi, attrattività della Pa, digitalizzazione. Sulla scia di quanto già concordato con la Francia, è mia ferma intenzione intensificare gli scambi tra la nostra Sna, le altre Scuole nazionali dell'amministrazione e gli istituti universitari d'eccellenza come la Hertie School of Governance di Berlino, con cui abbiamo già avviato un proficuo confronto. Un ulteriore cantiere è quello delle semplificazioni, per facilitare il «salto verde» delle nostre economie: il governo tedesco ha promosso una task force che concluderà i suoi lavori entro l'estate e abbiamo concordato uno scambio di buone pratiche, alla luce delle recenti misure italiane per accelerare lo sviluppo delle rinnovabili, a partire dal fotovoltaico su tutti gli edifici pubblici.

Sbaglia chi pensa che siano interventi limitati alla Pa. Creare una classe dirigente profondamente europea, accomunata dagli stessi valori e attrezzata, dal punto di vista delle conoscenze e delle competenze, per raggiungere obiettivi condivisi di sviluppo e modernizzazione è un esercizio di democrazia. Irrobustire la capacita amministrativa per attuare i progetti dei Recovery Plan significa muoversi nella stessa direzione: verso un'Europa più forte e più sovrana, capace di parlare con una voce sola sull'energia, sull'inflazione che rischia di provocare una spirale prezzi-salari, sulla modifica dei Trattati e delle regole di bilancio auspicata da Draghi e da Macron.

Italia, Francia e Germania devono giocare da protagoniste tutte le partite, che sono interconnesse. Anche le più complicate. È attesa per il 23 maggio, nel contesto dello Spring Package, la proposta della Commissione Ue di prorogare per un altro anno, fino a tutto il 2023, la clausola di salvaguardia che da marzo 2020 ha sospeso le regole del Patto di stabilità e crescita fino alla fine del 2022. Attorno a questa scelta, dobbiamo evitare scelte polarizzanti, o anche soltanto dogmatiche, come quella contenuta nel documento tedesco di strategia fiscale preparato per il ministero delle Finanze dall'economista Lars Feld, dalle connotazioni marcatamente rigoriste, che prospetta un ritorno alle regole di bilancio pre pandemia, nazionali ed europee, possibilmente già nel 2023.

Nel paper non c'è traccia di Europa, se non per questo passaggio. Ma sono troppe le «interdipendenze» reciproche dei singoli Stati, Germania compresa, per rinunciare a seguire l'altra strada: quella, nell'immediato, di un Next Generation Eu 2 per sicurezza ed energia e quella, in prospettiva, di una nuova Europa che porti a compimento il progetto visionario dei padri fondatori. Nel segno di Adenauer, Monnet, Spinelli. E del monito di Helmut Kohl: «Nel dubbio, per l'Europa».

«Milano Finanza», 19 maggio 2022

IL VINCOLO ESTERNO È UN GRAN VACCINO CONTRO L'OPPORTUNISMO SOVRANISTA

«L'Europa si attacchi al tram». «Ci sono ministri che plaudono al "vincolo esterno" e alle lezioni dell'Europa. Se è meglio essere comandati da qualcuno all'esterno allora i ministri che ci stanno a fare?». Battute, si dirà, ma sta riaffiorando, in seno alla maggioranza, il bestiario ben noto sulle «pagelle», «i compiti a casa», la nostalgia della sovranità perduta.

È una storia che viene da lontano, purtroppo trita e ritrita. Riavvolgiamo il nastro a trent'anni fa, quando fu siglato il Trattato di Maastricht. A negoziare per l'Italia, con un ruolo di primo piano, c'era Guido Carli. Quel Trattato era – nelle sue parole – «una nuova occasione per ritentare l'impresa ripetutamente fallita in questi decenni: innestare l'economia di mercato nel tessuto vivente, nelle fibre della società, introdurla a mentalità della classe dirigente, favorire la nascita di una nuova classe dirigente». Fu dunque lui, come nessun altro, a individuare, con estrema onestà intellettuale, il beneficio del «vincolo esterno» per un Paese come il nostro, a riconoscere come alla cessione di quote di sovranità siano sempre corrisposti progressi dal punto di vista economico e sociale.

Le tappe dell'integrazione europea, dalla Comunità europea del carbone e dell'acciaio (1951) a oggi, ci dimostrano quanto la frattura tra europeismo e nazionalismo (allora si chiamava così) abbia attraversato l'intero processo. Da un lato l'accento sui valori della membership, ossia della cooperazione e dell'interdipendenza tra gli Stati; dall'altro lato, l'accento sui difetti e i vizi dello stare insieme. In Italia, per troppi anni, questa dialettica ha assunto la fisionomia dell'«azzardo morale» cronico: far finta di stare al gioco, salvo tenersi le mani libere, per sparare sulle regole e sui giocatori. Siglare contratti, sapendo già di non volerli rispettare. L'azzardo morale e i conseguenti fallimenti sono stati all'origine della progressiva perdita di credibilità e reputazione del nostro Paese in Europa, della scarsa crescita e della marginalizzazione dell'Italia. In sintesi, della condanna all'immagine di un'Italietta inaffidabile e fragile, vittima di se stessa, a cui si presta denaro a fatica e a costi altissimi, magari chiedendo l'oro a garanzia.

È davvero inevitabile? Gli ultimi sedici mesi ci dimostrano che no, non è inevitabile. Angela Merkel si è fatta carico di inaugurare un nuovo paradigma a livello europeo – il Next Generation Eu – che prevede la solidarietà dell'Unione in cambio dell'addio, per tutti, ma per noi in particolare, di ogni comportamento opportunistico. I ventisette Pnrr sono, infatti, dei contratti, soldi in cambio di riforme, costruiti insieme alla Commissione europea, passo dopo passo. Contratti fatti di milestone, target, tempi: tutto verificabile e verificato, come ogni buon contratto che si rispetti.

A incarnare per l'Italia questa nuova fase c'è, da febbraio 2021, Mario Draghi. Con lui e con il suo governo, di cui mi onoro di far parte, abbiamo scritto il Pnrr, valutato con 10 A e una B dalla Commissione, e abbiamo finora mantenuto tutti gli impegni: le prime riforme abilitanti su semplificazioni, governance e Pa, l'estate scorsa, ci sono valsi l'anticipo di 25 miliardi di euro; l'aver raggiunto tutti i 51 obiettivi del 2021 ci ha fatto ottenere, ad aprile, la prima rata da 24,1 miliardi. Al 30 giugno centreremo, di nuovo, i target previsti, nonostante la guerra, nonostante le (cattive) sirene che chiedono rinvii e revisioni. Quasi un miracolo, vero? L'Italia che rispetta i contratti, acquista credibilità e reputazione, recupera la faccia davanti al mondo.

Lunedì scorso sono arrivate le Raccomandazioni specifiche per Paese da parte della Commissione europea. Chi le racconta come «pagelle», magari declamate da un professore pedante a un alunno un po' discolo e distratto, è ancora una volta fuori strada o in malafede. Perché le Raccomandazioni, mai come quest'anno, sono il frutto di un lavoro comune, gomito a gomito, tra le amministrazioni, nel contesto di un dialogo – costante, paritario e spesso esigente da entrambe le parti – che abbiamo instaurato con Bruxelles in questi sedici mesi di lavoro.

Per la prima volta, dal primo ciclo del «Semestre europeo» nel 2011, l'esigenza di riformare la Pubblica amministrazione e di rafforzare la capacità amministrativa delle istituzioni italiane non è inserita, né direttamente né indirettamente, nell'elenco delle cose da fare, ossia la parte dispositiva delle Raccomandazioni di correzione. Per la prima volta si dà conto dello sforzo in corso sul fronte degli investimenti pubblici.

Draghi funziona, l'Italia funziona, il vincolo esterno, in questo caso l'Europa e il suo Next Generation Eu, funziona. Ma torniamo a Carli, ai trent'anni da Maastricht: pare quasi un ciclo che si stia compiendo. Oggi il ping-pong dell'azzardo morale, di chi rispolvera la vecchia retorica dell'Europa matrigna, dell'Europa dei «compiti a casa» di fronte a Stati membri giocosamente inadempienti, dell'Europa tecnocratica insensibile alle necessità dei popoli, non può più essere accettato. È un bluff. Perché quella retorica è del tutto superata e smentita dalla realtà dell'approccio partecipativo e contrattuale di Next Generation Eu. Perché sappiamo bene che con l'azzardo morale (continuare a fare i furbi) non si va da nessuna parte. Perché la pandemia ci ha dimostrato che nessuno si salva da solo: la salvezza è nell'Europa.

Dobbiamo continuare su questa strada, difendendo la politica della speranza, della responsabilità e della fiducia dai sovranisti opportunisti e dall'egoismo della solitudine. «Whatever it takes». Non è solo la lezione economica del Mario Draghi presidente della Bce del 2012, ma la lezione politica del Mario Draghi premier italiano dal 2021: l'eredità di Draghi, di cui ha scritto ieri su queste pagine il direttore Cerasa, il campo magnetico che chiunque abbia a cuore questo Paese non può più permettersi di abbandonare. La drammaticità di questa fase richiede, infatti, un salto di maturità in tutte le forze politiche, la capacità di andare oltre le miopie, oltre le manovre elettorali di piccolo cabotaggio, oltre gli ideologismi.

«L'Europa sarà forgiata nelle crisi e sarà la somma delle risposte a quelle crisi», diceva Jean Monnet. Oggi è il tempo delle risposte. E per favore, smettiamola tutti con il ping-pong dell'opportunismo autolesionista come categoria eterna dello spirito della peggiore Italia.

«Il Foglio», 26 maggio 2022

NUOVO DEBITO EUROPEO PER BENI PUBBLICI COMUNI: LA STRADA PER FARE GRANDE L'EUROPA

Ucraina, difesa comune, energia, sicurezza alimentare: sono di nuovo questi i punti all'ordine del giorno del Consiglio europeo straordinario convocato a Bruxelles domani e martedì 30-31 maggio. Di fronte a queste quattro sfide epocali, i leader dei Ventisette dovranno dare adeguate risposte di policy, ma dovranno anche presto identificare appropriate coperture finanziarie. Questa è la quinta sfida che condiziona tutte le altre, forse la più complessa per un'Unione in cui, a differenza degli Usa, il sincronismo tra la politica monetaria autonoma della Banca centrale e le politiche di bilancio degli Stati membri è stato, in genere, merce rara. Unica eccezione la pandemia, con il Programma di acquisti di emergenza pandemica della Bce (Pepp), che ha creato i margini per garantire flessibilità nei bilanci degli Stati membri, cui si è poi aggiunta, data la portata della crisi, la creazione del debito europeo di Next Generation Eu.

Cosa fare in termini di policy è ormai abbastanza chiaro. *In primis*, l'urgenza di concordare il nuovo programma di assistenza macro-finanziaria e l'auspicata volontà di stabilire forme di coordinamento tra Stati membri in tema di ripristino degli equipaggiamenti militari, già impiegati per sostenere le forniture all'Ucraina. Il coordinamento sul tema degli arsenali militari dei Ventisette, uno dei seguiti del vertice informale di Versailles dello scorso marzo, si configurerà, quindi, come un primo concreto banco di prova per un più ambizioso progetto di difesa comune. Perché la sicurezza è un bene pubblico europeo e, come tale, necessita di uno strumento concertato e condiviso anche a livello finanziario (oltre che tecnologico, industriale, organizzativo e politico).

Non meno rilevanti, poi, sono gli altri temi che da qualche mese animano il dibattito nell'Ue. Con la guerra in Ucraina, oltre alla transizione energetica verso fonti più sostenibili, si è evidenziata la necessità di slegare il Vecchio Continente dalla dipendenza dai combustibili fossili russi. Da qui la proposta del REPowerEu, volta ad aumentare l'efficienza energetica, diversificare l'offerta di energia fossile con un approccio comune al mercato, e accelerare sulla transizione ambientale.

Il conflitto ha generato anche una crisi da carenza di cereali, come il grano, la cui resa del prossimo raccolto in Ucraina potrebbe diminuire del 35 per cento rispetto al 2021. A questa mancata produzione si accoppia il blocco alle esportazioni causato dalla difficile situazione che si sta verificando nei porti nel Mar Nero.

Temi come la difesa europea, il RePowerEu e la sicurezza alimentare sono grandi sfide di policy drammaticamente emerse, in tutta la loro urgenza, con la crisi ucraina, ma già innestate nell'agenda politica della Commissione europea, centrata sulle transizioni digitale e ambientale, nella direzione dell'indipendenza strategica. Sono anche processi estremamente costosi da finanziare. Parliamo di una scala dell'ordine dei trilioni di euro, come annunciato dai leader europei a valle del vertice di Versailles. È fin troppo evidente che attingere dalle ordinarie fonti provenienti dai bilanci nazionali non sia affatto sufficiente. Occorre, quindi, indebitarsi. E, contrariamente al recente passato, bisogna farlo in un contesto in cui i tassi di interesse sono comunque destinati a salire, per far fronte alle pressioni inflazionistiche che lo stesso conflitto ucraino ha contribuito a esacerbare. Oggi più che mai, ed è forse questa la partita più difficile cui l'Unione è chiamata, risulta, dunque, fondamentale garantire un buon mix quali-quantitativo tra le azioni della Bce e la politica di bilancio, sia a livello nazionale sia comunitario.

Ma proprio su questa necessità di indebitarsi, l'Europa rischia di trovarsi nuovamente spaccata in due. Da un lato, c'è chi pensa che non si debba proseguire nel processo di creazione di ulteriore debito dell'Unione e, quindi, che non si debba istituire un secondo Next Generation Eu per finanziare l'*hard power* europeo, anche in considerazione dei già elevati livelli di debito pubblico raggiunti come eredità della pandemia. Altri, al contrario, ritengono che questi investimenti pubblici trasformativi abbiano una dimensione strategica, politica e finanziaria talmente elevata per l'Europa che gli Stati membri non possano e non debbano affrontarla da soli: se il problema è comune, anche la sua soluzione deve essere comune.

Di più: nel caso del Ngeu 2, non si tratterebbe di realizzare, Stato per Stato, tassello per tassello, la convergenza verso gli obiettivi condivisi, modello Ngeu 1, ma di compiere un ulteriore salto verso la sovranità europea, in linea con le posizioni espresse da Draghi e Macron. Non ventisette Pnrr, ma un piano unico, gestito e attuato dalla Commissione Ue come bene pubblico europeo, per ciascuno degli ambiti in cui è indispensabile raggiungere l'autonomia strategica. Nulla di nuovo: lo abbiamo già fatto con l'approvvigionamento dei vaccini anti-Covid.

Tale spaccatura, peraltro, si sta materializzando anche nella Bce. Da un lato, una parte del board ritiene che il rialzo dei tassi di interesse debba essere graduale, e comunque guidato da un'attenta analisi della congiuntura, alla luce del fatto che l'inflazione europea, diversamente da quella americana, deriva in gran parte dai prezzi dell'energia e dei beni alimentari, non da un eccesso di domanda. Rispondere a questa inflazione con tassi inutilmente più elevati creerebbe solo un rischio recessivo, comprimendo la liquidità per famiglie e imprese. Dall'altro, vi è, invece, chi vede il rischio di una spirale inflazionistica fuori controllo in Europa e, dunque, la necessità di ancorare fermamente le aspettative inflazionistiche di medio periodo con una risoluta risposta di politica monetaria.

Vi è, pertanto, il rischio che l'Europa, paralizzata dai veti incrociati, rimanga indietro sia dal punto di vista tecnologico e ambientale, sia dal punto di vista del vantaggio competitivo e geo-strategico rispetto alle altre macro-regioni del mondo.

Come fare, dunque, a risolvere questo pericolo di impasse? Partiamo dalla considerazione che la creazione di nuovo debito europeo ai mercati sembra non dispiacere affatto. Questo in ragione dell'estrema appetibilità degli strumenti di debito emessi dall'Ue, non solo perché è la principale emittente di obbligazioni green a livello globale, ma anche perché la raccolta combina l'uso di diversi strumenti e tecniche di finanziamento con una comunicazione aperta e trasparente ai partecipanti al mercato. Un approccio moderno, in linea con le best practice dei grandi emittenti globali, che consente alla Commissione europea di aumentare i volumi di titoli emessi in modo agevole ed efficiente. Una strategia che sta attirando investitori internazionali in Europa e rafforzando l'euro come valuta globale. Forse, unica pecca, andrebbe riservata maggiore attenzione ai principali negoziatori di questi titoli sul mercato secondario, al fine di garantire ulteriore liquidità a questo strumento e trasformarlo sempre più nel safe asset europeo. Tema tecnico, facilmente risolvibile, e che non ha impedito negli undici sindacati di emissione organizzati da giugno 2021 a oggi di registrare una domanda che in media ha superato di circa 11 volte l'offerta. Basterebbe questo per far capire, anche agli amici rigoristi e «frugali» del Nord, restii all'emissione di nuovo debito comune, come il mercato degli eurobond sia oggi nettamente più appetibile ed efficiente rispetto a quello dei titoli di Stato nazionali.

Scaricare l'onere del finanziamento di queste nuove politiche agli Stati nazionali potrebbe comportare un'apertura degli spread, compromettendo il meccanismo di trasmissione della politica monetaria, complicando il lavoro della Bce ed esacerbando le tensioni dentro il board in un momento in cui il setup di politica monetaria è già abbastanza delicato.

La possibilità di trovare un accordo politico su questo nuovo approccio di politica fiscale europea dipende, tuttavia, in modo cruciale, dal mantenimento di impegni credibili verso obiettivi a lungo termine. Innanzitutto, occorrerà continuare a dimostrare che il primo programma di finanziamento comune, quello di Ngeu e degli attuali Pnrr, è ben implementato e sta generando crescita e inclusione, aggredendo le fragilità strutturali del Paese in un'ottica di convergenza europea.

Con obiettivi decisi a livello Ue, una governance europea e risorse assicurate dai mercati finanziari, viene allora da concludere che, purtroppo, a mancare ancora è la volontà da parte di alcuni Stati membri (le solite formiche del Nord) di puntare sul debito comune, preferendo, invece, rimanere prigionieri della loro visione della politica economica strettamente circoscritta ai confini nazionali, che non può certo contribuire a rendere l'Europa all'altezza delle sfide future.

Come diceva Paul-Henri Spaak, «alcuni Stati membri sono piccoli, altri ancora non lo sanno». E la nuova Europa ha bisogno di grandezza e di visione: di Stati che siano tutti grandi.

«Il Sole 24 Ore», 29 maggio 2022

SUL SALARIO MINIMO UN GRANDE MALINTESO. LE SOLUZIONI SONO ALTRE

Ci ricordava Charles Baudelaire che «il mondo cammina solo attraverso il malinteso. È attraverso il malinteso universale che tutti si accordano. Poiché se, per disgrazia, ci si comprendesse, non ci si potrebbe mai accordare».

Sul «salario minimo per legge» abbiamo assistito per giorni a un grande malinteso, che, però, proprio come sosteneva il poeta francese, lascia già intravedere la strada per trovare l'armonia. Nel dibattito pubblico, sono state mescolate tre questioni che, invece, devono restare distinte: la criticità strutturale dei salari italiani, legata a bassa produttività e bassa crescita; le misure per i cosiddetti *working poors* e il fenomeno dei contratti «pirata»; gli interventi per contrastare la riduzione del potere d'acquisto dei salari per effetto dell'inflazione in aumento.

L'accordo in sede Ue sulla direttiva sui salari minimi adeguati è stato brandito da alcuni, anche in seno alla maggioranza, come la prova della necessità di un salario minimo legale, equivocando sia il senso della direttiva, sia l'idoneità dello strumento a «curare» i tre mali illustrati sopra. Innanzitutto, la direttiva salvaguarda i Paesi, come l'Italia, in cui la determinazione dei salari per una quota superiore all'80 per cento dei lavoratori è garantita dalla contrattazione collettiva, esentandoli dall'obbligo di introdurre un salario minimo legale.

Si è fatto ricorso a due luoghi comuni per mettere il nostro sistema di contrattazione sotto accusa. Il primo riguarda la frammentazione, in base ai dati dell'archivio Cnel: su 1.000 contratti depositati, sono solo 419 i contratti collettivi nazionali effettivamente utilizzati e appena 162 quelli sottoscritti da Cgil, Cisl e Uil. Ma – questa è l'omissione grave – questi 162 accordi coprono 12,5 milioni di lavoratori dipendenti, pari al 97 per cento del totale dei 12,9 milioni di rapporti di lavoro dichiarati nelle comunicazioni Uniemens all'Inps.

È la prova della sostanziale tenuta del sistema di contrattazione collettiva governato da Cgil, Cisl e Uil, che marca la differenza tra l'Italia e il resto dei Paesi di area Ocse, dove nel 2017 appena il 32 per cento dei lavoratori risultava coperto da un accordo collettivo. Il «modello» italiano di relazioni industriali è, non a caso, quello che implicitamente la direttiva suggerisce di estendere, invitando gli Stati membri a rafforzare la contrattazione. In questo senso, la direttiva nulla impone al nostro Paese. Perché un buon contratto vale molto più di una tariffa minima oraria.

Il secondo luogo comune è quello per cui l'esistenza di «paghe da fame» tra i 3 e i 4 euro lordi l'ora giustificherebbe l'introduzione del salario minimo per legge. Anche in questo caso è indispensabile un'operazione verità. Lo studio sistematico dei trattamenti minimi retributivi previsti dai contratti collettivi nazionali indica che siamo di gran lunga sopra queste cifre in tutti i settori, eccetto il caso peculiare del lavoro domestico. Un'eventuale legge sui minimi retributivi, attestata anche sui 9 euro lordi, potrebbe comportare una fuga dal sistema di contrattazione collettiva, perché decisamente più oneroso per le imprese e i datori di lavoro. Conviene?

Inoltre il problema, serissimo e documentato, del lavoro povero dipende da altri fattori che non sarebbero affatto risolti dal salario minimo legale: il dilagare del lavoro nero, dei finti tirocini, del lavoro occasionale e delle finte partite Iva, nonché l'anomalia del lavoro autonomo professionale di nuova generazione a cui non si applicano i contratti collettivi. Da ripensare sono anche le condizioni di continuità del reddito di lavoratori a termine e i trattamenti dei lavoratori part time, soprattutto donne e giovani. Sgombrato il campo dalle visioni ideologiche ed elettoralistiche e abbandonato il feticcio del «salario minimo per legge» anche da parte di autorevoli esponenti del M5s, è ormai chiaro a tutti come sia più semplice convergere attorno alle possibili soluzioni, come dimostra l'atteggiamento, sempre equilibrato, tenuto dal ministro del Lavoro, Andrea Orlando.

Le richiamo sinteticamente. Per arginare il fenomeno del dumping contrattuale, basterebbe incrementare i controlli ispettivi a legislazione vigente, a partire dalla robusta circolare dell'Ispettorato del lavoro 3/2018 che già contiene precise strategie e indicazioni.

Per incrementare in misura generalizzata i livelli retributivi di tutti i lavoratori italiani, occorre dare effettività alla centralità del livello aziendale e decentrato e insistere con la detassazione del salario variabile e la decontribuzione del salario di produttività, meccanismi incentivanti funzionali all'obiettivo della crescita della produttività e dell'introduzione delle innovazioni necessarie a rilanciare la competitività delle imprese.

Nella crescita di produttività si devono reperire le risorse per abbattere il cuneo fiscale e aumentare le paghe nette dei lavoratori italiani.

Infine, per affrontare l'emergenza del calo del potere d'acquisto legato all'inflazione (che, lo ha appena ricordato il premier Draghi, «è prodotta da una serie di shock sull'offerta e non è frutto del surriscaldamento dell'economia»), il governo continuerà a battersi nell'Ue per il price cap, il tetto al prezzo del gas utile a frenare l'aumento dei prezzi, e a tutelare famiglie e imprese dal caro bollette e dal caro carburanti, tutela per cui finora sono stati stanziati oltre 30 miliardi, anche ricorrendo agli extraprofitti delle società energetiche. Al vaglio c'è l'utilizzo dell'extragettito Iva, derivante dall'aumento generalizzato dei prezzi, per ridurre l'aliquota su un paniere di prodotti di largo consumo per le famiglie. Di certo, sono da escludere automatismi come la scala mobile: l'Italia ne ha già sperimentato gli effetti nefasti per i lavoratori in termini di rincorsa prezzi-salari. È importante, in questo quadro, anche assicurare la piena attuazione della riforma del reddito di cittadinanza, che permetterebbe di destinare risparmi importanti al taglio del cuneo e alle politiche attive del lavoro.

In sintesi, rinnovare i contratti, estendere l'applicazione dei contratti più diffusi, tagliare il cuneo, premiare la produttività. La complessità, anche virtuosa, del mercato del lavoro italiano e la drammaticità di questo momento storico impongono responsabilità e coesione. Non altre rigidità, non slogan populisti, non derive stataliste, ma un grande patto sociale capace di migliorare le condizioni di lavoro nel nostro Paese. Il dialogo contro ogni malinteso.

«Corriere della Sera», 10 giugno 2022

NON CI SERVONO SCUDI ANTI-SPREAD. IL PAESE CRESCE CON PNRR E RIFORME

Ci ricordava Ivan Pavlov che «gli uomini tendono a essere più facilmente influenzati dalle parole che dai fatti reali della realtà circostante». È quel che sta succedendo nel dibattito sulle mosse della Bce. Al cambio di direzione della politica monetaria, si sono allargati gli spread e si è aperto un confronto sui possibili scudi contro la frammentazione. Ma evocare questi strumenti significa far materializzare i rischi che dovrebbero combattere, usando pavlovianamente lo stesso vecchio schema narrativo, le stesse vecchie parole, in un contesto economico-politico totalmente diverso da undici anni fa, con la famigerata crisi dei debiti sovrani. Il pericolo è quello di riesumare le miopie egoistiche del passato, per esempio la proposta di introdurre un sistema di ponderazione per il «rischio Paese» del rating da applicare ai titoli sovrani detenuti dagli istituti di credito nei loro portafogli.

Proposte al tempo evocate dai falchi del Nord, che sull'Italia produrrebbero un doppio effetto stigma: quello esterno prodotto dal rating dei mercati e quello interno imposto dalle istituzioni dell'Ue. Una retromarcia che ignorerebbe il Next Generation Eu, con il conseguente impegno dell'Italia alla responsabilità fiscale e alle riforme, il disegno di un Ngeu 2 presente sin dal Consiglio europeo informale di Versailles, la Conferenza sul futuro dell'Europa, i vigorosi discorsi di Macron e Draghi con la richiesta di modifica dei Trattati, la riforma delle regole di bilancio annunciata dal commissario Paolo Gentiloni. In sintesi, la fase costituente che stiamo vivendo per la nuova Unione.

Per fare chiarezza, è bene ricordare quanto accaduto nel 2011. Allora avevo detto e lungamente scritto, inascoltato, che la crisi dei debiti sovrani dell'area euro era in larga parte una speculazione per minare la credibilità del nostro Paese, che poco aveva a che fare con i suoi fondamentali economici; che le politiche di austerità non servivano a risolvere il problema, perché gli avanzi di bilancio risultanti determinavano deflazione nell'eurozona, complicando il meccanismo di trasmissione della politica monetaria; che la soluzione andava cercata risolvendo l'architettura imperfetta nella costruzione della moneta unica con un'adeguata politica di bilancio europea, piuttosto che nel paternalismo calvinista.

A distanza di anni le cose sono, per fortuna, decisamente cambiate. Tuttavia, al primo vero cambio di direzione di politica monetaria dopo il «Whatever it takes» di Mario Draghi, rischiamo di ripetere gli stessi errori, con di nuovo lo spettro della frammentazione e dei «rischi Paese».

Ma la miglior dimostrazione del fatto che non esistano rischi di questo tipo, se non nelle speculazioni dei mercati, è fornita inequivocabilmente dall'osservazione dei dati, i «fatti reali» di Pavlov. Guardando i trend dei rendimenti sovrani relativi ai principali titoli di Stato dell'ultimo decennio, possiamo notare come tutti stiano seguendo lo stesso andamento rialzista, avviato all'inizio del 2022, a seguito degli shock inflazionistici determinati prima dalla pandemia e poi dalla guerra. Sovrapponendo gli andamenti storici dei titoli americani, francesi, tedeschi e spagnoli, notiamo immediatamente un trend dei rendimenti del tutto simile a quello dei Btp, in particolare per le scadenze a dieci anni. Che cosa vuol dire tutto ciò? Significa che non vi è alcun «rischio spread» relativo allo specifico caso italiano.

È vero, lo spread tra i nostri Btp e i bund tedeschi è aumentato negli scorsi giorni, ma proprio per questo si tratta di un differenziale ingiustificato, come sostiene il governatore della Banca d'Italia Ignazio Visco, se si considera che i fondamentali macroeconomici italiani sono tutti positivi (e migliori di quelli tedeschi, in termini di crescita).

La stessa inflazione, certamente un problema serio in questo momento storico, ha comunque effetti benefici sul debito, come ricorda Francesco Giavazzi, poiché contribuisce a far crescere il Pil nominale e, di conseguenza, a ridurre significativamente il rapporto debito/Pil.

Inoltre, il combinato disposto dell'avere un governo forte che sta facendo, nel rispetto dei tempi previsti, tutte le riforme del Pnrr, che negli anni erano state sollecitate nelle Country Specific Recommendations della Commissione europea, e un'economia che cresce a tassi superiori a quelli degli anni passati, produce un impulso sul potenziale di crescita, e sulla credibilità del Paese. Tutto questo, insieme all'impegno del governo di mantenere sotto controllo la spesa corrente, contribuisce a rendere sostenibile il debito pubblico.

Perché, allora, il mercato sta gonfiando gli spread periferici dell'area euro, e come può fare la Bce a evitare di restare prigioniera di questo gioco al ribasso che ha caratterizzato in passato l'Europa dell'austerità e del debito interpretato sempre e comunque come colpa?

Innanzitutto, se confrontiamo i dati dell'inflazione americana con quelli europei è facile osservare che le concause del fenomeno sono diverse. Gli Stati Uniti stanno affrontando un'inflazione prevalentemente indotta da un eccesso di domanda, e solo in parte dovuta alla rigidità delle catene di approvvigionamento globali. Inoltre, l'enorme massa di moneta immessa dalla Fed e gli interventi di bilancio senza precedenti per sostenere e stimolare l'economia americana danneggiata dalla pandemia, adottati dalle amministrazioni Trump e Biden, hanno creato un policy mix ultra-espansivo, che si è riversato tutto sul versante della domanda. Alzare i tassi in chiave anti-inflattiva in questo contesto, come sta facendo la Federal Reserve americana, è evidentemente la scelta corretta.

In Europa, di converso, il surriscaldamento dei prezzi è dovuto quasi esclusivamente a uno shock da offerta, sulla spinta dei rincari dei prezzi di energia e grano come effetto della guerra. Ne consegue che, a fronte di un indice armonizzato dei prezzi al consumo che nell'eurozona è salito, lo scorso maggio, al nuovo massimo storico dell'8,1 per cento su base annua, la *core inflation*, cioè l'inflazione misurata al netto della componente energetica e alimentare, è salita al +3,8 per cento, un livello ben inferiore.

Dunque, anche se Fed e Bce hanno certamente un obiettivo comune da combattere, quello dell'alta inflazione, le stesse banche centrali fronteggiano diverse cause del problema e dunque dovrebbero utilizzare soluzioni adattate ai diversi contesti. Correttamente, la Bce sta gradualmente normalizzando i tassi di interesse in chiave anti-inflattiva, e sta reinvestendo tutti i titoli in scadenza nel suo portafoglio, mantenendo invariata la dimensione del suo bilancio (mentre la Fed sta riducendo anche questo strumento).

Occorre, inoltre, che la comunicazione istituzionale della Bce e della sua governatrice chiariscano come i due strumenti oggi a disposizione della Banca, il tasso di interesse e il bilancio (attraverso la gestione degli acquisti di titoli), non sono le due punte della stessa arma, ma servono due obiettivi diversi, tra loro complementari. Il tasso (al rialzo) tiene sotto controllo l'inflazione, sia pure in maniera imperfetta, data la natura da shock di offerta del fenomeno in Europa; il bilancio, con i suoi periodici acquisti di titoli per rinnovare quelli in scadenza, si assicura che il meccanismo di trasmissione di questa politica monetaria sia omogeneo nell'area euro, mantenendo i necessari margini di flessibilità (anche rispetto alla possibilità di riprendere in maniera mirata gli acquisti) a questo scopo.

Più in generale, considerate le cause dell'aumento dei prezzi nell'eurozona, è evidente che la politica monetaria da sola non basta. Anche la politica di bilancio deve fare la sua parte. Rendersi indipendenti dal punto di vista energetico nel breve periodo, con una guerra in corso che nessuno sa ancora dire quando finirà, richiede ingenti investimenti che nessuno Stato può affrontare da solo con risorse dai bilanci nazionali. Occorre indebitarsi con strumenti europei, quali un Ngeu 2 finanziato con eurobond. Il primo passo della Commissione europea, con la strategia di REPowerEu finanziata con la quota residua di 200 miliardi dei prestiti non utilizzati in Ngeu, va nella giusta direzione, ma non basta.

Con strumenti finanziari comuni emessi per investire in beni pubblici europei, come l'indipendenza e la transizione energetica, insieme al rispetto da parte dei governi di una politica di bilancio attenta a mantenere sotto controllo deficit e debito nazionali, si annullerebbe, per definizione, il rischio frammentazione causato dal divaricarsi degli spread sovrani, assicurando, in questo modo, una corretta trasmissione della politica monetaria all'economia reale, e disegnando una nuova architettura economica dell'Unione, che la metta in grado di affrontare le sfide del mondo che cambia. La duplice condizione per mettere in piedi strumenti comuni è la piena implementazione dei Pnrr e una politica di bilancio prudente dei Paesi con minore margine di manovra. Sono esattamente gli impegni del governo Draghi.

La Bce, allora, deve compiere un salto culturale che la porti a diventare la banca centrale di questa nuova Europa. Non più il continente dell'eterno conflitto tra formiche e cicale, dei «compiti a casa», del «sangue, sudore e lacrime», ma l'Unione reale fiorita dopo la pandemia e forgiatasi drammaticamente durante la guerra, fondata sul nuovo paradigma della crescita, della ricostruzione e degli investimenti. Altro che improbabili scudi e continui riferimenti al pericolo frammentazione e ai «rischi Paese», segnaletica, essi sì, di un'integrazione incompiuta.

Ma ci deve essere un punto in comune tra ieri e oggi: il «Whatever it takes». Nel 2012 è stato uno straordinario strumento difensivo messo coraggiosamente in campo da Draghi per salvare l'euro. Oggi, a dieci anni di distanza, potrebbe essere, in parallelo alla nuova strategia della Bce, il veicolo generativo per fare dell'euro la moneta di un'Europa della crescita e della coesione.

«La Stampa», 19 giugno 2022

IL CAMPO LARGO? QUELLO DI DRAGHI

Il tempo è galantuomo, misura di tutte le cose. Bisogna rispettarlo: la fretta è pessima consigliera, agire d'impulso espone a pericoli grandissimi. *Meditare oportet.* Il tempo aiuta a maturare, correggere, individuare la cosa giusta. A vedere i frutti della semina. Abbiamo davanti a noi un orizzonte politico di governo che abbraccia il prossimo lustro, una base di partenza programmatica costituita dal Pnrr che sarebbe delittuoso perdere, un lavoro iniziato da un anno e mezzo che reclama continuità d'intenti. Dobbiamo e vogliamo continuare a dare forma a un elemento vitale e indispensabile come l'acqua, che nel nostro caso si definisce «agenda Draghi-Mattarella». Un elenco di impegni ribadito solennemente il 3 febbraio scorso dal nostro presidente della Repubblica nel suo giuramento alle Camere e accolto da una ventina di standing ovation.

> Non possiamo permetterci ritardi, né incertezze – ha detto Sergio Mattarella –. Viviamo una fase straordinaria in cui l'agenda politica è in gran parte definita dalla strategia condivisa in sede europea. L'Italia è al centro dell'impegno di ripresa dell'Europa. Siamo i maggiori beneficiari del programma Next Generation e dobbiamo rilanciare l'economia all'insegna della sostenibilità e dell'innovazione, nell'ambito della transizione ecologica e digitale. La stabilità di cui si avverte l'esigenza è, quindi, fatta di dinamismo, di lavoro, di sforzo comune.

Il programma che c'è e il vero campo largo

Il programma del futuro, perciò, è questo del nostro presente, questo che stiamo portando avanti e che attende solo di proseguire nella sua attuazione. Nei suoi sedici mesi di attività il governo Draghi, di cui mi onoro di far parte, ha posto più di un seme: mai sono state fatte così tante riforme, e in così poco tempo. Abbiamo appena raggiunto tutti i 45 obiettivi del Pnrr che dovevamo centrare entro il 30 giugno 2022. Considerando quelli già ricevuti, in un solo anno avremo ottenuto 70 miliardi di euro, e siamo soltanto all'inizio. Il leader del M5s, Giuseppe Conte, chiedendo «discontinuità», ha presentato l'altro ieri al premier Draghi un documento di nove punti. Punti in gran parte già attuati, come il reddito di cittadinanza riformato dalla legge di bilancio per il 2022, o per i quali sono state già individuate le possibili soluzioni, nel quadro di un dialogo costruttivo e pragmatico tra le forze di maggioranza. Vale per il salario minimo agganciato alla contrattazione e per la ripartenza della cessione dei crediti per il superbonus 110 per cento. Ma c'è un «ma»: che in questa fase si possa riaprire una nuova stagione di «assalto alla diligenza» in vista delle prossime elezioni. Sarebbe un metodo perdente, persino autolesionista rispetto al grande lavoro fin qui svolto. Invece di cercare alambicchi e astruserie lontane dalla gente, perché non partire dai risultati ottenuti? Perché non cercare di capire chi ha il programma adatto a replicarli in futuro e raccogliere responsabilmente un rassemblement attorno a queste energie? Questo sarebbe il vero «campo largo» da perseguire con determinazione, altroché. Un'unione di forze serie e responsabili che adotti il metodo usato in questi mesi: una concretezza forse tacciata ancora di follia, nel Paese che ama talvolta trastullarsi con saltimbanchi, e magari si diverte quando la vena creativa viene eletta a sistema per sbarcare il lunario.

L'esame di maturità: un patto trasversale sulla legge di bilancio

La crisi di queste ore si può superare, se ciascuno raccoglie nelle proprie mani il destino e dà tempo al tempo. Un grande accordo trasversale sulla legge di bilancio prossima ventura – che riguarderà l'anno delle elezioni politiche e del nuovo governo – sarebbe una prova di responsabilità: via le bandierine e le «mance» elettorali, si ragioni insieme sulle esigenze reali del Paese per chiudere la fase emergenziale e ricomporre i temi che sembrano divisivi quanto più ci si avvicina alla prova elettorale. Le urne, che possono giungere a maggio rispettando il dettato costituzionale, saranno uno spartiacque cruciale. Già si sprecano in giro formule e ricette per la vittoria. Ma cercare di accaparrarsi la fascia degli indecisi che nelle ultime due settimane di campagna elettorale consente una vittoria al fotofinish non sarebbe una buona strategia. Così come investire nella «speranza» (leggi: promesse irrealizzabili). Non si è capito che quel tempo è finito, che le ricette velleitarie o illusorie, le suggestioni mélenchoniane spingono ancora più nel profondo le radici della disaffezione, dello smarrimento, del rifiuto degli elettori verso la politica. Tramutandola in arte dell'immaginario quando essa è, e sempre più dovrebbe essere, arte del possibile e del concreto.

Il successo del civismo pragmatico e delle forze più leali all'agenda Draghi

La realtà ci dimostra, invece, tanta voglia di chiarezza, coerenza, serietà. I sondaggi premiano, ovviamente, la rendita di chi fa il suo mestiere di opposizione come Giorgia Meloni. Ma premiano anche, e i test elettorali lo corroborano, le forze maggiormente leali nel sostegno all'esecutivo e all'agenda Draghi-Mattarella (Forza Italia e Pd di governo, non certo quelle frange che inseguono le chimere del populismo). Il successo del realismo civico di alcuni sindaci e candidati è una conferma dell'attenzione al pragmatismo, al fare possibile e al fare bene. Scegliere la strada del futuro sarà facile, se privilegeremo l'interesse degli italiani (oseremmo persino scrivere «patriottico») e analizzeremo lo scarto che esiste, a volte facendosi voragine, tra i vincoli sovranazionali e l'opinione pubblica. Abbaiare alla luna della sovranità perduta per colpa dell'Europa di certo non sarà compatibile con il completamento della nostra opera e con le riforme che richiede il Pnrr.

Gli Appunti per un programma conservatore di Meloni

Prendiamo, per esempio, gli Appunti per un programma conservatore, l'impianto programmatico presentato a fine aprile a Milano da Giorgia Meloni all'avvio della sua bella convention. Una base, come su queste colonne ha scritto il direttore Cerasa, che dovrebbe costituire il «collante» di un'eventuale coalizione di destra-centro a trazione FdI. Giusto, certo, difendere il made in Italy, dare priorità alla sicurezza e alla legalità, rilanciare l'economia nazionale con ogni mezzo. Legittimo il contrasto all'immigrazione irregolare.

Ma chiedere la «clausola di supremazia in Costituzione per bloccare accordi e direttive nocivi per l'Italia», alla tedesca e anche di più, e la riscrittura «di tutti i Trattati Ue a partire dal Fiscal Compact e dall'euro», senza un progetto in positivo di «più Europa», come può conciliarsi con la nostra permanenza a pieno titolo sui tavoli europei e il compimento del Pnrr? Teorizzare, come è stato fatto a Milano da Giulio Tremonti, concetti sfuggenti quali «la fine del mondo globale», la «Repubblica internazionale del denaro», la «Confederazione degli Stati europei» che smonti a uno a uno i pezzi della faticosa architettura dell'Unione, come riuscirebbe ad accrescere la nostra credibilità a Bruxelles, faticosamente riconquistata dal governo Draghi? Se il «baricentro del centrodestra» fosse davvero rappresentato da Meloni, cosa che secondo Luca Ricolfi sarebbe già nei fatti (?!?), non si rischia che queste ricette da «conservatorismo corporativo» diventino l'asfittico rinchiudersi del Paese in un'autarchia sovranista che prelude a una cosa soltanto, alla fine del Pnrr, delle politiche espansive, della crescita in un mondo interdipendente? Questo, senza neppure voler prendere in considerazione un eventuale, odioso «fuoco di sbarramento» che dovesse profilarsi contro una Meloni premier in campo europeo e internazionale (ancora duole il ricordo di un ministro belga, peraltro con nome e origini italiane, che per vieto pregiudizio nel 1994 si rifiutò di stringere la mano a uno degli uomini più armoniosi, miti e gentili mai conosciuti, Pinuccio Tatarella).

Il distopico «contratto di governo» gialloverde

Credo che anche il passato recente di questa legislatura, partita con il governo più ribelle e scettico verso l'Europa e finita con quello più affiatato all'Unione, ci consenta di trarre lezioni e insegnamenti importanti. Era il 17 maggio del 2018, quando Luigi Di Maio (prima maniera) e Matteo Salvini firmavano davanti al notaio ciò che veniva pomposamente definito «Contratto per il governo di cambiamento». All'epoca ebbi modo di mettere in guardia Salvini, ricordandogli come esso rappresentasse

> il più grande esempio di azzardo morale della storia politica italiana, essendo frutto di due partiti del tutto antitetici tra loro, con visioni della società e dell'economia totalmente opposte e con proposte irrealizzabili, scritte con il solo intento di riscuotere un premio elettorale, ai quali è stata inculcata la credenza che i danni prodotti dalle politiche economiche del governo siano colpa di altri, di quelli che sono venuti prima: l'Europa matrigna, i cattivi capitalisti, gli speculatori senza scrupoli.

Un documento di 58 pagine, tutto improntato alla «buona fede e leale cooperazione», al punto da prevedere e normare, dettagliatamente, persino l'«impegno a discutere in modo adeguato» e a «fornirsi informazioni esaurienti». Come se tra alleati esistessero altri modi, meno urbani e probabilmente più spicci, di poter risolvere diatribe e disaccordi. Non seguirò l'ordine gerarchico di quel documento, considerato che fuoriesce da un'assodata tradizione programmatica e che vede al primo punto l'«acqua pubblica» e al secondo «agricoltura e pesca». Quando si arriva al tema della politica estera, decimo punto, sorprendentemente possiamo rileggere che «si conferma l'appartenenza all'Alleanza atlantica con Stati Uniti alleato privilegiato», ma nel contempo viene declamata un'ampia «apertura verso la Russia, da percepirsi non come una minaccia, ma quale partner economico e commerciale potenzialmente sempre più rilevante. A tale proposito – si legge – è opportuno il ritiro delle sanzioni imposte alla Russia, da riabilitarsi come interlocutore strategico al fine della risoluzione delle crisi regionali (Siria, Libia, Yemen)». E ancora: «non costituendo la Russia una minaccia militare, ma potenzialmente un partner per la Nato e la Ue...». Bando alle facili ironie, perché nessuno avrebbe potuto prevedere che la crisi con l'Ucraina arrivasse fino alla scellerata invasione, però non era affatto ignota la situazione dei diritti civili e delle libertà a Mosca, così come solo per ingenua superficialità si passava sopra al vizio congenito russo dell'imperialismo militare visto come metodo risolutivo di controversie internazionali. Ma è sulla politica economica che il programma di governo gialloverde trova l'apoteosi di quello scarto tra idee e realizzazioni che ne costituirà la condanna: senza risolvere alcunché rispetto al debito e al deficit (nonostante la buona volontà e la competenza tecnica del bravo ministro Tria) e ai mille problemi che affliggevano il Paese anche prima del Covid, il programma rilanciava i due cavalli di battaglia dei contraenti: reddito di cittadinanza e quota 100, che troveranno posto in manovra, con conseguenze sociali ed economiche che stiamo ancora pagando. Deriva che denunciai in tempi non sospetti (era l'aprile 2019):

La filosofia assistenzialista di Lega e Movimento cinque stelle, sulla quale il reddito di cittadinanza e la quota 100 sono fondate, ha prodotto disastri irreparabili sul mercato dell'occupazione... Mentre all'estero i governi hanno puntato sulle politiche economiche necessarie per aumentare i salari, questa maggioranza è riuscita a creare un sistema che disincentiva il lavoro, facendo credere che il godere del reddito di cittadinanza possa garantire una vita dignitosa, non dicendo, invece, che quella forma di assistenzialismo è solo una trappola della povertà dalla quale è poi difficile uscire.

Quell'«Abbiamo abolito la povertà», gridato con giovanile entusiasmo dal balcone di Palazzo Chigi, resterà il simbolo della stagione onirica vissuta grazie al populismo illusionista. Quasi quanto la vendetta perseguita e perpetrata nei confronti della «casta» con la riduzione dei parlamentari – prevista nel programma del Conte I, ma realizzata solo dal Conte II. Una riforma inutile che non troverà mai senso né risultati nel contenimento dei costi o nell'efficienza della macchina legislativa. Per non dire del giustizialismo cui fu ispirato l'intero comparto della giustizia, poi tradotto dal ministro Bonafede nella sua riforma della prescrizione, oggetto della prima insanabile crepa nell'innaturale alleanza che, poco dopo, alla vigilia del Ferragosto del 2019 trovava ingloriosa morte tra il Papeete e le rotaie del supertreno Tav.

La stagione giallorossa e l'accordo di legislatura

Non dissimile, per quanto con mille giustificazioni in più, la stagione del secondo e assai più sobrio «accordo» di legislatura, quello tra M5s e Pd per il varo del Conte II. Un impianto di sicuro più realistico, che cominciava a rimettere in asse il timone verso Bruxelles, ma che perseverava ancora in molte concessioni all'apparato ideologico che aveva ubriacato il Paese fino a fargli credere di poter aprire la politica italiana come una «scatola di tonno». Su giustizia e lavoro, la discontinuità con i gialloverdi non si è vista. Complice anche la situazione drammatica dovuta alla pandemia, l'alleanza che si era fatta giallorossa non riuscì neanche a distinguersi nell'interlocuzione costruttiva con l'Europa.

Attenuatasi la «sospensione-da-Covid» della politica, ecco perciò riaffiorare quelle stesse difficoltà e lo scetticismo che nelle cancellerie europee aveva accompagnato la prima scalata dei «nuovi barbari» al Palazzo. In ogni caso, onore al merito per l'allora premier

Conte, che è stato capace di trovare i soldi a Bruxelles per un piano di trasformazione dell'Italia, ma peccato che il suo governo non sia stato poi in grado, per divergenze politico-programmatiche insanabili nella sua maggioranza, di mettere a punto il menù di come quei soldi dovevano essere spesi. Mancò l'ultimo miglio: la necessaria e puntuale sintesi dei capitoli sui quali indirizzare gli investimenti. Uno scontro di potere degno di miglior causa che portò alla rovina di quell'esperimento.

Ho voluto ricordare le esperienze dei due governi che hanno preceduto l'attuale perché rappresentano una significativa lezione politica per l'oggi e (anche) per il domani: abbiamo ricevuto la conferma che l'Italia ha bisogno di un solido ancoraggio ai suoi storici riferimenti internazionali, di capacità amministrative e manageriali per portare a esecuzione i progetti del Pnrr, e di coraggio riformista per mettere in discussione le sue storiche rigidità e dare continuità al processo trasformativo che il governo di unità nazionale ha aperto. Questi obiettivi saranno centrati se i partiti che sostengono con convinzione l'agenda Draghi-Mattarella avranno il coraggio di farne la sostanza della propria offerta politica in questo finale di legislatura e soprattutto nella stagione elettorale che si apre, liberandosi dagli schemi e dai vincoli di un bipolarismo ormai inattuale in favore di una riforma elettorale di stampo proporzionale, la sola in grado di garantire la stabilità necessaria per concretizzare le fondamentali transizioni previste dal Pnrr. Il sogno di una legge di bilancio, preludio di una nuova etica politica e coronamento del «metodo» inaugurato da questo governo, non è un miraggio. L'interesse e il consenso crescente che questa prospettiva ha ricevuto e potrà ricevere dai cittadini dovrebbe esortare tutte le forze politiche responsabili a osare di più, ammainando le proprie insegne. Ne va della nostra credibilità in Europa e nel mondo, ma anche, a ben vedere, della tenuta della nostra democrazia rappresentativa.

«Il Foglio», 8 luglio 2022

LA CRISI DI GOVERNO E LA CRISI DELL'ENERGIA: LE SFIDE DEL DOPO DRAGHI

SERVE UN NUOVO PATTO REPUBBLICANO, SULLA SCIA DEL GOVERNO DRAGHI

Quando la situazione si fa calda bisogna mantenere la testa fredda. Sarebbe sbagliato mescolare il tema della necessità di provvedimenti emergenziali contro il caro energia con quello della revisione del Piano nazionale di ripresa e resilienza (Pnrr), cosa diversa dall'aggiornamento dei suoi contenuti (questo sì, indispensabile, come vedremo).

Finora il governo Draghi è riuscito nell'intento di contrastare l'inflazione: da inizio anno ha stanziato più di 50 miliardi di euro per calmierare bollette e prezzi dell'energia e per tutelare il potere d'acquisto delle famiglie e la competitività delle imprese. Tutto senza razionamenti, senza nuovo deficit, mantenendo alta la crescita e rispettando gli obiettivi del Pnrr.

Questo impegno «duale» dovrà continuare su entrambi i fronti: da un lato le misure per affrontare le emergenze, dall'altro la realizzazione puntuale delle riforme e degli investimenti previsti dal Pnrr. Senza rinunciare alla proposta del price cap in sede europea, e usando integralmente i margini consentiti sulle deroghe ai divieti sugli aiuti di Stato già in vigore.

Alla luce di questa doverosa premessa, è comprensibile che i cambiamenti economici e geopolitici intervenuti dall'aprile 2021 a oggi abbiano aperto un dibattito, nell'attuale campagna elettorale, sull'opportunità di modificare il Pnrr per adattarlo al nuovo contesto. Un dibattito sicuramente legittimo, sia perché la revisione del Pnrr è legalmente possibile, sia perché la richiesta di cambiamento arriva dall'unica forza politica che è sempre stata all'opposizione del governo Draghi, unica astenuta al voto del 27 aprile 2021 sulle risoluzioni di maggioranza che hanno dato il via libera al testo del Piano trasmesso alla Commissione Ue il successivo 30 aprile. Ma la domanda che occorre porsi è se, oltre che legittima, una revisione del Pnrr risulti anche conveniente per il futuro del Paese.

Le norme che regolano il processo di revisione del Piano sono dettate dall'articolo 21 del regolamento Ue 241/2021 del Parlamento europeo e del Consiglio, che istituisce il dispositivo per la ripresa e la resilienza. Esso stabilisce che qualora il Pnrr, compresi i pertinenti traguardi e obiettivi, non potesse più essere realizzato, in tutto o in parte, dallo Stato membro interessato a causa di circostanze «oggettive», lo stesso Stato membro può presentare alla Commissione una richiesta motivata per poter presentare una proposta tesa a modificare o sostituire le precedenti decisioni di esecuzione del Consiglio.

A tal fine, lo Stato membro può proporre un Pnrr modificato o, addirittura, un Piano completamente nuovo. Se ritiene che i motivi addotti dallo Stato membro giustifichino una modifica del pertinente Pnrr, la Commissione valuta il Piano modificato o il nuovo Piano e presenta una proposta per una nuova decisione di esecuzione del Consiglio, entro due mesi dalla presentazione ufficiale della richiesta. Se necessario, lo Stato membro interessato e la Commissione possono convenire sulla proroga di tale termine di un periodo di tempo ragionevole. Il Consiglio adotta la nuova decisione di esecuzione, di norma entro quattro settimane dall'adozione della proposta della Commissione. Al contrario, se ritiene che i motivi addotti dallo Stato membro non giustifichino una modifica del pertinente Pnrr, la Commissione respinge la richiesta, dopo aver dato allo Stato richiedente la possibilità di presentare le proprie osservazioni entro il termine di un mese dalla comunicazione delle conclusioni di Bruxelles.

Come si può ben capire, quindi, essendo il Pnrr un contratto a prestazioni corrispettive, che genera obblighi vincolanti per entrambi i sottoscriventi, la sua modifica non può che avvenire, come per ogni altro contratto, per volontà esplicita tanto del governo interessato quanto della Commissione europea. Non può, inoltre, essere chiesto per una ragione qualsiasi, ma solo per motivazioni di comprovata impossibilità sopravvenuta nel poter rispettare il precedente contratto.

Questo è il punto cruciale, che rende la richiesta di modifica del Pnrr legittima ai sensi dell'articolo 21, politicamente ed economicamente difficile e pericolosa da percorrere per il nostro Paese.

Politicamente, la richiesta unilaterale di rivedere obiettivi e scadenze del Piano da parte di uno Stato beneficiario dei fondi (e l'Italia è il principale beneficiario!) andrebbe giustificata con l'incapacità nel riuscire a rispettare il contratto sottoscritto dal Paese con la Commissione europea. Non potrebbe valere infatti la ragione del cambio di governo, poiché *pacta sunt servanda*, ci ha insegnato la locuzione latina diventata il principio cardine del diritto internazionale: i patti si rispettano, anche se sono stati sottoscritti da un esecutivo precedente, del quale non si condividono le decisioni. Una eventuale richiesta da parte del nuovo governo italiano farebbe scattare vari campanelli d'allarme presso le cancellerie internazionali e le istituzioni europee: l'Italia certificherebbe, giusto o sbagliato che sia, una difficoltà nel mantenere gli impegni presi. Dal punto di vista economico, inoltre, una revisione del Pnrr originario tutta da negoziare con Bruxelles comporterebbe il rischio di una sospensione nell'erogazione dei fondi e il pericolo di un conseguente blocco di progetti e riforme: stop ai cantieri, alle semplificazioni, agli investimenti. L'iter di revisione richiederebbe molti mesi. L'ulteriore rischio è quello di uscire dal perimetro di eleggibilità del Tpi, il nuovo strumento anti-frammentazione dei debiti sovrani messo in campo lo scorso luglio dalla Banca centrale europea. Tra i requisiti necessari per poter accedere a questo programma di acquisto dei titoli di Stato, infatti, è previsto il rispetto, da parte del Paese sottoposto al pericolo di un allargamento dello spread, del programma di riforme previsto dalle Country Specific Recommendations della Ue, tradotte proprio negli obiettivi di riforme e investimenti del Pnrr. Il solo fatto di allontanarsi da quel *numerus clausus* di riforme, peraltro concordato da entrambe le parti contraenti, implica l'impossibilità di richiedere l'attivazione dello scudo anti-spread da parte della Bce. Sarebbe un disastro.

Vi è poi un'ulteriore considerazione, che riguarda l'effetto reputazione dell'Italia presso gli investitori esteri. Una reputazione che, grazie al prestigio di cui gode Mario Draghi, aveva toccato con il governo dimissionario livelli che non si vedevano da decenni. Un invisible asset, quello della reputazione internazionale, che difficilmente potrà essere conservato nel caso in cui uno dei primi passi del prossimo governo italiano fosse quello di richiedere una revisione del principale accordo di politica economica che lega il Paese all'Europa, per manifesta incapacità (o scarsa volontà politica) di realizzarlo.

Occorre dunque rassegnarsi allo status quo del Pnrr, come alcune forze politiche sembrano suggerire?

Assolutamente no, perché è evidente che il contesto geopolitico ed economico negli ultimi mesi è profondamente cambiato. Ma per le ragioni appena espresse non può essere l'articolo 21 del regolamento Pnrr la base per questa revisione.

Esiste, piuttosto, un percorso che consentirebbe di rimodulare il Piano già a partire dalla prossima legge di bilancio, per renderlo ancora di più la grande occasione di rilancio della crescita, della competitività e della giustizia sociale nel nostro Paese. Questo percorso passa per tre azioni chiave: confermare, accelerare e aggiornare.

Innanzitutto, confermare. Il Pnrr è un contratto che sposa il paradigma «risorse in cambio di riforme e investimenti» ed è caratterizzato da elementi di forte condizionalità e rigidità: i suoi target e le sue milestone seguono un cronoprogramma preciso, il cui mancato rispetto, anche soltanto di un obiettivo, comporta l'automatica sospensione nell'erogazione dei fondi. Per come è stato concepito temporalmente il Piano, inoltre, la gran parte dei provvedimenti di riforma (di quelle riforme strutturali da sempre invocate da Bruxelles e mai realizzate: Pubblica amministrazione, semplificazioni, giustizia, concorrenza, appalti) sono stati calendarizzati entro i primi due anni, dunque entro giugno 2023, secondo l'idea che gli investimenti si realizzano in maniera più efficiente se preceduti dalle riforme che ne spianano la strada. È dunque fondamentale l'impegno, nei confronti di Bruxelles e dei mercati internazionali, a mantenere invariato il sentiero di riforme i cui fondamentali sono già stati approvati nei diciotto mesi di vita del governo Draghi.

In secondo luogo, accelerare. Come emerso da diversi rapporti diffusi in queste settimane, gli investimenti del Pnrr iniziano a scontare il rischio di ritardi nella fase esecutiva, sia per cause tecniche e amministrative, sia per colpa del generalizzato aumento dei prezzi che rende molto incerti i ritorni di diversi appalti. Su quest'ultimo punto il governo è già intervenuto nei mesi scorsi con la creazione di un apposito fondo che garantisce le risorse necessarie a rivedere i prezzi in diverse gare di appalto legate al Pnrr, al fine di adeguarle al nuovo livello dei costi di materie prime e semilavorati. Questo fondo potrebbe essere sicuramente esteso e potenziato, ove opportuno, già a partire dalla prossima legge di bilancio. Per ovviare ai gap tecnici e amministrativi presenti nella Pa locale, inoltre, è attivo da fine giugno presso il Mef uno strumento di supporto agli enti locali impegnati nella partecipazione ai bandi Pnrr, noto come Capacity Italy. Tale strumento, già operativo su diversi bandi, potrebbe essere ulteriormente potenziato con risorse disponibili a questo scopo sia all'interno del Pnrr sia presso i nuovi fondi strutturali europei il cui accordo di programma è stato da poche settimane chiuso con la Commissione.

Infine, aggiornare. Il Pnrr è fortemente voluto e finanziato dall'Europa nell'ambito del Next Generation Eu, e non riguarda soltanto la ripresa italiana, ma quella dell'intera Unione europea. In questo senso, è un catalizzatore del processo di convergenza. Bruxelles tiene molto al fatto che l'Italia continui ad attuare con responsabilità l'intero Piano, perché il suo successo produce benefici ed esternalità positive anche su tutto il resto dell'economia europea. Per questo motivo una modifica del Pnrr potrebbe partire proprio da Bruxelles, di concerto con Roma che potrebbe fungere da motore di questa proposta, riorientando alcuni progetti di investimento programmati per privilegiare le nuove priorità, come già avvenuto con REPowerEu. Inoltre, ricordiamo che il Pnrr italiano non si compone solo delle milestone e dei target concordati con l'Europa per 191,5 miliardi di euro, ma anche di 30 miliardi di investimenti che, con la stessa logica, sono stati inseriti nel cosiddetto Fondo complementare. Sarebbe politicamente un segnale molto utile se l'Italia, per avviare il processo europeo di aggiornamento di tutti i piani nazionali di ripresa e resilienza, iniziasse unilateralmente ad aggiornare i progetti contenuti nel suo Fondo complementare, cosa che il governo è libero di fare in ogni momento.

La morale, per concludere, è molto semplice. È segno di serietà, per un nuovo esecutivo, proseguire il lavoro svolto da chi lo ha preceduto, soprattutto se quel lavoro ha dato lustro al Paese e se ci sono ingenti risorse finanziarie da salvaguardare, ben 191 miliardi, delle quali l'Italia ha estremamente bisogno per sostenere la crescita. Non farlo, interrompere il percorso virtuoso che ha portato un aumento del Pil del 6,6 per cento nel 2021 e che probabilmente ci porterà oltre il 3 per cento nel 2022, costerebbe al nostro Paese un danno economico e politico di dimensioni enormi. Un danno che gli italiani non meritano.

Continuità. È questa, dunque, la parola che dovrebbe caratterizzare il delicato passaggio di testimone che avverrà tra il governo Draghi e il futuro esecutivo. Continuità su due fronti: quello delle riforme contenute nel Pnrr e quello della sostenibilità della finanza pubblica. L'Italia è un Paese fortemente indebitato, come ha ricordato Draghi, e quel debito deve essere ridotto, innanzitutto tenendo la barra a dritta sulla crescita virtuosa, senza nuovo deficit. E se il governo uscente presenterà a settembre una Nadef con i saldi solo tendenziali, al prossimo toccherà scrivere il quadro programmatico della legge di bilancio 2023, che dovrà seguire queste due direttrici: continuità nelle riforme e sostenibilità del debito. Al primo punto si inseriscono le riforme fondamentali del fisco, della concorrenza e della giustizia, oltre al completamento di quella della Pubblica amministrazione. Sono 55 gli obiettivi da raggiungere entro il 31 dicembre per ottenere 21,8 miliardi dall'Ue, 27 entro il 30 giugno 2023 per incassare altri 18,4 miliardi, ben 69 nella seconda metà del prossimo anno per 20,7 miliardi. E così via, di semestre in semestre, fino a fine 2026.

Se il prossimo governo, di qualunque colore esso sia, saprà raccogliere, senza disperderla, l'eredità di quello uscente, allora avrà l'appoggio dei mercati e delle cancellerie europee, che questa continuità si aspettano. La continuità del Pnrr non pregiudica l'aggiornamento del Piano, anzi, è il presupposto per il suo credibile aggiornamento, perché è chiaro a tutti che il successo dell'Europa nei confronti della Next Generation è in larga parte il successo dell'Italia nella realizzazione del suo (aggiornato) Piano nazionale. Chiunque vincerà le elezioni e si ritroverà alla guida del Paese dopo il 25 settembre dovrà allora prendere una prima decisione importante: scegliere tra la continuità o la discontinuità rispetto al Pnrr e agli accordi che Draghi ha siglato con l'Europa. Una scelta dirimente, da cui dipenderà il destino di tutti noi.

Lancio dunque una proposta: anziché azzuffarci in campagna elettorale sul modificare o non toccare per nulla il Pnrr, sarebbe una prova di maturità se, su tutte le tematiche riguardanti gli impegni dell'Italia con l'Europa (Pnrr, riforma del Patto di stabilità, riforma dei Trattati...) si riuscisse a costruire un grande Patto repubblicano. Un Patto con alcuni chiari intenti comuni (come quelli che ho provato a delineare per il Pnrr), utile di fatto per evitare di ricacciare il nostro Paese nel vicolo cieco di un conflitto permanente con l'Ue, con conseguente stigma dei mercati, che pagheremmo a carissimo prezzo. Un Patto che consentirebbe al nuovo governo, chiunque sarà a guidarlo, di inserirsi subito nel solco di credibilità e autorevolezza tracciato dal governo Draghi, senza alimentare confusioni e incertezze.

Farebbe onore a tutti, vincitori e vinti. Perché metterebbe al centro l'unica vittoria che conta: l'interesse dell'Italia, dei suoi cittadini e delle sue imprese.

«Il Foglio», 24 agosto 2022

GAS, LA SFIDA A SCACCHI COI RUSSI SI PUÒ VINCERE MA SERVE UN «WHATEVER IT TAKES» DELL'ENERGIA

Caro direttore, la guerra del gas si sta sempre più rivelando una partita di alto livello, degna di un gioco in cui i russi hanno sempre eccelso: gli scacchi. E la Russia si è dimostrata abilissima, orientando l'offerta per spingere il prezzo a livelli insostenibili e massimizzare i ricavi. Un fornitore che tormenta i suoi clienti, più deboli a causa della loro dipendenza.

Il vantaggio strategico di Mosca è stato anche quello di conoscere alla perfezione i meccanismi di pricing che l'Europa stessa si è data, e di saperli sfruttare al meglio. Meccanismi datati, di dubbia efficacia, che stanno mostrando pericolosamente la corda. E mentre la Russia si rende imprevedibile, variando la quantità di gas da inviare al Vecchio Continente come e quando vuole, e creando così quella incertezza di mercato che è linfa vitale per la speculazione, l'Unione europea sembra aver compreso soltanto negli ultimi giorni l'urgenza di cambiare schema. «Stiamo lavorando a un intervento di emergenza e a una riforma strutturale del mercato elettrico», ha detto lunedì scorso la presidente della Commissione, Ursula von der Leyen.

Ai trader sono state sufficienti queste parole – insieme all'apertura della Germania a discutere del price cap e del decoupling, sin da marzo caldeggiati dal governo italiano, con il premier Mario Draghi e il ministro Roberto Cingolani – per far crollare i prezzi. A riprova del fatto che la strada è giusta. Ma alle parole devono ora seguire le azioni. Il 7 settembre i rappresentanti degli Stati membri parteciperanno a un seminario sui diversi modelli di price cap e il 9 è convocato il vertice straordinario dei ministri Ue dell'Energia, anche se le dichiarazioni del ministro tedesco dell'Economia Robert Habeck sulla necessità di cercare a livello europeo un approccio migliore del price cap per regolare i meccanismi di tariffazione dell'energia lasciano intendere che trovare un accordo non sarà semplice.

Da giugno l'impennata dei prezzi è stata inesorabile. L'annuncio di Gazprom di ridurre i flussi dal gasdotto Nord Stream 1 ha prodotto nel mercato maggiori timori sulla effettiva capacità dell'offerta europea di stare al passo con la domanda. La mossa di Gazprom rappresenta l'ennesima conferma dell'azione di *weaponization* del mercato del gas messa in atto dalla Russia come risposta alle sanzioni occidentali. Azione andata a vantaggio della bilancia commerciale russa. Per Mosca la perdita di gettito da gas dovuta alla minor quantità venduta è stata più che compensata dall'aumento di gettito provocato dall'incremento del prezzo.

L'Europa non si è dimostrata altrettanto astuta. Ha continuato a rispondere masochisticamente all'uso del gas come arma di guerra da parte della Russia, ricorrendo a strumenti ordinari sul lato della formazione del prezzo, come se la controparte sul mercato fosse un normale soggetto industriale. L'escalation dei prezzi del gas si è poi riflessa sul prezzo dell'energia elettrica, al cui aumento hanno contribuito altri fattori di restrizione dell'offerta, come la siccità.

Certamente non sono state d'aiuto le fragilità e le disfunzioni dei mercati europei del gas e dell'elettricità, in particolare sul fronte dei meccanismi di pricing: sistemi di calcolo non adatti a uno scenario di guerra. È risultata evidente, nei giorni scorsi, l'incapacità del Title Transfer Facility (Ttf) di Amsterdam di prezzare correttamente il reale valore del gas.

Quali soluzioni? Nel breve periodo sono due: la riduzione della domanda di energia e la revisione del sistema di fissazione dei prezzi. Sul primo punto, in Italia, come in Europa, sono già al vaglio piani per il risparmio energetico e il contenimento «intelligente» nell'uso delle fonti, nell'ambito dei quali, specialmente nel nostro Paese, la Pubblica amministrazione può giocare un ruolo fondamentale, ottimizzando l'utilizzo degli spazi, riducendo i consumi e inserendo obiettivi ad hoc nella premialità dei dirigenti. È, inoltre, dirimente che l'Italia solleciti l'apertura di un tavolo negoziale a livello europeo per riconoscere le necessarie compensazioni ai settori industriali energivori. Sul versante degli aiuti a cittadini e imprese, il governo Draghi si è comunque distinto: come calcolato dal *think tank* Bruegel, siamo il secondo Paese Ue per risorse stanziate.

Bisogna agire con urgenza, perché i differenziali di prezzo del gas con Stati Uniti e Cina rappresentano sempre di più un rischio di perdita di competitività per la produzione di beni europei. Anche sul pricing sono necessari interventi immediati, pure al fine di permettere ai costi di generazione da fonti green di incidere maggiormente sul costo dell'elettricità. È il decoupling già attivo negli Usa. Sganciare il prezzo dell'elettricità da quello del gas o eliminare l'indicizzazione rispetto alle rinnovabili potrebbe essere una soluzione efficace, così come superare la dipendenza dalla borsa di Amsterdam. Si potrebbe, per esempio, introdurre un tetto massimo fissato al benchmark del prezzo Henry Hub, il principale mercato del gas negli Stati Uniti.

Il tema dell'introduzione del decoupling e del price cap, tuttavia, richiede una revisione drastica del mercato unico europeo. Nel momento in cui un Paese fissa un tetto al prezzo del gas più basso di quello attuale, infatti, le esportazioni della materia prima crescono e, quindi, deve aumentare la generazione del bene energetico per sostenere l'export. Non a caso gli esempi di price cap fino a oggi tentati (Spagna e Grecia) si basano tutti su contesti poco interconnessi con il resto del mercato europeo, a differenza di Italia e Germania. Estendere il modello spagnolo a tutta Europa potrebbe essere una soluzione, a patto che non si crei uno sbilanciamento alle frontiere.

Ma, più in generale, chi pagherebbe la differenza tra il prezzo spot di mercato di oggi e il prezzo amministrato, considerando che dovrebbe essere applicato a contratti, spesso di lungo periodo, già sottoscritti? L'Occidente è in grado di imporre a Mosca il pagamento del prezzo amministrato? Forse, allora, la misura più utile, e meno costosa per le finanze dei singoli Paesi, potrebbe essere l'introduzione di una versione «flessibile» del price cap, sul modello del Transmission Protection Instrument usato dalla Bce come scudo anti-spread. Un meccanismo pubblico di pricing che interverrebbe al superamento di una determinata soglia, possibilmente non resa nota *ex ante*, con modalità e tempi decisi in totale discrezionalità dal policy maker europeo.

Tornando alla metafora degli scacchi, l'Europa deve dotarsi di nuove regole flessibili di funzionamento dei mercati dell'energia, per poter battere la Russia sulla sua stessa strategia: l'imprevedibilità. Una strategia che, nella teoria dei giochi, viene definita *tit for tat*, colpo su colpo. Tutto questo almeno fin quando non saranno ripristinate normali condizioni di mercato, ovvero finché l'Ue non si sarà affrancata dalle fonti energetiche russe. L'Unione dovrebbe, in sintesi, proporre un meccanismo di formazione dei prezzi che limiti al massimo il peso del gas russo sul pricing dell'energia elettrica e dichiarare apertamente che è disposta a modificare quelle regole fin quando i mercati non saranno in grado di prezzare il gas al suo reale valore. Un «Whatever it takes» sull'energia. Questo approccio dinamico renderebbe più difficile, per la Russia, calcolare l'offerta alla quale massimizza i profitti e, per gli investitori, scommettere al rialzo.

Nel lungo periodo, invece, la soluzione è l'aumento dell'offerta di gas, da un lato rafforzando la capacità estrattiva, gli investimenti, le infrastrutture, la ricezione del gas liquefatto dal Nord America, i rigassificatori, e dall'altro lato diversificando le fonti di approvvigionamento, anche a livello geografico. Secondo alcuni esperti, questo insieme di interventi dovrebbe essere accompagnato da un rallentamento del Green Deal, ossia da una sospensione dei target di riduzione CO_2. Allentare i limiti prefissati potrebbe, in effetti, contenere la speculazione e ridurre l'onere della transizione che grava sulle spalle delle imprese europee, costrette a competere con Cina e India, molto meno impegnate nel taglio delle emissioni inquinanti. Senza contare che nessun investitore sarebbe incoraggiato a puntare sulle infrastrutture per potenziare l'offerta delle fonti fossili sapendo che sono il bersaglio nel mirino dell'Ue.

Gli obiettivi della transizione green, per chi sostiene questa tesi, sarebbero, dunque, in trade-off con quello prioritario di proteggere la sicurezza energetica nazionale. Ma altri esperti non concordano, proprio perché ritengono il Green Deal un catalizzatore del ricorso alle rinnovabili, nonché un asse portante del Pnrr. Un compromesso potrebbe essere quello di deflazionare la «retorica green» e limitarsi ad annunciare un freno al piano verde. Potrebbe bastare per mutare i fondamentali rialzisti del mercato senza che la transizione energetica si fermi davvero.

Resta centrale la proposta di un Next Generation Eu 2 per finanziare nuovi Pnrr dedicati ad affrontare la crisi energetica. Altre soluzioni strutturali sono le liberalizzazioni e le semplificazioni del mercato delle rinnovabili. L'Italia potrebbe subito dare un segnale politico importante, destinando all'efficienza energetica nella prossima legge di bilancio alcune delle risorse allocate nel Fondo complementare da 30,6 miliardi. Indicherebbe la volontà del nostro Paese di riorientare gli investimenti connessi al Piano nazionale di ripresa e resilienza secondo il programma REPowerEu, aprendo la strada a un aggiornamento del Pnrr senza attivare la procedura ex articolo 21 del Regolamento 241/2021.

Per l'Europa vale la lezione di Kasparov, uno dei migliori scacchisti di sempre: «La più grande capacità negli scacchi risiede nel non consentire all'avversario di mostrarti ciò che è capace di fare».

«La Stampa», 1° settembre 2022

PER L'EUROPA È IL MOMENTO DI OSARE

Il cambio di fase della guerra in Ucraina porta con sé una domanda: sarà in grado l'Europa di vincere il finale di partita? Una descrizione distopica vede la storia europea come una sequenza di guerre e di egemonie in un continente di minoranze, caratterizzato da una babele di lingue e interessi, quasi sempre contrapposti. Ma c'è anche un'altra storia, quella che ha fatto dell'Europa il baricentro della civiltà nel mondo: diritto e diritti, arti, filosofia, industria, tecnologia, università.

Oggi è forte la tentazione di farsi prendere dallo scoramento. L'Unione europea continua a essere vittima di tutte le sue antiche contraddizioni. Ma se la sua forza fosse proprio la capacità di sciogliere gli egoismi in sintesi più alte, degne di una «comunità di destini»? La civiltà che vince sulle miopie divisive, avverando ogni volta la profezia di Jean Monnet: «L'Europa si è forgiata nelle crisi e sarà la somma delle soluzioni adottate per quelle crisi».

Per questo, nel discorso sullo stato dell'Unione che terrà stamattina la presidente della Commissione, Ursula von der Leyen, vorremmo riascoltare la frase che pronunciò lo scorso anno, citando Bebe Vio: «Se sembra impossibile, allora possiamo farlo». Von der Leyen rivendicò i successi dell'Europa su vaccini anti-Covid, Next Generation Eu e clima. Dodici mesi dopo, il conflitto russo-ucraino ha drammaticamente modificato lo scenario. Oggi la sfida è l'autonomia strategica dell'Ue nella produzione di beni pubblici europei: difesa, pace, energia e clima, sicurezza alimentare, salute, crescita, giustizia e coesione. Ma tutto questo implica una non più rinviabile riforma della governance economica e politica dell'Unione, per consentirle di anticipare le crisi, e non di rincorrerle.

Problemi comuni richiedono soluzioni comuni. Da subito, la sicurezza energetica e le forniture di gas. Molto è stato fatto dai singoli Paesi, ma molto resta da fare in una cornice europea, nonostante i progressi sul price cap all'ultimo Consiglio energia. Con l'inverno alle porte, il tempo stringe e gli egoismi aumentano. Dobbiamo evitare il «dilemma del prigioniero» che caratterizzò nel 2020 le prime settimane della pandemia, quando il panico prevalse sulle scelte razionali, ritardando soluzioni cooperative all'emergenza.

Occorre un cambio di passo. Alle misure urgenti per ridurre i consumi energetici e continuare a sostenere famiglie e imprese, va collegato un piano di investimenti sul modello Next Generation Eu e nel solco di REPowerEu per finanziare l'autonomia energetica con nuovi gasdotti e rigassificatori. Un Ngeu 2 che, stavolta, diventi un piano unico gestito dalla Commissione, in linea con le posizioni espresse da Draghi e Macron lo scorso marzo a Versailles.

La natura dei nuovi beni pubblici europei richiede anche strumenti condivisi a livello finanziario. La Commissione presenterà a ottobre una revisione delle regole di bilancio: dovrà garantire finanze pubbliche sostenibili, ma anche flessibilità per gestire le crisi. La politica monetaria della Bce e le politiche di bilancio nazionali si devono allineare. Mentre la Bce rialza i tassi in chiave anti-inflazione, gli Stati si muovono con costose manovre ridistributive. Senza coordinamento, si rischia lo spettro della recessione e del conflitto sociale.

Il salto di qualità dell'Ue da logiche intergovernative a logiche federative di membership è già avvenuto in risposta alla pandemia. Lo spirito del tempo che portò al «momento Hamilton» dell'Europa e al Next Generation Eu deve diventare la nuova cultura di governance dell'Unione. Uno schema in cinque azioni: produrre i nuovi beni pubblici europei – pace, difesa, energia, cibo – e governarli con metodo comunitario; riformare le regole di bilancio; finanziare le priorità con debito comune; creare capacità condivise (ad esempio, una piattaforma di acquisti per il gas); sostenere la crescita, vero collante dell'Ue. Coesione e solidarietà sono la principale eredità dei primi tre anni del mandato della Commissione von der Leyen, ma anche obiettivi strategici per il futuro. «Se sembra impossibile, allora possiamo farlo». Civiltà può battere miopia ancora una volta. Memori della lezione di Bertolt Brecht: «Se non si osa nulla non si può neppure vincere nulla».

«Corriere della Sera», 14 settembre 2022

EUROPA, ORA LA SVOLTA PER PRODURRE I BENI PUBBLICI EUROPEI, DALL'ENERGIA ALLA SICUREZZA

Abbiamo assistito a uno straordinario discorso della presidente von der Leyen sullo stato dell'Unione.

Ora però devono seguire i fatti. Non possiamo morire di bollette, le famiglie non possono spendere tutto il loro reddito per pagare luce e gas, le imprese non possono chiudere perché non riescono a sostenere i costi dell'energia. Occorre che l'Europa sia in grado di dare risposte presto e bene, affiancando gli Stati, che stanno facendo tutto quello che possono.

Adesso che la situazione della guerra in Ucraina sembra avere un finale aperto, con la vittoria del popolo ucraino, la vittoria delle democrazie e dell'Europa, l'Unione europea sarà in grado di vincere questo finale di partita? Probabilmente è il finale di partita più difficile, quello anche più pericoloso e incerto. Per questo serve un'Europa forte.

Sono passati ottant'anni da quando Vittorio Sereni scriveva al Pireo nel 1942 il suo *Italiano in Grecia*, che con amarezza ricordava un'Europa «esile mito tra le schiere dei bruti». Un'Europa inerte, abbandonata al destino della tirannia. Ecco, io penso che dobbiamo ripartire rifondando il mito: un'Europa «forza gentile», assertiva nel difendere la propria sovranità dai «bruti» di un vicinato globale sempre più connesso ma instabile, ma anche propagatrice di una missione civilizzatrice nel mondo. Diritto e diritti, arti, filosofia, capitale umano, scienza, tecnologia, università. Ma questo *soft power* presuppone un *hard power*, quello dei beni pubblici europei: energia, difesa, sicurezza, cibo. Una forza «gentile» non è una forza riluttante.

Come inquadrare e realizzare i sogni che oggi Ursula von der Leyen ha illustrato e che sono i sogni di tutti noi europei? Non può più bastare l'Europa del *soft power*, com'è stato finora, cioè il potere dolce della regolazione, del convincimento, della coesione. Sarò schematico, occorre riuscire a fare sintesi tra *soft power* e *hard power*, anche e soprattutto in Europa, altrimenti ci troveremo come il classico vaso di coccio in mezzo ai vasi di ferro di Oriente e Occidente. L'Europa deve darsi nel più breve tempo possibile anche una dimensione di *hard power*.

La vorrei dire con il presidente Draghi nel suo discorso di insediamento: non c'è sovranità nella solitudine. Oggi la sfida da affrontare è quella di accrescere gli sforzi per un'Unione sovrana, per raggiungere un'autonomia strategica nella produzione dei beni pubblici europei fondamentali, ovvero quelli in cui la fornitura di beni «non rivali e non escludibili» non è più possibile in un contesto unicamente nazionale: la difesa comune, la costruzione di una pace duratura, la sicurezza energetica e la transizione ambientale, la sicurezza alimentare, la salute, la crescita economica, la giustizia e la coesione sociale.

Ma tutto questo richiede una non più procrastinabile riforma istituzionale della governance economica e politica dell'Unione. Una riforma dei Trattati, attraverso una Conferenza intergovernativa, non è più differibile. Di fronte a una nuova, stavolta tragica, discontinuità geopolitica, dobbiamo recuperare la stessa ambizione che dalle due Conferenze intergovernative aperte nel dicembre 1990 sotto presidenza italiana – proprio sull'onda della discontinuità geopolitica offerta dalla fine della guerra fredda – portò alla firma del Trattato di Maastricht nel 1992.

L'Europa deve essere in grado, deve impegnarsi a produrre direttamente e con metodo comunitario un pacchetto di beni pubblici europei di cui non si può più fare a meno. L'energia è un bene pubblico europeo, attualmente non è nei Trattati. E ne vediamo le conseguenze: una non risposta, una non reazione. La gestione della pandemia, l'abbiamo visto, è stata una storia di successo, ma ricordiamo tutti i primi mesi, in cui ci rubavamo tra Paesi mascherine e ventilatori per i reparti di emergenza degli ospedali: anche la salute non era nei Trattati.

Per fare questo, bisogna cambiare i Trattati, al più presto possibile, altrimenti rincorreremo sempre i problemi, anziché anticiparli.

Per questo dobbiamo fare un nuovo inventario rispetto all'Europa e alla sua collocazione nella geopolitica internazionale. Nuovi Trattati con una governance comunitaria, non intergovernativa. Fare l'inventario dei beni pubblici europei comuni da produrre insieme il prima possibile. Difesa, pace, energia, clima, sicurezza alimentare, salute, crescita, giustizia e coesione. Il catalogo è questo.

Altrimenti dovremo inventarci ogni volta un percorso complementare che non c'è nei Trattati, come abbiamo fatto per la pandemia e con il Next Generation Eu, e tutto questo porta via tempo e risorse. Ma non c'è più tempo.

«C'è un altro punto importante: *widening and deepening*. Dobbiamo allargare l'Europa. Non un allargamento superficiale (*widening*, in estensione), ma *deepening* in profondità, perché solo così rispondiamo alle esigenze della storia, in cui l'Europa ha sempre avuto un ruolo centrale, ora in Ucraina e ieri nei Balcani».

Per questo occorre capacità economica e politica, costruire l'unione politica europea e per farlo servono grandi capacità di riforme politiche ed economiche. È finita la gloriosa storia del Patto di stabilità, del Fiscal Compact: anticaglie gloriose, ma anticaglie.

Abbiamo vinto la pandemia sospendendo le regole europee con due provvedimenti che hanno messo in stand by i vincoli che ingessavano la possibilità di fare debito per l'Europa e da parte degli Stati.

Questo significa buttare via tutto? Assolutamente no, ma quelle regole non potevano valere in un momento eccezionale. Questa è l'intelligenza che dovremmo avere. Cogliere dalle crisi, come diceva Jean Monnet, la capacità di dare risposte a queste crisi. Siamo qui a dare risposte.

Quando il mercato non funziona lo si deve poter dire e lo Stato deve intervenire. Lo stiamo vedendo con il gas dove nello stesso istante abbiamo due prezzi distanti fino a venti volte: uno ad Amsterdam in Europa e un altro a Henry Hub in Florida. È giusto che chi ha fatto extraprofitti con il gas li restituisca alla comunità. Sto ricevendo decine di telefonate da imprenditori e cittadini. È possibile che un'impresa o una famiglia muoia di bollette? Che negozi, alberghi, fabbriche chiudano perché non si riesce a pagare bollette decuplicate di gas e luce? Sappiamo da mesi che sarebbe successo. Conosciamo tutti l'estrema complessità della situazione, ma governare significa conoscere e decidere e non rinviare di consiglio in consiglio.

Non c'è più tempo. L'Europa deve osare, se vogliamo che ci sia la fiducia della gente in questa straordinaria istituzione che è l'Europa fatta di popoli eterogenei che si sono combattuti, un continente di egoismi, una straordinaria «babele di lingue». Ce la possiamo fare, von der Leyen ha fatto un discorso straordinario al Parlamento europeo, un'aula che rappresenta 450 milioni di cittadini europei. È tempo di un salto di fase: passare dal mix intergovernativo pesato col bilancino alla vera scelta di una vera Europa federale, che decida i suoi beni comuni e la sua strada per il futuro.

Intervento in occasione del discorso sullo stato dell'Unione
di Ursula von der Leyen, Campidoglio, 14 settembre 2022

DA CAVOUR A CAVOUR. COSÌ L'ITALIA DIVENTA PIÙ EUROPEA

Considero il Premio che oggi mi fate l'onore di conferirmi come un'occasione preziosa: per un bilancio politico naturalmente, giusto al termine della mia esperienza nel governo Draghi; ma mi consentirete di dire anche una riflessione personale su quella che è stata più in generale la mia azione di parlamentare e soprattutto di due volte ministro per la Pubblica amministrazione. Ritengo importante che questa riflessione possa partire da un ritorno al passato, risalendo all'opera del fondatore dello Stato italiano, Camillo Benso conte di Cavour, cui si intitola il Premio, in questo luogo straordinario che è il Polo cavouriano di Santena.

Di ciò vi ringrazio molto. Perché, come vedremo, sono convinto che Santena, oggi come ieri, sia un luogo della convergenza: nella seconda metà dell'Ottocento, catalizzatore del processo unitario; adesso, del processo di integrazione europea.

La riforma Cavour del 1853

Cavour era ministro delle Finanze del Regno di Sardegna quando, nel 1852, presentò al Parlamento subalpino quella che sarebbe poi diventata la legge sul «riordinamento dell'amministrazione centrale e della contabilità generale dello Stato» (23 marzo 1853, n. 1483). Una legge che dei due temi enunciati nella titolazione, privilegiava il secondo: la riforma della contabilità di Stato, cui erano dedicati 52 articoli distribuiti in 8 capi, a fronte dei due soli articoli del Titolo primo relativo alla riforma amministrativa.

Il Titolo primo, peraltro, stabiliva pochissimi principi chiave: all'articolo 1 statuiva che i ministri avrebbero provveduto all'amministrazione dello Stato «per mezzo di Uffizi posti sotto la loro immediata direzione»; e che «gli Uffizi dello stesso ramo d'Amministrazione, e dipendenti da un solo ministero, potevano venire riuniti in Direzioni generali». L'articolo 2 sanciva che l'ordinamento dei ministeri sarebbe stato «uniforme quanto a titoli, gradi e stipendi del personale», a loro volta stabiliti da un regio decreto; e che gli stipendi sarebbero stati periodicamente fissati per legge. Il decreto reale vide la luce, pochi mesi dopo, nell'ottobre dello stesso anno disciplinando tutti gli aspetti della regolazione della attività amministrativa (Regio decreto 23 ottobre 1853, n. 1611).

Ora, mi chiedo e vi chiedo: perché Cavour si impegnò tanto su questa riforma diciamo così in due tempi, e perché a essa attribuì tanta importanza proprio all'inizio del fatidico decennio che avrebbe preceduto l'Unità d'Italia?

Per comprenderlo – sulla scorta di quanto ci hanno insegnato gli storici dell'amministrazione, tra cui menziono il professore e amico Guido Melis – dobbiamo fare un passo indietro e riferirci al 1848, quando Carlo Alberto firmò lo Statuto del Regno di Sardegna, destinato poi a diventare, sino alla Costituzione repubblicana del 1948, la Carta costituzionale del Regno d'Italia. In quel testo fondamentale era stato introdotto un principio di grandissima rilevanza per l'ordinamento: quello della responsabilità ministeriale. Ciò aveva una immediata ricaduta sul modello dell'amministrazione. Sino ad allora l'apparato amministrativo piemontese (come quelli di tutti gli Stati europei di *Ancien Régime*) aveva avuto una organizzazione a «galassia» in cui erano presenti: le segreterie di Stato, organi di collaborazione diretta del sovrano, eredità dei vecchi *consilia regis*; organismi di formato e contenuti molto variabili, denominati ministeri, preposti a funzioni più o meno centralizzate; e le cosiddette «aziende», cioè complessi di mezzi finanziari, strutture operative e personale, affidati a singoli «capi», dotati di relativa autonomia nell'espletamento di particolari funzioni. Cito a titolo esemplificativo l'azienda per la riscossione delle tasse; quella per gli approvvigionamenti destinati alla guerra; l'azienda per l'artiglieria e quella per la marina militare. Le competenze erano spesso poco nettamente distinte, i poteri confusi, i collegamenti interni problematici.

Questa struttura aveva funzionato abbastanza bene, secondo quanto dichiarò alla Camera Cavour, quasi a renderle un omaggio postumo. Ma mal si conciliava con il concetto chiave della responsabilità ministeriale stabilito all'articolo 67 nello Statuto. E Cavour lo disse a chiare lettere nel suo memorabile discorso sulla nuova legge: «Siffatto sistema – disse, parlando del modello misto aziende-ministeri – non è più compatibile sotto il reggimento costituzionale colla responsabilità del ministero».

Se il ministro, a norma di Statuto, era nominato dal Re (il Re nomina «i suoi ministri», diceva il testo) e da lui strettamente dipendeva dovendogli rendere conto, egli allora doveva essere in grado di conoscere e padroneggiare l'intero apparato amministrativo. Questo ebbe un riflesso immediato sul piano della organizzazione: sotto il potere supremo del ministro (cioè della politica) dovevano esserci gli apparati, coesi e compatti, cioè gerarchicamente ordinati. Come nell'Esercito (il modello militare ebbe infatti la sua decisiva influenza) il personale doveva essere distinto in gradi, ognuno dei quali subalterno al superiore e sovrastante l'inferiore. Come i gradini di una scala che scendeva dal grado più alto (il direttore generale) a quello più basso (l'impiegato avventizio che attendeva la promozione nell'organico).

Questo modello oggi ci appare forse farraginoso. Ma per capire Cavour e i suoi successori bisogna pensare a cosa era, allora, un'amministrazione, a come si dovessero fissare regole uniformi, stabilire comportamenti sempre eguali, forgiare il personale in modo omogeneo, dare certezza esterna (anche perché i cittadini chiedevano, ieri come ora, che l'amministrazione desse risposte certe alle loro domande). Modello gerarchico, dunque. O anche gerarchico-piramidale, come dicono gli storici. Come era stato nella Francia di Napoleone; ma soprattutto (quello fu il modello di Cavour) come era stato realizzato nel Belgio a regime costituzionale e da cui furono tradotti i nomi della gerarchia.

Il modello entrò rapidamente in funzione. Forse non senza suscitare critiche e mugugni, se dobbiamo credere al commediografo piemontese Vittorio Bersezio, che pochi anni dopo mise in scena a Torino una fortunata commedia in dialetto piemontese, *Le miserie di Monsù Travet*, nella quale un impiegato statale subiva in silenzio le angherie dei superiori, viveva a stento del magro stipendio e per di più doveva sopportare le continue vessazioni di una moglie ambiziosa e frustrata perché desiderosa di ascesa sociale. Monsù Travet sarebbe diventato un simbolo del popolo dei piccoli impiegati, il martire di uno Stato nel quale alla stabilità dello stipendio e al prestigio di servire le istituzioni si accompagnava la pochezza dei mezzi e la povertà della esistenza quotidiana.

Eppure, quel modello organizzativo era per l'epoca il più moderno, certo il più aggiornato che offrisse allora la realtà italiana ed europea (forse con l'unica eccezione della Gran Bretagna, dove vigeva la common law e l'intera burocrazia era strutturata su un opposto concetto: ma di questo non abbiamo il tempo di parlare).

L'unificazione sotto il modello piemontese

Degli Stati (o staterelli) italiani del 1853 e della burocrazia preunitaria sappiamo poco, le fonti sono meno chiare: nel 1854 i dipendenti dello Stato erano in Piemonte 13.757 civili e 52.500 militari; nel Regno delle Due Sicilie, retto dai Borbone, poco più di 69 mila tra civili e militari; 7.500 circa nel Lombardo-Veneto austriaco, caratterizzato da buona amministrazione e gravoso sistema tributario; poco più di 5.000 nello Stato pontificio (ma lì bisognerebbe avere i dati sul clero); poco più di 3.000 nella Toscana degli Asburgo-Lorena, e 1398 a Modena, 995 a Parma).

Come erano organizzati? Certamente in modi disparati. Le legislazioni di questi staterelli erano un accumulo disordinato di disposizioni di vario rango e valore. In alcuni casi reggeva ancora il vecchio ordinamento napoleonico (a Parma, per esempio, Maria Luisa lo aveva mantenuto), in altri vigeva la razionale organizzazione della burocrazia austriaca (in Lombardia e Veneto); gli Stati del Papa risentivano della profonda confusione tra impiego civile, affidato ai laici, e presenza delle strutture clericali; nel Mezzogiorno tutto appariva disordinato e poco razionale, «borbonico» appunto, caratterizzato dalla sopravvivenza di antiche consuetudini. Quando nel 1870 Quintino Sella incaricò il giovane impiegato Giolitti di studiare l'unificazione delle leggi contabili e fiscali, questi scoprì (lo narra nelle sue memorie) che in Campania si consentiva l'esenzione fiscale a chi offrisse vitto e alloggio a un soldato del Re e al suo cavallo.

Tutte queste realtà furono unificate dopo il 1861 nel prototipo piemontese: ma non senza resistenze passive, compromessi, profondi contrasti. Un impiegato del Sud che era stato anche un patriota, tale Giannelli, laureato e seguace del grande lessicografo Basilio Puoti, giunse a sfidare a duello il suo capoufficio piemontese che pretendeva di correggergli la lingua italiana trasformandola nel burocratese dell'amministrazione.

Faccio ora un salto temporale. Quanto resistette il modello Cavour e come eventualmente si modificò nel tempo?

La risposta è complessa: resistette a lungo, direi quasi sino ai nostri giorni; ma al tempo stesso non fu esente da modifiche, frutto degli errori e delle mancanze del processo di unificazione. Queste modifiche, che furono radicali, non consistettero in vere riforme capaci di modificare il modello originario. Piuttosto si affiancarono, si sovrapposero, a quel modello. Provo a scandire una breve cronologia che parte da Crispi, passa a Giolitti, agli anni della Prima guerra mondiale e al fascismo, per arrivare al dopoguerra e alle riforme dello Stato del periodo Repubblicano.

1887-1890 - Prima stagione di Crispi alla guida del governo

A Crispi si devono la riforma del ministero dell'Interno e la riforma degli Esteri. Per corrispondere ai cambiamenti in atto nella società di fine secolo, Crispi promosse una nuova architettura dello Stato attraverso le leggi sulla beneficenza (la nascita delle Ipab), sulla pubblica sicurezza (il poliziotto moderno in luogo del gendarme), sulla sanità pubblica (il medico e il veterinario provinciali), sulla giustizia amministrativa (la IV sezione del Consiglio di Stato, le giunte provinciali amministrative), su Comuni e Province (l'elettività del sindaco).

1900-1915 - Età giolittiana

Sono dell'epoca giolittiana le tre trasformazioni del modello Cavour che videro:

– triplicare il numero dei dipendenti statali (dai 100 mila di fine Ottocento ai 300 mila e oltre del 1915);

– meridionalizzarsi la burocrazia (fenomeno che resiste ancora oggi) con l'innesto di tratti e consuetudini del modello borbonico nel modello cavouriano;

– prevalere, tra i nuovi assunti, i laureati in giurisprudenza e concretizzarsi la conseguente «fuga dall'amministrazione» di esponenti delle professionalità tecniche.

In quindici anni, dai primi del secolo XX alla guerra mondiale, la Pubblica amministrazione cambiò faccia: originariamente era di numero contenuto, piemontese o settentrionale, espressione di saperi tecnico-pratici. Poi divenne tutto il contrario.

Da dove nascevano e cosa comportavano queste tre trasformazioni?

Nascevano da fenomeni sociali (il Nord era coinvolto nella prima industrializzazione del triangolo Torino-Milano-Genova, il Sud no) e anche culturali (si stava affermando, anche per l'influenza dei grandi maestri del diritto pubblico, l'idea-base che un buon funzionario deve anzitutto conoscere le leggi).

Comportavano una mutazione genetica rispetto all'idea originaria di Cavour: i dipendenti pubblici provenienti dal Sud, ora in maggioranza, portavano con sé la loro cultura, spesso anche più raffinata dal punto di vista della conoscenza del diritto, ma erano estranei ai processi dello sviluppo.

Per un paradosso l'Italia si spaccava in due: al Nord l'economia, e le culture pragmatiche del positivismo; al Sud lo Stato, e le culture formalistiche dell'idealismo. Le due Italie erano estranee l'una all'altra. Lo Stato non capiva lo sviluppo economico.

Nacquero da ciò potenti contraddizioni. La dico in una battuta: l'economia correva avanti, ma lo Stato non la seguiva. Era lento, attardato da controlli e cavilli, incapace di ragionare sui problemi concreti.

Giolitti, ma specialmente Nitti (che fu forse all'epoca il politico più consapevole) posero rimedio a questa contraddizione promuovendo o favorendo la nascita del primo circuito delle cosiddette «amministrazioni parallele», cioè istituzioni nate dentro i ministeri, ancora formalmente da esse dipendenti, ma dotate di relative autonomie di gestione e talvolta anche di bilancio: Commissariato generale per l'emigrazione, Consiglio superiore e Ufficio del lavoro, Commissariati e uffici speciali per le aree depresse; Azienda statale delle ferrovie; infine l'Ina, che fu il primo ente di diritto pubblico nazionale, totalmente slegato dal cordone ombelicale coi ministeri.

1915-1918 - Le amministrazioni di guerra

Gli anni della Prima guerra mondiale videro nascere da un lato forme inedite di organizzazione separata: ministeri creati ad hoc con funzioni non più generaliste ma speciali e circoscritte, Commissariati di guerra, comitati misti amministrazione-industriali, nuova leva di enti pubblici (Opera nazionale combattenti, ad esempio) e dall'altro i comitati interministeriali, prime forme di collegamento orizzontale dentro il governo, e il potenziamento del ruolo di coordinamento del presidente del Consiglio.

Se Cavour avesse potuto vedere cosa era diventata l'amministrazione alle soglie degli anni venti non avrebbe creduto ai suoi occhi. Innanzitutto, per le proporzioni assunte. Gli 11 mila dipendenti circa del 1861, erano oltre 500 mila nel 1918, più moltissimi, incalcolabili precari entrati durante la guerra e in cerca di stabilizzazione, e più le donne che avevano supplito gli uomini chiamati al fronte, tutte in procinto di essere licenziate.

Regnava un grande disordine nella forma e nella struttura degli stessi ministeri, la propensione dello Stato, dopo la guerra, a mantenere il ruolo attivo di programmatore, finanziatore, soggetto produttore impegnato in attività economiche esso stesso.

Vi fu una forte reazione liberista (ne fu uno dei protagonisti Luigi Einaudi) ma anche una posizione che chiameremo filo-interventista (la proposero soprattutto Nitti e i suoi collaboratori Vincenzo Giuffrida e Alberto Beneduce). In entrambi i casi, furono vani i tentativi di mettere ordine nei debolissimi governi del dopoguerra. D'altra parte, con la guerra, l'economia italiana aveva cambiato passo, potenziandosi in alcuni settori che premevano sullo Stato e, dopo il conflitto, lo Stato fu chiamato a soddisfare i bisogni della emergente società delle masse nel campo dell'assicurazione vita; della assicurazione disoccupazione; della assistenza sanitaria; del finanziamento delle opere pubbliche; dell'intervento nel Mezzogiorno depresso.

Il periodo fascista

In questo quadro, il primo fascismo si presentò sotto l'aspetto (o forse la maschera) di un governo liberista. E Mussolini in effetti diminuì il numero dei ministeri, bloccò per qualche anno le assunzioni, rafforzò la Ragioneria generale dello Stato facendone definitivamente (lo era in parte già) la cabina di controllo della spesa pubblica. Non epurò – come aveva minacciato – la burocrazia, non potendo fare a meno, per guidare la macchina amministrativa che non conosceva, dei vecchi direttori generali di estrazione giolittiana o nittiana. Il modello Cavour, si potrebbe dire, fu difeso e dove possibile fu anche ripristinato.

Ma se guardate la grande anagrafe degli enti pubblici anni fa pubblicata da un benemerito istituto oggi purtroppo scomparso (il Ciriec) vi accorgerete che sottotraccia stavano nascendo una miriade di istituti preposti a funzioni decisive per uno Stato moderno. E nascevano fuori dai confini dello Stato di Cavour: erano creature indipendenti, dotate di una missione, di finanziamenti e bilanci autonomi, di un'enorme influenza pratica. Una parte di questi furono posti sotto l'egida del Partito nazionale fascista (esso stesso trasformato in ente pubblico). Un'altra parte, la migliore e la non politicizzata, fu rappresentata dai cosiddetti «istituti di Beneduce» (la definizione è di un piemontese, Marcello Soleri), cioè quella filiera di enti finanziari di matrice nittiana che erano sorti dopo la costituzione dell'Ina, riproducendone il modello organizzativo e la logica finanziaria (si finanziavano autonomamente emettendo polizze o obbligazioni sul mercato).

Infine una terza categoria di enti discendeva dagli operatori dei settori economici, i quali, aggregatisi in associazioni di interesse, chiedevano allo Stato di essere per così dire «entificati» e poi, con questa legittimazione pubblica, assumevano la guida delle politiche economiche del loro settore di competenza (per fare un esempio, l'Ente Risi italiani, 1931, decideva in epoca corporativa chi potesse coltivare il riso, con quali caratteristiche e in quali quantità, a quale prezzo sul mercato: ed era, l'Ente Risi, interamente sotto il potere dei grandi produttori risicoli del Vercellese che ne costituivano il consiglio di amministrazione).

Dopo la svolta degli anni trenta (passaggio del fascismo dalla fase liberista iniziale a quella statalista-corporativa) il vecchio modello Cavour, dunque, stava ancora in piedi (ministeri, direttori generali, firma del ministro). Ma era affiancato e direi incalzato da fratelli minori spesso al di fuori del suo controllo.

Il dopoguerra e i tentativi di riforma dello Stato

Caduto il regime, il dopoguerra democratico non segnò alcun mutamento rispetto a questo che possiamo chiamare il dualismo della sfera pubblica: Stato-ministeri e Stato-enti pubblici (o società per azioni a partecipazione statale). Convivevano due burocrazie: una numerosa (erano circa 1 milione e mezzo nel dopoguerra gli stipendi statali) ma generica, poco pagata nei suoi strati più bassi, molto irrigidita da una legislazione fitta quanto spesso superflua (ci ritornerò subito, perché è questo uno dei punti salienti della riforma); l'altra meno numerosa e più specializzata, qualche volta con grandi enti alla Beneduce (all'Ina e all'Iri, all'Imi pure sorto negli anni trenta, all'Inps divenuto il perno della previdenza, si affiancarono la Cassa per il Mezzogiorno e l'Eni di Enrico Mattei). Esisteva insomma un «secondo Stato», il cui punto di forza era evidente: agiva spesso con la velocità e l'efficacia che il primo Stato, soggetto ai mille controlli della Ragioneria e della Corte dei conti, non poteva mettere in campo. Ma c'era un punto di debolezza: così la riforma dello Stato non si faceva mai, si rimandava in eterno.

E vengo finalmente al mio tema: la riforma dello Stato. Se ne parlò molto a partire dalla prima legislatura, sebbene già qualcuno allora osservasse che la Costituzione non aveva in realtà affrontato adeguatamente il nodo dell'amministrazione (in particolare Massimo Severo Giannini, che aveva tutto visto e studiato dall'osservatorio privilegiato del ministero per la Costituente). I governi De Gasperi, per altri versi virtuosissimi, proclamarono di voler fare la riforma, ma non la fecero. O meglio, produssero una serie di leggi, poi raccolte dopo la scomparsa di De Gasperi nel testo unico del 1957, che nulla o quasi cambiava del modello primigenio. Perché non la fecero? Per una serie di ragioni, alcune oggettive (c'erano ben altre urgenze economiche), altre invece derivanti dalla resistenza di chi remava contro. E remavano contro principalmente le burocrazie: le alte burocrazie, preoccupate di ridurre i propri privilegi che si erano portate dietro dal periodo fascista; e le piccole burocrazie, afflitte perennemente dallo spettro di non raggiungere il 27 del mese. Soldi ce ne erano pochi, le riforme costavano: e soprattutto spaventavano.

Si tornò a parlare di riforma dello Stato ai tempi del primo centro-sinistra, quando la programmazione economica voluta soprattutto dai socialisti si dovette scontrare con il potere della Ragioneria generale dello Stato (una fortezza invincibile che ebbe nel ministero del Tesoro la sua solidissima base e nel ministro democristiano Colombo il suo più assiduo portavoce). Ma ci fu anche – in termini più generali – l'ostilità persino culturale della burocrazia italiana. I riformatori (l'Ufficio per la riforma istituito da De Gasperi nel 1950 e poi affidato al professor Lucifredi) volevano introdurre i metodi americani, cambiare la formazione dei dipendenti, magari valutare col merito. Le burocrazie ministeriali si opponevano come sempre hanno fatto: semplicemente non facendo, chinando il capo perché il vento della riforma passasse. Pronte a risollevarlo a pericolo passato.

Il centro-sinistra fece molte e importanti riforme, pur se tra mille contrasti. Ma quella della burocrazia non riuscì a farla, o forse neppure ci tentò. Quando nei primi anni settanta nacquero le Regioni a statuto ordinario, dopo una fase istruttoria promettente nella quale si parlò di «contagiare» lo Stato burocratico dal basso, anche le Regioni si adattarono a ripetere organizzazione e regole dello Stato. Nacquero le burocrazie regionali, spesso brutta copia di quella statale.

Gli ultimi decenni del XX secolo videro almeno tre tentativi di rimettere al centro dell'azione di governo la riforma amministrativa: quello del professor Massimo Severo Giannini, ministro nel 1979-1980; quello del professor Sabino Cassese, ministro nel 1993-1994; e quello del professor Franco Bassanini, ministro e sottosegretario alla presidenza del Consiglio in diversi governi dal 1996 al 2001. I tre tentativi hanno avuto in alcuni casi esiti positivi, ma nessuno dei tre, neppure il più ambizioso e quello che ebbe più tempo e un quadro politico più favorevole (Bassanini) raggiunsero gli obiettivi di una riforma dell'amministrazione complessiva e duratura.

Ciò si deve a vari fattori, che qui non ho il tempo di esaminare puntualmente, mi limito a evidenziare quello più determinante della mancata continuità dei vari disegni di riforma. Il primo dei tre, forse il più interessante per la lucidità di chi lo aveva steso e per la mobilitazione di risorse intellettuali che aveva suscitato intorno a sé, intendo il tentativo Giannini, fallì perché cadde il governo e il successivo non ritenne di proseguire con lo stesso ministro o con altri che ne condividessero il progetto. Ciò accadde anche nel 1994, quando, dimessosi il governo Ciampi, fu dimenticato il pur proficuo lavoro istruttorio di Cassese, che a sua volta aveva riesumato in larga misura il progetto Giannini.

Bassanini ebbe, come ho detto, più filo e tela da tessere. Produsse una grande quantità di norme, alcune delle quali ebbero una attuazione modesta. Tuttavia, va riconosciuto che molte delle idee del riformismo amministrativo dei due decenni precedenti trovarono sbocco nella legislazione da lui promossa.

Comunque, il punto chiaro a tutti era già allora il seguente: una riforma amministrativa ha bisogno di tempo: ideazione, sperimentazione, verifica dei primi risultati, correzione di rotta, implementazione. Esige un suo habitat politico favorevole e duraturo che non può che essere bipartisan, un contratto tra forze politiche antagoniste per tenere la riforma possibilmente fuori dalla contesa politica. La disponibilità a proseguire l'uno il lavoro dell'altro.

La riforma del 2009

Giunto agli anni duemila devo necessariamente parlare di me stesso, e del ruolo che ho avuto nei due periodi nei quali ho ricoperto la responsabilità di ministro della Funzione pubblica.

Nel 2008, con il governo Berlusconi IV, presentai le mie linee programmatiche nell'ambito di un vero e proprio «piano industriale» per la modernizzazione della Pubblica amministrazione. Un piano che si concretizzò con la legge delega 15/2009, finalizzata all'ottimizzazione della produttività del lavoro pubblico e all'efficienza e trasparenza delle Pubbliche amministrazioni. Partiva così un lungo processo, durato poco più di due anni e mezzo, con cui si pose la base di un cambiamento radicale della macchina pubblica.

Le parole chiave di quella riforma si rintracciano nello schema metodologico proposto da Albert O. Hirschman: Exit, Voice and Loyalty. In altri termini, rimediare all'assenza, nel sistema pubblico, della «segnaletica» dei prezzi presente nel settore privato e agire su tre leve: favorire la scelta tra una pluralità di fornitori di servizi d'interesse collettivo, anche uscendo dai confini del perimetro pubblico; riconoscere la critica costruttiva e dare a tutti l'opportunità e il diritto di veder ascoltata la propria voce, perché essenziale alla revisione dei processi e dell'organizzazione pubblica; accrescere progressivamente la credibilità dei servizi pubblici e della burocrazia dimostrando, nei fatti, affidabilità e lealtà verso cittadini e imprese.

Per la prima volta, con il decreto legislativo 150/2009 introducemmo l'obbligo di misurazione e valutazione della performance, l'accessibilità totale delle informazioni sul funzionamento della macchina amministrativa (curricula, incarichi, retribuzione, consulenze, costi) attraverso i siti istituzionali, la programmazione degli obiettivi, oltre a meccanismi di valutazione del merito. Con il decreto legislativo 198/2009 fu la volta della class action verso la Pa e con il decreto legislativo 235/2010 riformulammo integralmente il Codice dell'amministrazione digitale per renderlo vincolante per le amministrazioni e favorire la diffusione delle nuove soluzioni tecnologiche. In quegli anni nacquero la posta elettronica certificata (Pec), la certificazione di malattia online e la prescrizione medica elettronica, la piattaforma per i pagamenti elettronici. Nello stesso periodo ci fu l'avvio operativo della fatturazione elettronica verso la Pa, della didattica digitale nelle scuole, dell'uso della firma elettronica, dell'identità digitale di cittadini e imprese. Open data e open government sono espressioni nate nel primo documento sull'Agenda digitale italiana nel settembre 2009.

La crisi economico-finanziaria e la caduta del governo Berlusconi, con l'imposizione delle politiche di austerity da parte dell'Europa, resero impossibili i rinnovi contrattuali, linfa vitale per il cambiamento, e inaugurarono una lunga serie di tagli alla spesa e di blocco del turnover che impedì la completa attuazione della riforma. I suoi principi cardine non furono demoliti, ma la sua carica rivoluzionaria fu depotenziata.

Nei sei governi successivi (Monti, Letta, Renzi, Gentiloni, Conte I e Conte II) a nessuno dei miei successori al dicastero della Pubblica amministrazione è stata attribuita una precisa responsabilità di sistematizzazione delle politiche pubbliche a favore della modernizzazione della macchina amministrativa, nonostante le ripetute sollecitazioni in questa direzione da parte della Commissione europea nelle Country Specific Recommendations indirizzate ogni anno all'Italia.

Il Pnrr e la riforma del governo Draghi

Il tema è tornato di straordinaria attualità durante il governo di Mario Draghi, chiamato alla guida del Paese anche per scrivere il Piano nazionale di ripresa e resilienza e orientare la ricostruzione italiana dopo la pandemia secondo le grandi transizioni individuate e finanziate dal Next Generation Eu: digitale e ambientale. Un compito, quello di redigere il Pnrr, su cui si era arenato l'esecutivo Conte II e che invece è stato portato a termine da Draghi e dai suoi ministri, me compreso. Per questo ho potuto riprendere il filo della riforma della Pubblica amministrazione, riconosciuta nel Piano di ripresa, insieme a quella della giustizia, come «orizzontale», perché trasversale a tutte le sei Missioni del Piano e determinante per migliorare l'equità, l'efficienza, la competitività e il clima economico del Paese.

Questa volta, a tredici anni di distanza, ho illustrato le mie linee programmatiche in Parlamento, il 9 marzo 2021, presentandole come l'ABCD, il nuovo indispensabile alfabeto per modernizzare la Pa: A come accesso, B come buona amministrazione e semplificazioni, C come capitale umano, D come digitalizzazione (affidata, quest'ultima, alle mani esperte di Vittorio Colao). La riforma non è stata concepita come un unico grande intervento che avrebbe richiesto lunghi tempi di attuazione, ma come una serie di «strappi», di cambiamenti dirompenti.

Nei diciotto mesi del governo Draghi, gran parte dell'ABCD è stata realizzata, persino in anticipo rispetto al cronoprogramma negoziato con la Commissione Ue. I concorsi sono stati velocizzati e interamente digitalizzati, parallelamente allo sblocco del turnover. Sono state introdotte procedure innovative di reclutamento del personale necessario alla realizzazione dei progetti del Pnrr. È nato inPa, il portale nazionale del reclutamento, che dal 1° novembre sarà utilizzato da tutte le amministrazioni per la pubblicazione dei bandi di concorso, sostituendo la «Gazzetta Ufficiale» dal 2023, e sul quale sono pubblicate tutte le procedure di mobilità. Sono state riformate le carriere nel pubblico impiego, valorizzando il merito e le elevate professionalità. È stato lanciato il Piano strategico di formazione per tutti i 3,2 milioni di dipendenti pubblici, articolato in prima istanza sul potenziamento dei livelli di istruzione terziaria (con il progetto Pa 110 e lode in oltre 70 atenei italiani i lavoratori pubblici possono iscriversi a condizioni agevolate a corsi di laurea, master e corsi di specializzazione).

Sono stati rinnovati i contratti di lavoro per i comparti Funzioni centrali, Sanità, Enti locali, Difesa e sicurezza, Soccorso pubblico, carriera prefettizia, dando concreta attuazione alle milestone del Pnrr relative alla riforma del pubblico impiego e regolando con diritti e doveri, per la prima volta, lo smart working nella Pa. È stata razionalizzata e innovata la programmazione delle amministrazioni pubbliche, istituendo i Piao (Piani integrati di attività e organizzazione) e un portale dedicato.

Una prima ondata di semplificazioni delle procedure ha interessato gli ambiti chiave delle autorizzazioni ambientali e per la banda ultralarga, degli appalti e dell'energia, con particolare attenzione alle rinnovabili. È stata, infine, assicurata l'assistenza tecnica e progettuale, in particolare per gli enti locali, istituendo una apposita piattaforma di servizi, Capacity Italy.

In questo quadro, ho fortemente voluto il rilancio di Formez Pa e della Scuola nazionale dell'amministrazione, il cui nuovo corso – hub territoriali e alleanze con università e centri di alta formazione nazionali e internazionali – è stato inaugurato oggi proprio qui a Santena. Non è un caso. Diceva Ciampi, riferendosi all'euro, che l'Europa ci avrebbe obbligati a diventare virtuosi: in un certo senso, ciò vale anche per la riforma amministrativa.

Escluso, per effetto della Brexit, il caso della Gran Bretagna, la cui storia in effetti prospetta una diversità che richiederebbe processi di integrazione più complessi (ma oggi gli studiosi ci dicono di un movimento sovranazionale definibile come diritto europeo, di una integrazione tra vari campi del sapere, di una tendenza anche con l'Oltre Manica alla reciproca contaminazione), escluso quel caso – dicevo – si profila ormai a occhio nudo in campo continentale la tendenza alla collaborazione, emulazione, reciproca influenza e integrazione tra i sistemi amministrativi. Proficui processi di scambio sono in atto in molti settori: nella magistratura per esempio, attraverso la rete dei Consigli di giustizia dell'Unione europea, che già agisce proficuamente nel settore della formazione dei giovani magistrati; altrettanto avviene nel settore della polizia e in altri campi delle Pubbliche amministrazioni. E sono incoraggianti le esperienze in atto presso le istituzioni europee.

Con il Pnrr, con le riforme del biennio 2021-2022 e con la nuova Sna, a questo processo di convergenza abbiamo dato una spinta cruciale. L'apertura della Sna alla collaborazione con le università, gli enti regionali, le amministrazioni centrali e locali, le società pubbliche e le organizzazioni internazionali rivela come i destinatari dell'alta formazione siano i dirigenti e i funzionari che il Piano di ripresa incarica di traghettare l'Italia in un nuovo paradigma sociale ed economico, all'interno di una nuova Europa.

Nell'ultimo biennio, come evidenzia il Rapporto del Comitato scientifico per la valutazione dell'impatto delle riforme in materia di capitale umano pubblico presieduto da Sergio Fabbrini, la relazione di interdipendenza fra riforme interne e contesto (o vincolo) esterno ha assunto un carattere biunivoco crescente. Se da un lato, la qualità delle riforme della Pubblica amministrazione è sempre di più una componente fondamentale degli indici compositi che misurano l'attrattività dell'Italia, registrando anche alcuni successi, dall'altro l'agenda di modernizzazione e digitalizzazione della Pa italiana si è inserita in un insieme «osmotico» di riforme intraprese da tutti i partner europei, nei cui confronti il ruolo della Commissione (e segnatamente della Dg Reform) è sempre più spesso non di «giudice» ma di «accompagnatore». Nel dicembre 2021 è stato costituito, per decisione di Bruxelles, un gruppo di esperti in materia di Pubblica amministrazione e governance, volto a garantire un'attuazione coordinata dei progetti di modernizzazione della Pa contenuti in ciascun

Pnrr. La stessa predisposizione di progetti di sostegno tecnico (Tsi, Technical Support Instrument) ispirati a priorità condivise e in una logica multi-Paese rappresenta un ulteriore passo in direzione della costituzione di una «comunità di pratiche» su base transnazionale. Lo scambio costruttivo e operativo di buone prassi e di condivisione di esperienze di riforma non può che promuovere la convergenza con l'Europa.

Come ho detto più volte i Piani nazionali di ripresa e resilienza e, in generale, la strategia Next Generation Eu sono i più forti catalizzatori della convergenza europea da quando il disegno euro-comunitario è stato concepito e avviato. La risposta europea alla crisi da Covid-19 ha creato infatti «un prima e un dopo» nel percorso di solidarietà e unificazione europea.

Un «prima» nel quale la convergenza dei Paesi e la stabilità del continente erano promosse con il coordinamento delle decisioni di finanza pubblica dei singoli Stati, realizzato attraverso il cosiddetto «Semestre europeo» e gli strumenti preventivi e correttivi del complesso di regole della governance economica europea. E ancora un «prima» in cui si tentava di promuovere l'adozione di riforme per lo sviluppo dell'economie europee attraverso le raccomandazioni rivolte a ciascun Paese dalle istituzioni europee.

E un «dopo» in cui le istituzioni europee e i Paesi che ne fanno parte hanno dimostrano di credere nel disegno europeo e nelle sue logiche di sviluppo, investendo direttamente nel progetto comune attraverso debito europeo da impiegare per la realizzazione di investimenti e riforme definite a livello nazionale ma ispirate da un disegno strategico comunitario di risposta alle due transizioni (ecologica e digitale) che proietta l'Europa nel futuro ben oltre l'orizzonte del piano.

Conclusioni

Torniamo a Cavour.

La costruzione dell'Italia unita fu il frutto della sua conoscenza dell'Europa, il portato dei numerosi viaggi che intraprese alla volta di Parigi, Londra, Bruxelles e Ginevra, città d'origine di sua madre. Da quel «culto per il progresso europeo e per le forme politiche, economiche e culturali proprie del progresso di quel tempo», come ha scritto lo storico Luciano Cafagna, nacque il processo di unificazione. Il filosofo Guido De Ruggiero disse di lui: «Fu l'unico uomo veramente europeo del Risorgimento italiano». Lucidamente Cavour comprese che il disegno di unità e indipendenza del nostro Paese poteva trovare concreta realizzazione solo all'interno di un contesto più ampio quale quello europeo. Contesto da cui trarre ispirazione e con cui intrattenere rapporti istituzionali ed economici; da buon liberista Cavour aveva ben chiaro, infatti, che per alimentare la crescita economica dell'Italia era necessario intensificare i rapporti di scambio con gli altri Paesi, a iniziare da quelli europei. Questo all'interno di un disegno di sviluppo che l'Italia però avrebbe dovuto costruire a partire dalle proprie forze e convinzioni così da preservare la propria indipendenza.

A quasi due secoli di distanza, in questo complesso dove visse e studiò, riecheggia, quindi, lo spirito europeo di Cavour ad animare la ricostruzione italiana e la riforma dell'amministrazione. Assistiamo alla stessa tensione, allo stesso slancio, in un frangente reso molto complicato dalla guerra in Ucraina, dalla crisi energetica e dai nuovi precari equilibri geopolitici globali che mettono in crisi la visione intergovernativa dell'Europa e premono per una maggiore integrazione, all'insegna del metodo comunitario e della membership.

«Nel dubbio, per l'Europa», ripeteva l'ex cancelliere tedesco Helmut Kohl. Non abbiamo altra via per il nostro progresso, se non quella indicata da Cavour.

Lectio magistralis in occasione del conferimento
del Premio Cavour 2022, Santena, 20 settembre 2022

SERVE UN DIRETTORE SUL PODIO DELLA POLITICA ECONOMICA EUROPEA

Sostiene Uto Ughi che «la musica è un linguaggio di fratellanza» e che «l'orchestra è l'embrione della società perché tutti devono ascoltare anche le voci degli altri». Negli ultimi mesi, stiamo assistendo in Europa a una sinfonia stonata. Da una parte, c'è una Bce che ha avviato un vero e proprio «Whatever it takes» sui tassi d'interesse, «qualsiasi cosa occorra», o «qualsiasi rialzo necessario», nel tentativo di riportare l'inflazione dell'area euro al tasso obiettivo del 2 per cento, come da mandato statutario della Banca. Dall'altra parte ci sono i governi europei (quelli nazionali e quello dell'Unione) impegnati a perseguire una politica di bilancio redistributiva e di rilancio degli investimenti che limiti gli effetti della crisi energetica sulla liquidità di famiglie e imprese. Ma qualcosa non torna. Perché l'obiettivo di raffreddamento dell'economia fissato da Francoforte potrebbe innescare una recessione, che a sua volta potrebbe minare l'attuazione del Next Generation Eu e dei Piani nazionali di ripresa e resilienza, proprio mentre a Bruxelles e nelle capitali europee si sostengono i redditi e la liquidità di famiglie e imprese e si investe per la transizione ambientale per risolvere strutturalmente il problema della dipendenza energetica. C'è distonia, disaccordo. Vediamo perché.

La strategia della Bce, condizionata dalla forte pressione che i governatori centrali dei Paesi del Nord Europa stanno esercitando all'interno del Consiglio direttivo, ha già visto un doppio aumento dei tassi, prima dello 0,5 per cento (lo scorso luglio) e, poi, addirittura dello 0,75 (a settembre). Il costo del denaro, così, è salito di 125 punti base nel giro di poche settimane, aprendo, di fatto, le porte alle conseguenze negative che l'aumento provocherà su investimenti e mutui. I nordici premono per nuovi rialzi, nonostante il rischio, tutt'altro che astratto, che, proprio per effetto dell'aumento del costo del denaro e, più in generale, della stretta monetaria decisa da Francoforte, l'economia dell'Eurozona finisca per entrare in recessione. O, peggio, in stagflazione, un fenomeno che si verifica quando in un sistema economico si osserva la compresenza di recessione e inflazione.

Di fronte al bivio tra una recessione e alta inflazione, non si nega la necessità di alzare i tassi di interesse, ma si dubita del fatto che la velocità e l'eccessiva intensità dei rialzi, così come traspare dalla forward guidance annunciata da Christine Lagarde e parametrata sulla strategia della Fed, possa essere efficace per l'economia europea.

Una classica «regola del pollice» (un principio dedotto dall'esperienza, indicato come valido nella maggior parte dei casi) del policy-making insegna come la Banca centrale dovrebbe limitarsi nell'intervenire, tramite la politica monetaria, per correggere gli effetti «di primo impatto», ovvero quelli causati dagli aumenti dei prezzi delle materie prime, mentre dovrebbe agire solamente per correggere quelli «di secondo impatto», ovvero che si producono quando l'aumento dei prezzi viene scaricato sui salari, dando origine alla perversa spirale «prezzi-salari». Osservando i dati, questo sembrerebbe essere quanto sta accadendo negli Stati Uniti, con un'inflazione caratterizzata da un ruolo fondamentale della componente salari, ma non nell'Eurozona, dove la fiammata dei prezzi è quasi esclusivamente legata all'energia. Secondo Trading Economics, infatti, la crescita dei salari oltreoceano dovrebbe essere al +9,0 per cento in questo trimestre, a fronte di un +4,1 nell'area euro (meno della metà del tasso americano). Ragion per cui sembrerebbe giustificabile la posizione di politica monetaria assunta dalla Fed e, quanto meno, dubbia e opinabile la decisione della Bce di copiare la strategia della Fed. Inutile, quindi, copiare una ricetta quando la radice del problema è diversa, con l'azzardo, tra le altre cose, di invertire, peggiorandole, le aspettative degli operatori economici. E le aspettative, come è risaputo, in economia sono tutto.

Una politica monetaria restrittiva annullerebbe, pertanto, gli effetti benefici della politica di bilancio di sostegno al reddito, con un effetto finale nullo o addirittura negativo. Senza contare che l'aumento dei tassi provocherebbe inesorabilmente una contrazione degli investimenti privati dell'Eurozona che sono indotti e stimolati da quelli pubblici di scala europea resi esecutivi dai Pnrr nazionali. Da qui il paradosso di avere una Unione europea che punta tutto il suo capitale politico sul Next Generation Eu, sul REPowerEu e la transizione digitale e una Banca centrale che stona creando ostacoli per la loro realizzazione.

Ci si chiede, allora, che senso e che efficacia possa avere un policy mix del genere. Mentre i governi europei iniettano miliardi di euro in sussidi dai propri bilanci (quello italiano ne ha stanziati ben 66) per fornire liquidità a famiglie e imprese, la Banca centrale toglie quella liquidità aumentando i tassi. Ma c'è di peggio. L'assenza sia di iniziative europee, come un Next Generation Eu 2 sull'energia, sia di coordinamento a livello europeo delle politiche di bilancio nazionali, crea un incentivo ai singoli governi a utilizzare gli spazi di finanza pubblica nazionale residui in maniera, ancora una volta, asimmetrica, come è già avvenuto per gli aiuti Covid, rendendo non più credibili le regole comuni in tema di concorrenza che rappresentano un elemento fondativo del mercato comune europeo. Il rischio, alla fine, è quello che il policy mix sia inefficace, che l'economia entri in una recessione duratura, che l'inflazione non scenda ai livelli sperati e che, alla fine di questo processo, ci si ritrovi tutti peggio.

Se, poi, alziamo lo sguardo alle questioni di policy sequencing in Europa fra politica monetaria e di bilancio, vi è un tema derivante dal complesso assetto istituzionale dell'Unione: la politica monetaria è in grado di intervenire rapidamente perché è una politica «sovranazionale», innestata su un «Eurosistema» di Banche centrali costantemente raccordate. Per contro, invece, la politica di bilancio e regolatoria europea in materia di energia deve fare i conti con un approccio ancora marcatamente intergovernativo. Basti pensare che da giugno si sono susseguiti due Consigli energia straordinari e un terzo è già previsto nel mese di ottobre con un ritmo di decisioni necessariamente «incrementali», e il rinvio di ogni decisione di respiro strategico – come il price cap – al Consiglio europeo dei capi di Stato e di governo.

La stessa Commissione europea, sebbene costantemente impegnata in un lavoro meticoloso di elaborazione di proposte percorribili (ad esempio in materia di tetto ai ricavi delle compagnie energetiche), non fornisce sempre l'impressione di cogliere l'urgenza che la materia riveste per i cittadini. Per contro, è necessario adottare ora, con urgenza e senza pregiudizi, misure concrete ed efficaci per contrastare dinamiche di prezzi che hanno effetti sempre più pesanti sulle nostre aziende e sui nostri cittadini, a ormai un anno di distanza da quando – anche su iniziativa italiana – il tema del prezzo crescente dell'energia è stato per la prima volta portato all'attenzione del Consiglio europeo. In sintesi, per riprendere la metafora musicale, al «prestissimo, con brio» della politica monetaria non può fare da contrappunto un «adagio» della politica energetica. Perché – nel contesto di un'inflazione che non è «da domanda», ma che subisce l'effetto diretto del caro energia – gli strumenti (musicali o di policy poco importa) devono restare distinti, ma nel quadro di una sinfonia unica.

L'Unione europea, pur con tutte le difficoltà che il suo complesso meccanismo decisionale comporta, sta discutendo di misure efficaci per ridurre l'inflazione da energia importata: price cap, decoupling, riforma dei mercati energetici, in particolare dei meccanismi di pricing. Occorrerà tempo, ma già entro la fine dell'anno il pacchetto di misure potrebbe vedere la luce. Per questo motivo è necessaria una maggiore ponderatezza decisionale da parte della Bce che, rincorrendo l'inflazione attraverso l'aumento dei tassi d'interesse, potrebbe portare la posizione di politica monetaria ben oltre il risultato, producendo quello che nella teoria economica viene definito *overshooting*, cioè, andare oltre l'obiettivo. Ma, andare oltre l'obiettivo, questa volta, potrebbe costare carissimo all'Europa: non solo una recessione o una stagflazione, ma anche un freno al più ambizioso programma di riforme e investimenti del Next Generation Eu, con il fallimento delle due cruciali transizioni, l'ambientale e la digitale. Un policy mix, quello europeo, che sconta la mancanza di un regista che assicuri sintonia, coordinamento, tempo. Tocca, pertanto, ai leader dei governi e delle istituzioni europee cercare questa conduzione. In attesa che una riforma dei Trattati preveda la figura di un direttore d'orchestra sul podio della politica economica europea. Abbiamo bisogno di una nuova sinfonia nell'Unione. Ne va non solo dell'economia, ma dell'esistenza stessa del progetto europeo.

«Il Foglio», 24 settembre 2022

APPENDICE

IL COMMIATO DEL PRESIDENTE DEL CONSIGLIO MARIO DRAGHI

Voglio ringraziare tutti voi per il lavoro che avete svolto in questo anno e mezzo. Avete fronteggiato una pandemia, una crisi economica, una crisi energetica, il ritorno della guerra in Europa. Avete organizzato la campagna vaccinale, scritto e avviato il Piano nazionale di ripresa e resilienza, approvato un numero enorme di misure di sostegno economico. Dall'organizzazione dei vertici G20 al sostegno immediato e convinto all'Ucraina, avete reso l'Italia protagonista in Europa e nel mondo. Il merito è del vostro entusiasmo, della vostra professionalità, del vostro spirito di collaborazione – tra voi, con gli altri organi dello Stato, con gli enti territoriali.

L'unità nazionale è, per forza di cose, un'esperienza eccezionale, che avviene soltanto nei momenti di crisi profonda. Mantenerla, come avete fatto, per molti mesi, richiede maturità, senso dello Stato, e anche un bel po' di pazienza. I cittadini si aspettavano molto da voi – e voi li avete serviti al meglio. Potete essere orgogliosi di quanto fatto, dei risultati che avete raggiunto, dei progetti che avete avviato e che altri sapranno completare.

Tra qualche settimana, su questi banchi siederà il nuovo esecutivo, espressione del risultato delle elezioni che si sono appena tenute. Vi rinnovo l'invito ad agevolare una transizione ordinata, che permetta a chi verrà di mettersi al lavoro da subito. Lo dobbiamo alle istituzioni di cui abbiamo fatto parte, ma soprattutto lo dobbiamo ai cittadini.

I governi passano, l'Italia resta.

Grazie.

Palazzo Chigi, 10 ottobre 2022

IL METODO DRAGHI

Una governance adeguata a gestire un complesso piano di riforme e investimenti, una burocrazia in grado di negoziare allo stesso livello di competenza e autorevolezza con i tecnici della Commissione europea: sono questi, oltre a un'importante dotazione di infrastrutture materiali e sociali, a investimenti sulla competitività del Paese e a un sistema di regole moderno e innovativo, uno dei lasciti più preziosi del Pnrr. Un'eredità costruita grazie a un metodo: il metodo Draghi.

L'approvazione prima e l'attuazione poi del Pnrr sono il risultato di un'azione basata su credibilità e capacità di mettere in campo le migliori forze per costruire e gestire progetti complessi. Uno sforzo corale che ha visto il coinvolgimento di tutti gli attori istituzionali, a partire da Regioni, Province e Comuni alle parti sociali, e che ha consentito di creare il contesto migliore per l'avvio del processo di riforme e la messa a terra dei progetti di investimento.

«Il Pnrr ha un modo molto semplice e trasparente per valutare a che punto è la sua realizzazione: il numero di obiettivi e traguardi raggiunti alla fine di ciascun semestre. Dal raggiungimento di questi obiettivi, e da nient'altro, dipende il disborso delle risorse europee», ha sottolineato Mario Draghi nel corso dell'ultima Cabina di regia sul Pnrr del 5 ottobre 2022 convocata per approvare la Relazione del governo al Parlamento sullo stato di attuazione del Piano.

Il Pnrr prevede 134 investimenti (235 se si conteggiano i sub-investimenti) e 63 riforme, per un totale di 191,5 miliardi di euro di fondi stanziati. Di questi, 68,9 miliardi sono contributi a fondo perduto e 122,6 miliardi sono prestiti.

Il Piano si compone di sei Missioni e sedici Componenti, che si articolano intorno a tre assi strategici condivisi a livello europeo: digitalizzazione e innovazione, transizione ecologica, inclusione sociale. Vi sono poi tre priorità trasversali: parità di genere; miglioramento delle competenze, della capacità e delle prospettive occupazionali dei giovani; riequilibrio territoriale e sviluppo del Mezzogiorno.

Quasi un terzo di milestone e target (M&T), 154 su 520, indicati nel Pnrr richiedono l'approvazione di «riforme». Riforme e investimenti che sono complementari. Gli investimenti permettono l'attuazione delle riforme grazie, ad esempio, al rafforzamento delle infrastrutture. Le riforme permettono la realizzazione degli investimenti poiché migliorano il contesto istituzionale.

Nel primo semestre del 2022, l'Italia ha raggiunto tutti gli obiettivi del Pnrr, come già accertato dalla Commissione europea. Dopo i 45,9 miliardi ricevuti negli scorsi mesi, l'Italia può ora ricevere altri 21 miliardi di euro. In particolare:

– 31 dicembre 2021 (prima rata): 51 M&T di cui 27 riforme e 24 investimenti per 24,1 miliardi di euro già erogati;

– 30 giugno 2022 (seconda rata): 45 M&T di cui 15 riforme e 30 investimenti per 24,1 miliardi di euro (è in corso la verifica della Commissione preliminare all'erogazione della rata).

Per quanto riguarda il secondo semestre, l'attuazione è più rapida rispetto agli originari cronoprogrammi. Le elezioni e l'imminente cambio di governo hanno richiesto uno sforzo supplementare affinché il nuovo esecutivo possa ripartire da una posizione il più avanzata possibile. A oggi, sono già stati conseguiti 21 dei 55 obiettivi e traguardi previsti per la fine dell'anno. Ulteriori 29 potrebbero essere raggiunti entro la fine di ottobre.

Le prossime due scadenze da completare sono:

– 31 dicembre 2022 (terza rata): 55 M&T di cui 23 riforme e 32 investimenti per 21,8 miliardi di Euro;

– 30 giugno 2023 (quarta rata): 27 M&T di cui 7 riforme e 20 investimenti per 18,4 miliardi di Euro.

La relazione al Parlamento approvata dalla Cabina di regia illustra l'attività svolta in questi venti mesi di governo Draghi per l'attuazione del Pnrr. La prima fase, dedicata soprattutto al disegno e all'approvazione delle riforme, si sta esaurendo. I prossimi mesi saranno cruciali per la loro efficace attuazione. Attuazione che richiede un quotidiano lavoro di organizzazione e un continuo monitoraggio dei progressi verso il raggiungimento degli obiettivi quantitativi indicati nel Pnrr.

Per gli investimenti, è pressoché terminata la fase relativa alle procedure pubbliche per l'assegnazione delle risorse ai soggetti attuatori: occorre ora fare in modo che gli investimenti vengano portati a termine nei tempi e nei modi previsti, assicurando che le risorse europee siano spese in modo trasparente e corretto.

Il governo ha adottato tutte le misure necessarie a favorire una efficace attuazione del Piano. Sin dall'inizio sono state previste forme di supporto e assistenza per gli enti attuatori, garantendo già dalla fase di progettazione degli interventi l'accesso agli strumenti messi in campo dalle società partecipate pubbliche. Per rispondere all'aumento del tasso d'inflazione, sono stati rafforzati gli strumenti per adeguare i costi delle opere all'andamento dei prezzi. Uno sforzo importante è stato dedicato ad assicurare un incisivo sistema di monitoraggio e di controllo degli interventi anche al fine di evitare frodi e infiltrazioni criminali.

Questi successi nel disegno del Piano e nella sua prima attuazione, l'efficacia del confronto con la Commissione sia nella fase di negoziato che nei successivi assessment, rappresentano esperienze da capitalizzare in termini di rinnovata credibilità verso le istituzioni europee e nei confronti degli altri Stati membri. Ciò tuttavia richiede uno sforzo ulteriore e una continuità di impegni.

È, infatti, essenziale dimostrare che le risorse sono spese correttamente e che le riforme e gli investimenti sono portati a termine come previsto. Il Piano REPowerEu, destinato ad assicurare l'autonomia energetica dalla Russia con l'inserimento di un nuovo capitolo nei Pnrr nazionali, rappresenta la sfida per i prossimi mesi.

Spetta ovviamente al prossimo governo continuare il lavoro di attuazione. Un lavoro che può contare su una governance stabile e ormai sperimentata, presso la presidenza del Consiglio e in ciascun ministero, su uffici dedicati al Pnrr che saranno operativi fino al 2026.

Fiducia, credibilità, continuità, competenza: sono queste le parole chiave di un metodo che in venti mesi ha cambiato l'Italia. Un metodo che si sostanzia in: obiettivi, numeri, metriche, concretezza.

Persone, strumenti, misure e azioni che l'Italia non aveva mai sperimentato con questa intensità e con questi risultati.

Perché il metodo Draghi è questo: un mix di autorevolezza e di pragmatismo. Una legacy per il Paese su cui costruire il futuro per le Next Generations.

CRONOLOGIA.
VENTI MESI DI GOVERNO: LA NUOVA PUBBLICA AMMINISTRAZIONE NELLA NUOVA ITALIA

MARZO 2021

9 marzo 2021

– L'ABCD, il nuovo alfabeto della Pubblica amministrazione (A come accesso; B come buona amministrazione; C come capitale umano e competenze; D come digitalizzazione)
  Presentato il programma in Parlamento

10 marzo 2021

– Patto per il lavoro pubblico
  Firmato a Palazzo Chigi tra governo e sindacati

APRILE 2021

28 aprile 2021

– Sblocco del turnover e riforma dei concorsi pubblici
  Con l'art. 10 del dl 44/2021 procedure digitalizzate e cento giorni dal bando alla graduatoria

30 aprile 2021

– Il governo Draghi invia il Pnrr alla Commissione europea
  La riforma della Pa è uno dei pilastri del Piano, trasversale alle sei Missioni

GIUGNO 2021

1° giugno 2021

– Approvato il Decreto semplificazioni (dl 77/2021), apripista del Pnrr

Silenzio-assenso, poteri sostitutivi, drastica semplificazione per autorizzazioni ambientali e banda larga, stop al blocco degli appalti in caso di ricorso

10 giugno 2021
- Approvato il Decreto reclutamento (dl 80/2021), ottenuto l'anticipo dei primi 25 miliardi Pnrr
  Nuove carriere, merito, valore alle alte specializzazioni, progressioni basate su assessment secondo i migliori standard internazionali

AGOSTO 2021

10 agosto 2021
- Debutta inPA, il portale nazionale del reclutamento pubblico
  L'unica porta di accesso digitale per bandi e avvisi per il lavoro pubblico, il LinkedIn italiano della Pa

13 agosto 2021
- Bandito il concorso pubblico Mef per 500 esperti Pnrr
  Strutture di monitoraggio e rendicontazione dei fondi

SETTEMBRE 2021

30 settembre 2021
- Paola Severino nominata presidente della Scuola nazionale dell'amministrazione (Sna)

OTTOBRE 2021

7 ottobre 2021
- Firmato il protocollo d'intesa Brunetta-Messa per la formazione dei dipendenti pubblici
  È l'accordo quadro per le convenzioni con gli atenei a corsi di laurea e master a condizioni agevolate

9 ottobre 2021
- Stabilizzati 499 professionisti della ricostruzione post-sisma
  In servizio nelle strutture emergenziali dei territori colpiti dai terremoti degli ultimi vent'anni

15 ottobre 2021

- Ritorno in presenza dei dipendenti negli uffici pubblici
  Scatta l'obbligo di green pass per i 23 milioni di lavoratori, pubblici e privati, e la PA torna in presenza

NOVEMBRE 2021

30 novembre 2021

- Reclutamento di 1.000 esperti Pnrr
  Sostegno alle amministrazioni locali per eliminare i colli di bottiglia e la gestione delle procedure complesse

DICEMBRE 2021

16 dicembre 2021

- Polo formativo Sna a Santena
  Siglato il protocollo d'intesa per la struttura della Scuola nazionale dell'amministrazione presso il Complesso Cavouriano di Santena
- Linee guida smart working nella Pa
  Definite le regole per garantire diritti alla disconnessione, alla formazione, alla protezione dei dati personali, alle relazioni sindacali, al regime dei permessi e delle assenze

21 dicembre 2021

- Intesa sul contratto Funzioni centrali 2019-2021
  Firmata all'Aran con i sindacati

23 dicembre 2021

- Decreto Pnrr 1, approvate misure per gli enti locali
  Potenziate le assunzioni nei Comuni
- Accordo per il comparto Difesa e sicurezza 2019-2021
  Siglato a Palazzo Vidoni dai ministri Brunetta, Lamorgese, Cartabia, Guerini, Franco

30 dicembre 2021

- Approvata la legge di bilancio 2022
  Oltre 3 miliardi per la Pa: assunzioni, ordinamenti professionali e carriere, formazione, salario accessorio, indennità sindaci e amministratori locali

GENNAIO 2022

10 gennaio 2022
– Presentato il Piano strategico per la formazione dei dipendenti pubblici Ri-formare la Pa. Persone qualificate per qualificare il Paese
Il programma è articolato in due filoni: Pa 110 e lode, per corsi di laurea e master a condizioni agevolate, e Syllabus, per le competenze digitali

FEBBRAIO 2022

10 febbraio 2022
– Tavolo istituzionale per gli enti locali
Monitoraggio degli strumenti a sostegno dei territori per l'attuazione del Pnrr

15 febbraio 2022
– Nasce il Comitato scientifico della Scuola nazionale dell'amministrazione (Sna)
Presieduto da Paola Severino e composto da dieci personalità di riconosciuto prestigio internazionale, tra cui i premi Nobel Giorgio Parisi, Edmund S. Phelps e Christopher Pissarides

18 febbraio 2022
– Parte la consultazione pubblica Facciamo semplice l'Italia. Le tue idee per una Pa amica
Via alla segnalazione di 600 procedure amministrative da semplificare, reingegnerizzare e digitalizzare entro il 2026

22 febbraio 2022
– Accordi di lavoro del Corpo nazionale dei Vigili del fuoco 2019-2021
Siglati a Palazzo Vidoni dai ministri Brunetta, Lamorgese, Franco

28 febbraio 2022
– Accordo carriera prefettizia 2019-2021
Siglato a Palazzo Vidoni dai ministri Brunetta, Lamorgese, Franco

MARZO 2022

1° marzo 2022
– Decreto assunzioni Province e Città metropolitane
Definiti criteri e quote per l'assunzione di personale a tempo indeterminato

2 marzo 2022
- Nasce il Comitato scientifico per l'impatto delle riforme in materia di capitale umano pubblico presieduto da Sergio Fabbrini
Valutazione ed efficacia delle azioni e delle politiche messe in campo da Sna e Formez Pa
- Pnrr, al via tirocini retribuiti e dottorati nella Pa
Istituzione e finanziamento di due programmi per esperienze di formazione e lavoro professionalizzanti: Tirocinio inPA e Dottorato inPA

4 marzo 2022
- Nasce «PArliamo», la newsletter del dipartimento della Funzione pubblica
Realizzata in collaborazione con Formez PA, dedicata a tutti i dipendenti pubblici
- Definito il progetto per la creazione del polo formativo Sna all'Aquila
Valorizzare le professionalità legate alla gestione delle emergenze e della ricostruzione

8 marzo 2022
- Italia e Francia firmano una dichiarazione di intenti per la Pa
Il ministro Brunetta e l'omologa francese de Montchalin rafforzano la cooperazione bilaterale, in conformità con il Trattato del Quirinale

15 marzo 2022
- Nasce la Commissione tecnica dell'Osservatorio nazionale del lavoro agile presieduta da Michele Tiraboschi
Per definire e implementare l'attuazione delle linee guida sullo smart working nelle amministrazioni pubbliche

29-30 marzo 2022
- Missione del ministro Brunetta a Bruxelles per presentare lo stato di avanzamento su obiettivi e traguardi Pnrr 2022

APRILE 2022

- Potenziamento di Formez Pa
La società in house al dipartimento della Funzione pubblica rafforza le sue competenze anche nell'assistenza agli enti per l'attuazione del Pnrr

13 aprile 2022
- Approvato il decreto Pnrr 2, nuovo slancio alla Pa

Accesso ai concorsi solo attraverso inPA, nuove regole sulla mobilità, potenziamento di Formez Pa e Sna, costituzione della società 3-I s.p.a.

21 aprile 2022
– Nasce la Commissione tecnica per la performance presieduta da Claudia Ciccodicola
Misurazione e valutazione della performance nelle amministrazioni pubbliche

29 aprile 2022
– Ordinanza Brunetta-Speranza per l'uso delle mascherine nei luoghi di lavoro pubblici

MAGGIO 2022

5 maggio 2022
– Nasce il progetto Polis - Case dei servizi di cittadinanza digitale
6.900 hub di Poste Italiane per contrastare il «digital divide» e facilitare l'accesso ai servizi digitali della Pa

9 maggio 2022
– Sottoscritto il contratto del comparto Funzioni centrali
Completato il percorso avviato il 10 marzo 2021 con il Patto per l'innovazione del lavoro pubblico e la coesione sociale

16-17 maggio 2022
– Missione del ministro Brunetta a Berlino per un piano d'azione italo-tedesco per la Pa

19 maggio 2022
– Avviso pubblico per i gestori di identità digitale per offrire lo Spid gratuito a tutti i dipendenti Pa

GIUGNO 2022

16 giugno 2022
– Firmato il rinnovo del contratto per il comparto Sanità 2019-2021

20 giugno 2022
– Online Capacity Italy, il portale di «Italia Domani»

Assistenza tecnica per sostenere gli enti locali nell'attuazione del Pnrr. Partner Cassa Depositi e Prestiti, Invitalia e Mediocredito Centrale

29 giugno 2022
- Pnrr: raggiunti i 45 obiettivi del primo semestre 2022, ottenuta la seconda rata da 24,1 miliardi

LUGLIO 2022

1° luglio 2022
- Online il portale Piao
  Performance, fabbisogni del personale, parità di genere, lavoro agile, anticorruzione: le amministrazioni possono inserire i Piao e trasmetterli al dipartimento della Funzione pubblica
- Nuove funzionalità per il portale inPA
  Online gli avvisi di mobilità, possibilità per le amministrazioni centrali di pubblicare i propri bandi di concorso (obbligo dal 1° novembre)

12 luglio 2022
- Sna: nasce la Summer School per la cybersicurezza nella Pa

AGOSTO 2022

2 agosto 2022
- Approvato il ddl Concorrenza
  Previste tre deleghe al governo:
  - *semplificazione delle procedure amministrative;*
  - *razionalizzazione normativa in materia di energie rinnovabili;*
  - *riorganizzazione e programmazione dei controlli sulle attività economiche*

SETTEMBRE 2022

- «Burocrazia zero» per anziani e disabili
  Le proposte per i più fragili
- Sportello telematico dell'automobilista
  Avanti con l'interoperabilità delle banche dati, si parte dalle semplificazioni sui disabili

7 settembre 2022
- Misure per l'uso intelligente e razionale dell'energia nella Pa
  Il dipartimento della Funzione pubblica ha condiviso con il Mite 10 azioni per il settore pubblico

20 settembre 2022
- Pnrr, presentato il primo Rapporto sulla valutazione dell'impatto delle riforme in materia di capitale umano pubblico
  Realizzato dal comitato scientifico presieduto da Sergio Fabbrini
- Nasce il polo Sna a Santena
  Inaugurato l'hub formativo presso il Complesso Cavouriano

27 settembre 2022
- Pnrr, la Commissione europea riconosce la svolta sulla Pa e sul lavoro pubblico
  Via libera all'erogazione all'Italia della seconda rata da 21 miliardi di euro per aver raggiunto tutti gli obiettivi Pnrr previsti al 30 giugno 2022

28 settembre 2022
- Linee guida sull'accesso alla dirigenza
  Acquisita l'intesa in Conferenza unificata: saranno valutate le competenze e le soft skill
- Anagrafe dei dipendenti pubblici
  Disco verde al decreto in Conferenza unificata: un altro goal per la digitalizzazione della Pa

30 settembre 2022
- Progetto Fast Piccoli Comuni
  Inviata lettera del capo dipartimento della Funzione pubblica alle amministrazioni potenzialmente interessate. Il bando scade il 7 ottobre

OTTOBRE 2022

- Risparmio energetico, formazione nella Pa
  Da ottobre al via i corsi per i dipendenti pubblici sulla piattaforma Syllabus, in collaborazione con Enea

2 ottobre 2022
- Customer experience
  Al via la sperimentazione sulla piattaforma Istat: coinvolte tre amministrazioni (Inps, Inail, Comune di Roma) per valutare la qualità dei servizi digitali

4 ottobre 2022

- Spid per tutti i dipendenti pubblici
  Operativo il protocollo d'intesa tra il dipartimento della Funzione pubblica e la società Lepida
- Memorandum of Understanding per il rafforzamento delle misure di *capacity building* in favore di Regioni ed enti locali
  Firmato tra il ministro per la Pubblica amministrazione, l'Ad di Cassa Depositi e Prestiti e l'Ad di Invitalia

5 ottobre 2022

- Contratto Sanità 2019-2021
  Approvato in Consiglio dei ministri: vengono riconosciuti aumenti medi da 175 euro ai 544 mila dipendenti del settore
- Decreto del presidente della Repubblica recante modifiche al dpr 487 del 1994, in materia di «Disciplina per l'accesso agli impieghi nelle Pubbliche amministrazioni e le modalità di svolgimento dei concorsi»
  Approvato in via preliminare dal Consiglio dei ministri

7 ottobre 2022

- Linee guida sulla parità di genere nell'organizzazione e gestione del rapporto di lavoro con le Pubbliche amministrazioni
  Adottate dal capo dipartimento della Funzione pubblica e dal capo dipartimento delle Pari opportunità

11 ottobre 2022

- Piao, inviata una circolare alle amministrazioni
  Il dipartimento della Funzione pubblica invita gli enti a valutare l'inserimento degli obiettivi di risparmio energetico in un'apposita sezione del Piano di attività e organizzazione

13 ottobre 2022

- Suap-Sue, in arrivo la piattaforma digitale
  Inviata ai Comuni una nota congiunta dipartimento Funzione pubblica-Anci

14 ottobre 2022

- Accordo collettivo per la carriera diplomatica 2019-2021
  Firmato a Palazzo Vidoni dal ministro per la Pubblica amministrazione, Renato Brunetta, dal ministro degli Esteri, Luigi Di Maio e dalla sottosegretaria del ministero dell'Economia e delle finanze, Alessandra Sartore

19 ottobre 2022

- Lavoro agile, una rivoluzione che parte dalla Pubblica amministrazione
  Pubblicata la Relazione della commissione tecnica dell'Osservatorio nazionale del lavoro agile presieduta da Michele Tiraboschi
- Performance, le considerazioni tecniche sullo sviluppo delle attività di misurazione e valutazione della performance nella Pa
  Pubblicata la Relazione della commissione tecnica per la performance presieduta da Claudia Ciccodicola

INDICE DEI NOMI

Stampato da
Printbee.it®, Noventa Padovana
per conto di Marsilio Editori® in Venezia